La Historia del Rock
en Venezuela

Para escuchar la música escanee el código
O pulse squi

Fundación para La Historia del Rock
en Venezuela

https://www.facebook.com/hrvzla

Depósito Legal: IF25220139001798
ISBN: 9798864221297
Imprint: Independently published

INFO ABOUT RIGHTS
Fecha de Registro 29-ene-2011 13:20 UT

Diseño gráfico / Supervisión
Danel Sarmiento

Guitarra Gibson Les Paul Junior Double Cut
Usada por Servando Alzatti durante la formación del grupo **Los Impala** (1959-1960), Posteriormente usada por Roberto Marceletti fel grupo **Los Flippers** (1960-1961) y por Josè "Tantan" Baptista del grupo "Los Tempest" (1962-1963)

Agradecimientos

Mi más profundo agradecimiento a:

- Yesenia Morfee, por su incondicional apoyo durante todo este proyecto
- Franking Holland van Splunteren por ser el primero en aceptar la invitación.
- Pedro Quintero por las biografías de Los Impala, Los Claners, Los Supersónicos, Los Darts y Los 007. Las cuales sirvieron de inicio a ese trabajo.
- Ricardo Mena por su ayuda y por haberme acompañado durante la primera parte de este proyecto.
- Felipe Doffiny por las efemérides.
- Alfredo Churion cuyos contactos permitieron comunicarme directamente con gran parte de los protagonistas de esta historia y obtener sus testimonios.
- José Luis Cedeño Umanés por las carátulas, datos y números de serie.
- Danny Alberto Torres Sánchez por aportar casi todas las carátulas.
- Williams León por su website: http://rockhechoenvenezuela.com
- Felix Allueva, por la revisión y recomendaciones.
- Eugenio Miranda por el prólogo.
- Luis Viloria y Danel Sarmiento por su invaluable ayuda
- Andy Lorenzo ya que sin su apoyo este libro no estaría ahora en sus manos

También mi más profundo agradecimiento a los siguientes músicos, artistas y personalidades ligados al mundo del espectáculo, cuyo testimonio forma la esencia de esta maravillosa historia.

Por órden alfabético

Agni Mogollón – Los Jockers
Alberto Slezynger – The Tramps
Alexis Hernández – Los Supersónicos
Alí Agüero – Los Cuñaos
Álvaro Falcon – The snobs
Amílcar Navarro – Historidador
Augusto Bedetti – Los Dinámicos
Augusto De Lima – Los Darts
Bernardo Ball –Blonder/ Los Impala
Bernardo Ladera – The Six
Carlos Martínez – Los Claners
Carlos Morean – Los Darts
Carlos Moreno – Los Hippies
Carlos Zerpa – Historiador
Cesar Sánchez Bello –Bonneville
Claudio Gámez – Los Darts
Domingo Guzmán – Wall
Horacio Hernández – Los Bonnevilles
Iván Marcano – Nasty Pillow

Don Gornés – The Snobs
Eddy Gugliotta – Eddie & the Snobs
Edgar Alexander – Los Impala
Erika Valbuena – Periodista
Ernesto Aue – Palacio de la Música
Estelita del llano – Los Zeppy
Felipe Doffiny - Cronologista
Fernando Arenas – Black Diamonds
Fernando Bruguera- Los Bugats
Franklin Holland – Los Holiday's
Gines García – Los Memphis
Gladys Salinas – Palacio de la Musica
Guillermo Berincua - Los Sharks
Henry Stephens– Los Impala
Humberto Zarraga - Cantante
Ignacio Rodon - Los Tartans / Los Bonder
José L. Casas – BBB Blues Band
José Cedeño Umanés – Investigador
José Padron – Los Bonnevilles

Jesús Pérez Perazzo – Director
Jesus Toro – Love Depression
Johnny Tedesco - Cantante
José "Chema" Arria – Los Claners
José Baptista – Los Blonder
Jorge Chapellín – Los 007
Jorge Spiteri – The Nasty Pillow
Juan Franco Colmenares - Los Tartans
La Nena Puccia - Los X-5
Leonor Jove – Adelante Juventud
Manolo Álvarez – Los 007
Manolo Barrios – Los Tempest
Maria Concepción Guitierrez Lobo - Shelly
Mariantonieta Herrera – Las Aves tronadoras
Mariela Sánchez de Cuervo – Las New Girls
Mario Seijas – Ladies W.C.
Nelly Machado - Las New Girls
Nerio Quintero – Los Impala
Oswaldo de la Rosa – Los Claners
Pedro Quintero – Investigador
Paco Piedrafita - Los Impala
Rafael Pimentel – Los Darts
Raúl Rodriguez – Los Bonnevilles
Ray Perez – Los Singers
Ray Ross-Jones – Eddie and the Snobs
Ricardo Benaim – Los Five Kings
Ricardo Aumaitre – Los Darts
Ricardo Mena – Investigador
Roberto Marceletti – Los Flippers
Roberto Morel Castro – Los Trogan
Rudy Márquez – Los Danger/Los Impala
Rurik Grassi – Los Holiday´s
Servando Alzatti - Los Impala
Salvador Domínguez – Horse Breakers
Sergio Valentini – Los Singers
Simón Madriz – Junior Squad
Steve Scott – Ladies W.C
Teresa Díaz – Junior Squad
Teresa Tini – Vestuarista RCTV
Tony Selvaggio – Los Barrenderos
Victor de Lorenzo - Los Gatos Negros
Wendy Hawkinson –Las Aves tronadoras
Wolfgang Vivas – Los Holiday´s

José Benedicto Galpasoro – Los 007
José Hernández –Animador
José Ignacio Lares – Ficción
José Luis Pérez – Los Delta

Gracias Amigos

Gracias por rescatar la historia del rock en Venezuela

Eddio Piña

Nota: Muchos de los artistas y personalidades nombrados arriba, participaron en varias agrupaciones. Por cuestiones meramente de espacio, tan solo se especifica una de las agrupaciones en las que participaron, esto con la única finalidad de que el lector tenga una idea de quién es quién en este documento.

Prólogo

Facebook, Twitter, Youtube, Amazon, Pro Tools, Apple son sólo algunas de las plataformas que le han dado el poder de autonomía y masificación a las bandas del presente en todo el planeta. Atrás quedaron estudios de grabación, disqueras, promotores discográficos, la payola, las radios, la prensa y la televisión como vehículos únicos de producción y promoción de las agrupaciones musicales; la alquimia entre la data y la red y la accesibilidad de las herramientas que produce dicha data cambiaron las reglas del juego.

Sin embargo, tanta facilidad no es garantía de éxito inmediato, más que nunca una banda hoy en día requiere talento, organización, inteligencia, estudio y conocimiento de la historia para poder ubicarse en un contexto de tiempo y saber de dónde venimos, dónde estamos y hacia dónde vamos, lo cual es particularmente clave en el mundo de la música para definir un aspecto esencial en la vida de una agrupación que es la identidad.

Todas las ventajas que ofrece la tecnología del presente podrían ser inútiles para una banda contemporánea si no se tiene identidad, porque ser uno más del montón entre la infinita variedad de propuestas musicales que orbitan en la red es un claro indicio que se navega sin dirección, lo cual llevaría indefectiblemente al fracaso.

Para obtener identidad hay que buscar las raíces que sin duda llevarán a definir claramente el género que se ejecuta, luego producir el contenido adecuado y finalmente orientar la promoción asertivamente hacia los mercados afines.

Entonces la forma más directa de saber quiénes hemos sido es conocer nuestra historia musical y nada mejor que recurrir a los libros que investigan el tema que fiarse totalmente de los relatos orales.

Para fortuna nuestra en Venezuela han estado apareciendo aisladamente, pero consistentemente, autores y trabajos investigativos sobre nuestra música contemporánea y uno de los que más gratamente me ha sorprendido es: *La Historia del Rock en Venezuela*, contada por sus propios protagonistas, elaborada por Eddio Javier Piña.

Preparando cada década en un libro diferente, Eddio comienza con su primera entrega dedicada a los años sesenta haciendo una muy rigurosa investigación que llega incluso a incluir las primeras manifestaciones del género desde aquellos viejos pioneros del *Rock & Roll* en los Estados Unidos.

En este primer tomo Eddio ha consultado y entrevistado a más de 80 protagonistas para darle vida y coherencia a la historia que lo llevó a contabilizar mas de 120 grupos en todo el país en el periodo de tiempo que indica el libro. En su afán investigativo Eddio expone hechos desconocidos incluso para muchos estudiosos como la experimentación que realizó el conocido músico venezolano Aldemaro Romero en una grabación en el año 1957 en la isla de Cuba mezclando rock & roll, orquestación y elementos de la percusión latinos, buscando hacer una amalgama con matices caribeños.

Definitivamente si no se conoce el contexto histórico no se pueden entender los movimientos musicales, y Eddio Piña comprendió perfectamente esto comenzando su investigación con una síntesis de lo que fue la finalización de la década de los 50 a todos los niveles para poder entender las condiciones existentes en el mundo y en el país explicando con simplicidad, sencillez y claridad cómo este género musical dio sus primeros brotes en Venezuela y cómo ocurrió su propagación.

Producto de sus investigaciones Eddio con toda certeza encuentra el génesis del género en la ciudad de Maracaib. Venezuela para el año 1959 y va haciendo el recorrido histórico guiando con sabia conducción las voces de los narradores protagonistas.

Con un diseño práctico que facilita la comprensión de los lectores con abundantes afiches, fotos, tickets e infogramas la historia avanza a una velocidad perfecta, sin extenderse o acortarse, usando magistralmente las narraciones en la medida justa y sin dejar de seguir los pasos a México, España o Argentina que eran mercados con mayor capacidad de desarrollo y si se quiere con mayores posibilidades de avanzar más velozmente que Venezuela.

El libro reúne una numerosa cantidad de carátulas de las bandas de la época, siendo sin dudas el trabajo que más acuciosamente las ha recopilado, encontrando algunas cuya existencia probablemente se ignoraba.

Luego de tantos años revisando libros biográficos y explicativos sobre los fenómenos musicales generados a raíz del nacimiento del rock & roll esta es la primera vez que siento que finalmente podemos tener un trabajo que compile con lujo de detalles nuestra historia musical desde sus orígenes, lo cual nos permitirá acudir a ella cada vez que queramos saber cómo fue el complejo camino que a los predecesores de la música contemporánea del país le tocó recorrer para sin lugar a duda saber de dónde venimos y sobre todo dejar bien contada esta historia para consulta de estas y las generaciones futuras.

Las disqueras, los grupos, los programas de TV y radio, los presentadores, los disc-jockeys, todos los que de una u otra forma formaron parte de la historia están aquí en mayor o menor medida expuestos. Los músicos y sus anécdotas junto con las historias y sus influencias están totalmente reseñados aquí y al descubierto.

En su investigación Eddio logra un cúmulo tal de información que se hace necesario un orden para agruparlo y decide hacerlo año a año para revisar cronológicamente y con más detalles los acontecimientos.

El período objeto de estudio en esta primera entrega que son los años sesenta plantea el reto de registrar acontecimientos de relevancia trascendental para la historia de la música tales como la importancia de Los Beatles y el lanzamiento de su obra maestra "Sargeant Pepper´s lonely hearts club band" o el festival de Woodstock en agosto de 1969. Otros acontecimientos relevantes en el país que quedan aquí registrados fueron los happenings llamados Pop and Up musical, las Experiencias Psicotomiméticas y las Mermeladas.

La rigurosidad de su investigación es tal que el libro puede claramente enumerar en una lista todos los lanzamientos discográficos en dicho lapso de tiempo, así como eventos que tuvieron lugar y luego también una lista de bandas y artistas.

El rock venezolano nunca pudo haber estado tan agradecido por esta investigación ya que en ella se agrupan las propuestas creativas y el trabajo de tantas horas realizado por esa generación de pioneros de los años sesenta, así como que también sirve, tal y como les decía al principio, para saber cuál es el camino que hemos recorrido, dónde estamos ubicados y decidir hacia dónde vamos.

También es un legado para las nuevas generaciones y finalmente un homenaje a todos aquellos que han soñado con el aplauso del público y ser parte de la siempre incandescente historia del Rock & Roll incluso en español, porque creanlo o no ya nos ganamos un lugar en esta historia que un día más pronto que tarde será escrita en un sólo idioma.

Eugenio Miranda
Autor de: "Zapato 3, Una fantástica historia de amor, aventura y rock´n´roll."
ISBN: 980 07 6026-1

Baile de Rock and Roll - Getty Images

INDICE

Página intencionalmente en blanco

1955
¿Qué es
El Rock´n´Roll?

Página intencionalmente en blanco

¿QUÉ ES EL ROCK N´ROLL?

Es un género musical derivado de la mezcla de diversos tipos de música estadounidense entre los que se cuentan principalmente el *Boogie Woogie*, el *Rhythm & Blues*, pero tambien tiene influencias del *Hillbilly* y el *Country & Western*. Se puede considerar como una música "mestiza" nacida de la mezcla de géneros musicales blancos y negros.

Aunque existe mucho debate sobre el origen del *Rock and Roll*, hoy en dia se acepta que el mismo se remonta a mediados de los años 40 con la aparición de la hermana **Rosetta Tharpe,** a quien hoy en dia se la reconoce como "la madre del Rock´n´Roll

A principios de los años 50, en los Estados Unidos, la industria de la música estaba dirigida exclusivamente al público adulto, mientras los adolescentes simplemente eran ignorados. Así fue como a través de la música los jóvenes encontraron su propio medio de expresión.

Hermana Rosetta Tharpe.
Getty Images

1951

Alan Freed

El término *Rock'n'Roll* se atribuye al Disc-Jockey estadounidense **Alan Freed** quién en 1951 comenzó a transmitir por radio música de *Rhythm & Blues* y música *Country* para una audiencia multirracial. En aquellos tiempos en Estados Unidos había emisoras que transmitían música solo para afroamericanos (muy pocas) y emisoras solo para gente blanca (casi todas). A **Freed** se le ha atribuido ser el primero en utilizar la expresión *Rock n´Roll* para describir la música que difundía en su programa de radio.

1955

El 18 de marzo de ese año se considera oficialmente como el día del nacimiento del *Rock´n´Roll*. Ese día se estrenó la película *Blackboard Jungle (Semilla de Maldad)*, la cual comienza con una escena donde aparece **Bill Haley y sus Cometas** interpretando *Rock Around the Clock, (El Rock del Reloj)* el cual se convierte el día 9 de Julio en la primera canción de este género musical en alcanzar el puesto N°1 de las carteleras de Estados Unidos, manteniéndose dicha posición durante 8 semanas. De esta manera se inicia la popularización de un género musical destinado a impactar e influir la música en todo el mundo. En los tres años siguientes, se filmaron en Norteamérica más de 50 películas con el tema del *Rock´n´Roll* como elemento predominante en la trama, incluso tanto **Bill Haley** como **Alan Freed** aparecieron en sus propias películas. En otras aparecieron nuevas estrellas del *Rock n´Roll* con lo que el público pronto pudo reconocer a los más grandes artistas del género. Aunque la mayoría de estas películas son de bajo presupuesto, las mismas sirvieron como carta de presentación del *Rock n´Roll* en el mundo entero.

Semilla de Maldad.
Cortesía de Amazon.es

¿QUIÉN ES ELVIS?

Sin embargo... el mayor exponente del *Rock 'n 'Roll* es y será para siempre: **Elvis Presley.**

Elvis Aaron Presley nació en Tupelo, Mississippi, Estados Unidos, el 8 de enero de 1935 y murió en Memphis, el 16 de agosto de 1977. También se le conoce como El Rey del Rock´n´Roll, su éxito fue tal que se convirtió en el ícono de la música popular del siglo XX. La singularidad de su nombre, permite que usualmente se le llame Elvis, aunque para sus fanáticos simplemente es: **El Rey.**

En marzo de 1956 lanza su álbum debut titulado **Elvis Presley** através de RCA Records, con número de serie LPM 1254. El álbum fue grabado entre los estudios de Sun Records de Memphis, Nashville, a mediados de enero y los estudios de la RCA en Nueva York a finales de ese mismo mes. El álbum logró permanecer diez semanas en el N° 1 de la lista *Billboard Top Pop Albums* de ese año. En 2003, la revista *Rolling Stone* lo colocó en la posición N°55 de su lista de los 500 mejores álbumes de toda la historia.

Album Debut de Elvis Presley

Elvis y su música simplemente fueron "lo máximo" y aún lo siguen siendo para muchas personas. Sus discos fueron de los primeros en "viajar" y ser escuchados fuera de los Estados Unidos dandole estatus de estrella internacional.

Si bien es cierto que **Elvis** es la figura más icónica y reconocible del *Rock´n´Roll,* no es menos cierto que también hubo muchos otros artistas que le dieron al género el brillo necesario para convertirse en la sensación de los años 50.

LITTLE RICHARD

Little Richard

Cuyo verdadero nombre es **Richard Wayne Penniman**, nació en Macon, Georgia, 5 de diciembre de 1932. Es sin lugar a dudas una de las figuras más grandes del *Rock´n´Roll*. Hijo de una familia humilde, recibió clases de piano gracias al apoyo de su madre, aprendió música Gospel en las iglesias pentecostales del sur de Estados Unidos.

Habiendo probado suerte sin éxito desde 1951, en 1955 envía una maqueta de su música a Specialty Records. Seis meses más tarde llega la respuesta para una sesión de grabación en Nueva Orleans. Las primeras sesiones no terminan de convencer, pero durante una pausa en una de dichas sesiones, Richard comenzó a cantar "*Tutti Frutti*", con su onomatopéyico Womp-*bomp-a-loom-op-a-womp-bam-boom*, la cual más tarde se convirtió en una de las frases más reconocibles del mundo de la música. En los siguientes años, **Richard** logró varios éxitos más: *Long Tall Sally, Slippin' and Slidin', Jenny, Jenny y Good Golly, Miss Molly.* Su estilo frenético se puede apreciar en películas como *Don't Knock the Rock* (1956) y *The Girl Can't Help It* (1956).

Aunque más adelante y muchas veces **Little Richard** fue plagiado por la industria musical que grabó versiones "suavizadas" de sus canciones para ser trasmitidas en las emisoras "para blancos", este hecho negativo de por sí, terminó favoreciendolo, haciendo que la fama de **Little Richard** se extendiera.

En 1990, **Little Richard** fue honrado con una estrella en el Paseo de la Fama de Hollywood y en 2004, la revista *Rolling Stone* ubicó a Little Richard de 8° en el ranking de los 100 mejores artistas de todos los tiempos.

CHUCK BERRY

Es el arquetipo del guitarrista del Rock. **Charles Edward Anderson Berry** nació el 18 de octubre de 1926. Músico de blues desde su adolescencia comienza tocando en un trío de blues al cual poco tiempo después re-bautizan como el **Chuck Berry Combo** debido al carisma y talento de Berry como guitarrista.

Chuck Berry

En 1955 comienza su carrera hacia el estrellato. Debido al "Boom" del *Rock´n´Roll*, es invitado a participar en cuatro películas. Firma un contrato con Chess Records, lanzando el sencillo *Maybelline* en septiembre de ese mismo año *Maybelline*, pero es en junio de 1956 que su canción *Roll Over Beethoven* llega el puesto N°29.

Berry se ha hecho merecedor de los siguientes reconocimientos:
- El número 3 más grande artista del *Rock´n´Roll* de los años 50`s
- El número 3 más influyente artista del *Rock´n´Roll*
- El número 8 más grande creador de Riff de guitarra
- El número 10 más grande Artista del *Rock*
- El número 20 más grande compositor del *Rock*
- El número 25 más grande guitarrista del *Rock*
- El número 31 más grande artista "En vivo" del *Rock*
- El número 43 más grande guitarrista en todos los géneros
- El número 56 más grande frontman del *Rock*
- El número 68 más grande artista del *Rock 'n' Roll* de los años 60`s

En la película *Volver al Futuro* se le hace reconocimiento a **Chuck Berry**, cuando Marty McFly canta la canción *Johnny B Goode*, mientras toca la iconica guitarra Gibson ES-355 Roja. Uno de sus músicos, llama al propio **Chuck Berry** para que escuche la música a través de un teléfono.

JERRY LEE LEWIS

Existió una verdadera constelación de estrellas en los inicios del *Rock´n´Roll* entre los que podemos mencionar a **Jerry Lee Lewis**, autor del éxito "Great Balls of Fire" y a quien apodan "El Matador". En un momento fue considerado como un posible sucesor de **Elvis Presley**.

Jerry Lee Lewis - Grandes Bolas de Fuego

Jerry Lee Lewis es un legendario pianista y cantante estadounidense, pionero del Rock and Roll. Es ampliamente considerado como uno de los cantantes más influyentes e importantes del rock y uno de los pianistas más influyentes del siglo XX.

Entre otros artistas del mismo género destacan nombres tan relevantes como: **Fats Domino, The Everly Brothers, Bill Haley & The Comets, Buddy Holly & The Crickets, Eddie Cochran, Ray Charles, Bo Diddley, Carl Perkins, Gene Vincent & The Blue Caps, Professor Longhair, Wanda Jackson, Roy Orbinson, Ritchie Valens. The Big Bopper. Chubby Checker, The Virtues, The Shadows.**

En fin, la lista sencillamente es demasiado larga para ocuparnos de todos ellos.

Los países vecinos como Canadá, México y Cuba fueron los primeros en "importar" la nueva música juvenil norteamericana. El *Rock´n´Roll* comienza a escucharse por todo el mundo.

Ahora que ya tenemos una idea aproximada de que es el *Rock´n´Roll,* pasamos al siguiente punto...

En la foto: Jerry Lee Lewis, Carl Perkins, Elvis Presley, Johnny Cash y Mikey Grilley

El Rock en Latinoamérica

Página intencionalmente en blanco

EL ROCK EN LATINO AMÉRICA

Logo de Rock in Rio. Un mapa de suramerica fundido a una guitarra electrica

En los años 50, los países latinoamericanos producían y escuchaban cada cual su propia música. Apenas unos pocos artistas lograron sobrepasar las fronteras de sus propios países. Las radioemisoras colocaban música de orquestas tropicales como el *Mambo*, el *Chachachá* y el *Bolero*. Para entonces, sólo había una pequeña cantidad de emisoras de radio AM en Latinoamérica, la radio en FM era totalmente desconocida en nuestros países; sin contar con la casi inexistencia de canales de TV. Es gracias al cine que el *Rock´n´Roll* llega simultáneamente a distintos lugares, ganando popularidad en toda Latinoamérica.

NORA NEY (BRASIL)

Hoy sabemos que la primera grabación hecha en Suramérica fue publicada el 24 de octubre de 1955, cuando la cantante **Nora Ney** lanzó el tema *Ronda das Horas*, una versión de *El Rock del Reloj* de **Bill Haley** que fue grabada a raiz del éxito de la película *Semilla de Maldad*. Dando inicio a la discografia rock and roll en latinoamerica y por tanto a la historia del rock latino.

Nora Ney

1956
MR. ROLL Y SUS ROCKERS (ARGENTINA)

Eduardo Pecchenino

Entusiasmado por la música de **Bill Haley and his Comets**, el trombonista **Eduardo Pecchenino**, forma en 1956 el primer grupo de Rock´n´Roll de la Argentina: **Mr. Roll y sus Rockers** el cual estuvo integrado por:

- Eduardo Pecchenino: Trombón.
- Arturo Schneider: Saxo Tenor.
- Franco Corvini: Trompeta.
- Buby Lavecchia: Piano.
- L. Rea: Guitarra, Banjo y Contrabajo.
- Jorge Padín: Batería.

Esta agrupación grabó el que se considera como el primer álbum de *Rock and Roll* en Argentina, el cual estuvo constituido básicamente por temas de **Bill Haley & The Comets** las cuales se hicieron más populares en la Argentina que las versiones originales, incluyendo tan solo dos temas de su propia autoría. En mayo del '58 se presentaron como teloneros de **Haley**, en el teatro Metropolitan de la Capital.

LOS MILLONARIOS DEL JAZZ (PERÚ)

Son los pioneros del *Rock* peruano, se les conoce por el álbum *Rock´n´Roll* publicado en 1957 por el sello MAG con serial L.P.64. Integrantes:

Los Millonarios del Jazz
Rock and Roll

- Elías Ponce Jr: Guitarra eléctrica
- Pepe Morelli: Piano
- Pat Reid: Batería
- Jorge Mirkin: Clarinete y Saxo
- Guillermo Vergara: Contrabajo

Este álbum, totalmente cantado en inglés, aparece a raíz del estreno de la película Semilla de maldad" en la capital peruana, motivo por el cual muchos "puristas" tienden a dejarlo fuera del contexto del *Rock* en español, sin embargo, el hecho de cantar en inglés puede obedecer a varios factores:

- **Primero:** A nadie se le ocurría en aquella época que el rock se pudiera cantar en español.
- **Segundo:** La traducción directa de una letra de *Rock´n´Roll* al español podría ser demasiado explicita para la conservadora sociedad de la época.
- **Tercero:** La letra pierde su ritmo al sustituir las palabras por su traducción directa al español, por lo que es necesario componer una letra "alterna" que se ajuste a la música, cosa que seguramente tampoco se le ocurría a nadie en aquellos días.
- **Cuarto:** Cantar en otro idioma permitía un sonido más internacional.

EL ROCK ´N´ ROLL EN ESPAÑOL

LOS LUNÁTICOS (MÉXICO)

En marzo de ese año, grabaron 4 temas: *Where did you get it,* el cual es original de la agrupación con letra en inglés, **Blue Suede Shoes** (de Carl Perkins) también en inglés, ¿Por qué ya no me quieres? un *Blues* cantado en español y *El Reloj* (original de Roberto Cantoral) pero con arreglo de balada *rock.* Este sencillo fue publicado por el sello Capitol con el número de serie S-4 3930. Más adelante, lanzaron otro sencillo, esta vez bajo el sello Columbia con número de serie S-45-3938, conteniendo los temas *Elvis Pérez* (original de Lalo Guerrero) y *Vístete Kitty,* ambos en español.

Los Lunáticos

Integrantes:
- Sergio Bustamante (17 años) Voz.
- José Luis Arcarás (18 años) Piano.
- Vicente Martínez "El Vitaminas" (18 años) Batería.
- Fernando Cataño (17 años) Contrabajo.

A pesar de su corta discografía y breve existencia, (ya que ese mismo año se separan) **Los Lunáticos** dejaron dos sencillos como evidencia de su aporte al *Rock* Iberoamericano, y pasan a la historia por la novedad de componer y grabar la nueva música en español.

LLEGA EL DOO WOP

El *Doo Wop* (también conocido como el hermano bueno del *Rock' n' Roll*) es un género musical que aparece en los años 40 en las barriadas de las ciudades de Nueva York, Chicago, Philadelphia, Baltimore y Pittsburgh (Estado Unidos) producto de la unión del *Rhythm & Blues* y el canto de iglesia conocido como Góspel, alcanzando gran popularidad en la década del 50. Se caracteriza por sus arreglos de voces armonizadas y entrelazadas en donde un vocalista principal es acompañado por los coros y frases del resto de la agrupación, comúnmente las voces mantienen el ritmo mediante la repetición de palabras sin un sentido determinado (de allí el término *Doo Wop*), solían consistir de tres o cuatro cantantes, aunque también se llegaron a formar quintetos.

LOS PLATTERS (U.S.A.)

De los grupos de *Doo Wop* fue el quinteto **The Platters** el más famoso de todos. **Los Platters** se formaron en la ciudad de Los Ángeles, California en 1953. Dedicándose a interpretar música de *Rhythm & Blues y Doo Wop*. Estuvieron conformados por **Tony Williams, David Lynch, Paul Robi, Herb Reed y Zola Taylor**. **Los Platters** se convierten en el primer grupo de color en situarse en los primeros puestos de las listas de éxitos. Recordemos que para entonces aun existía lista de éxitos de "raza" para gente de color y la lista de éxitos "*pop*" para gente blanca. Sus más reconocidos temas son *Only you, The Great*

The Platters - Getty Images

Pretender, My Prayer, Twilight time, Smoke gets in your eyes y Harbor Lights.

Para mediados de los 50, el público latinoamericano estaba acostumbrado a dos tipos de música: La música tropical bailable (entre las que se encontraba el Mambo, la Rumba y el Chachachá) y el Bolero tropical. Por esa razón el *Doo Wop* con su suave cadencia y dulces armonía era más digerible y comercial para nuestro público que el desenfrenado y extraño *Rock´n´Roll*.

LOS CINCO LATINOS (ARGENTINA)

En Argentina, **Los Cinco Latinos** aparecen como la respuesta local ante el éxito alcanzado por **Los Platters**. La historia de la agrupación comienza cuando el trompetista **Ricardo Romero** reúne a varios cantantes experimentados para formar un grupo que acompañara a la cantante Estela Raval, quién era reconocida por su maravillosa voz. En 1957, **Los Cinco**

Los Cinco Latinos

Latinos graban su primer sencillo, un 45 rpm con el tema *Solamente Tu* (Only You) original de **Los Platters**, convirtiéndose en un éxito de ventas en el país sureño y convirtiéndose en una fuerza influyente en toda latinoamérica.

BOSQUEJOS RÍTMICOS (VENEZUELA)

Sketches in Rhythm

A finales de 1957, en la Habana, Cuba, el joven venezolano **Aldemaro Romero**, graba el álbum *Sketches in Rhythm* (*Bosquejos en ritmicos*) el cual fue lanzado a principios de 1958 bajo el sello RCA Víctor con número de serie LPM-1537.

El contenido de este disco es una amalgama de diferentes géneros musicales, entre los cuales destaca el tema *Rock'n'Mambo-Cha-Roll*, en el cual el joven **Aldemaro** intenta "mestizar" el *Rock'n'Roll* con ritmos más propios de la cuenca caribeña. El resultado de tan extraña combinación es un tema con un sonido muy similar a las Big Bands de los años 40 pero con percusión latina. El tema no tuvo mayor impacto en su momento, pero hoy en día adquiere gran relevancia a efecto de documentar los orígenes del *rock* latino como género musical en los países de habla hispana.

Aunque el maestro **Aldemaro Romero** no se encuentra hoy entre nosotros, es bien conocido su gran talento y versatilidad además de haber sido un gran investigador e innovador de la música. Para entonces el *Rock'n'Roll* estaba haciendo furor en las pistas de baile y es fácil entender el porqué de una composición mezclando géneros musicales tan disímiles.

MIENTRAS TANTO EN VENEZUELA

En ese año de 1957, la emisora *Ondas Populares*, comienza a emitir el programa *Discoteca Internacional*, conducido por **Eduardo Morell** quien impone dos temas de **Elvis Presley**: *Heartbreak Hotel* y *Don't Be Cruel*. Comenzando el proceso de difusión del *rock and roll* en el país, razón por la cual **Eduardo Morell** pasa a la historia como uno de los impulsores del *Rock and Roll* en el país.

1958
UN PAÍS PEQUEÑO Y DESCONECTADO LLAMADO VENEZUELA

Para 1958, Venezuela tenía una población de apenas unos 6 millones de habitantes, era un país de pequeñas ciudades, todas ellas apartadas y con apenas unas precarias carreteras uniéndolas entre sí. Tan solo la autopista Caracas-La Guaira y la autopista regional del centro eran las únicas vías modernas. Para los venezolanos de entonces, los viajes por carretera eran largos y tortuosos.

JUEVES 23 DE ENERO 1958

Ese día se produce, un golpe cívico-militar que culminó con el derrocamiento del entonces presidente: General Marcos Pérez Jiménez, quien venía ocupando el cargo desde el año 1952.

Titular de prensa. 23 enero 1968

LA RADIO

La caída de la dictadura también significó el fin de la censura previa con la cual el gobierno mantuvo un férreo control sobre la información y la música transmitida a través de la radio, a pesar de ello siguió existiendo una fuerte limitación a la libertad de expresión justificadas en la inestabilidad política debido a la guerrilla, la cual fue una constante al inicio del período democrático en Venezuela. Para entonces, la mayor parte del país estaba bajo un "vacío" radiofónico debido a la escasa cantidad de emisoras existentes para cubrir el territorio nacional. El *Rock´n´Roll* no fue difundido en radio antes de 1958 debido a la censura y solo el cine fue la ventana de promoción de este género musical. Con la caída de la dictadura y la censura previa, comienza el proceso de transculturización, al permitir a la radio la difusión de música distinta a la autorizada oficialmente.

La radio era el centro de entretenimiento famliar

El teléfono era una novedad

EL TELÉFONO

La telefonía en la década de los 50 continuaba expandiéndose, aunque, solo las instituciones del estado y algunas familias y comercios poseían teléfono. En el país solo las capitales de estado tenían servicio telefónico y en cada ciudad dicho servicio funcionaba de forma independiente, así que para hacer una llamada de una ciudad a otra era necesario llamar primero a una operadora que hiciera la conexión. El discado directo nacional no aparecería sino hasta la década siguiente. Para entonces la carta y el telégrafo eran los medios comunes de comunicación.

La televisión era la gran maravilla técnológica

LA TELEVISIÓN

Había llegado al país desde 1952. Pero ya para el año de 1958 venezuela contaba con 6 canales de televisión.
- Televisora Nacional
- Televisa
- Radio Caracas Televisión (RCTV)
- Televisa del Zulia
- Ondas del Lago TV
- Radio Valencia Televisión (Tele Trece)

De ellos, solo Radio Caracas Televisión trasmitía a nivel nacional las 24 horas del día, el resto de los canales trasmitian en horario no continuo, cerrando sus trasmisiones antes de las 12 de la noche y todos ellos, por supuesto en blanco y negro.

LAS UNIVERSIDADES

Para entonces solo existían en Venezuela tres universidades, la Univeraidad Central de Venezuela, la Universidad de Los Andes y la Universidad del Zulia, las cuales eran insuficientes para la demanda de cupos, lo que ocasionó que durante toda la decada de los 60 muchos jovenes salieran del país para ir a estudiar en universidades en el extranjero. La falta de cupo fue un problema endémico en Venezuela, por tal motivo se crearon nuevas universidades comenzando por la Universidad de Oriente, la cual tambien resultó insuficiente para satisfacer las necesidades de una población estudiantil cada vez más grande.

LA DEMOCRACIA

El 7 de diciembre de 1968 se realizaron elecciones bajo sufragio universal, directo y secreto tal como estaba establecido desde 1946. Rómulo Betancourt resulta electo presidente de la República y asume la tarea de conducir la restauración de la democracia. Es evidente que Venezuela era un país muy distinto al actual. Ni siquiera en sus más alocados pensamientos o la más atrevida imaginación, un venezolano de entonces habría pensado en cosas como llamadas de telefonía móvil celular, internet, wi-fi, youtube, facebook, twitter, streaming, teleconferencia o inteligencia artificial, cosas que hoy son algode uso habitual.

Romulo Betancourt gana las elecciones presidencias en 1968

BILLY CAFARO (ARGENTINA)

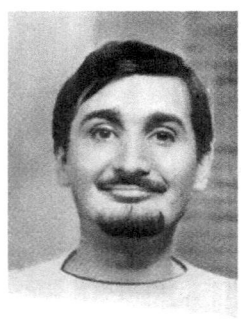

Billy Cafaro Cortesía de Billy Cafaro

Se le considera como el primer artista del *Rock´n´Roll* argentino. Surgió en Buenos Aires como artista de la radio. Para entonces los grandes escenarios musicales no eran los teatros o salas de conciertos sino las emisoras de radio. Su éxito fue tal, que sus actuaciones se convirtieron en verdaderos acontecimientos masivos, congestionando las calles aledañas a la estación donde solía actuar. La fama le llegó con una versión del tema de Paul Anka: *Pity, Pity* en 1958, el cual vendió la increíble cifra de 300.000 copias. **Billy Cafaro** fue uno de los primeros en hacer notar a las compañías discográficas que el público juvenil era un mercado que valía la pena explotar, convirtiéndose así en uno de los precursores de lo que más adelante se conocería como "La Nueva Ola".

PETER ROCK (CHILE)

Para 1958, el *Rock'n'Roll* ya había llegado hasta los últimos rincones del planeta. En Chile, un joven de 17 años, llamado **Peter Moschulski**, impactado por la música de Elvis Presley. Adoptó el nombre artístico de **Peter Rock** y decidió ofrecerse como artista de la radio. Gracias a su carisma, energía y talento logró cautivar a la audiencia. **Peter Rock**, literalmente copiaba los éxitos del momento cantando en inglés, es un ejemplo evidente de la introducción del *Rock'n'Roll* en todos nuestros países.

Peter Rock

LOS LLOPIS (CUBA)

Primer album de Los Llopis

Y fue en Cuba, donde encontramos nuevamente grabaciones de *Rock'n'Roll* cantando en español. Esta vez interpretadas por el grupo **Los Llopis**, el cual estuvo integrado por:

- Frank Llopis (Guitarra Hawaiana).
- Ñalo Llopis (Guitarra Rítmica).
- Leandro Torres (Piano, Acordeón).
- Manolo Vega (Voz)

A principios de 1958 lanzan una versión en español de los temas *All shook up* y *Don't be cruel*, ambos popularizados por **Elvis Presley**, llamando la atención del público y ganando prestigio fuera de la Isla. Para finales de 1958 se radican en México en donde editan su primer LP con las grabaciones realizadas en Cuba, las cuales son principalmente boleros tropicales.

Los Llopis ocupan un puesto especial en la historia del Rock Iberoamericano por haber popularizado con éxito versiones de un género que en un principio parecía destinado a ser cantado solo en inglés. De esa manera se les considera junto a **Los Lunáticos** de México como pioneros del *rock* en español.

LA BAMBA (MEXICO-USA)

Sin embargo, el primer gran éxito de rock en español fue indiscutiblemente *La Bamba*, interpretada por Ritchie Valens, cuyo verdadero nombre era Ricardo Esteban Valenzuela Reyes mejor conocido como **Ritchie Valens**. La carrera de **Valens** sólo duró ocho meses. Sin embargo, en su meteórico paso por el estrellato se anotó varios éxitos, en particular, *La Bamba*, que originalmente es una canción popular mexicana a la cual Valens adaptó y convirtió en el primer éxito del *Rock'n'Roll* en español. Una película sobre la vida de Valens fue lanzada en el año 1987 con el título *La Bamba*.

45 Rpm de "La Bamba"

Todos estos artistas: **Nora Ney, Eddie Pequenino, Los Millonarios del Jazz, , Los Lunáticos, Billy Cafaro, Peter Rock** y **Los Llopis,** así como sus respectivas grabaciones son importantes porque conforman la prueba del inicio del movimiento Rock Iberoamericano. A pesar de que para entonces el público latinoamericano aún no entendía de qué trataba esa extraña música. Hoy se puede ver fácilmente que simplemente fueron agrupaciones y artistas que estuvieron adelantados a su tiempo.

UNA SERIE DE EVENTOS DESAFORTUNADOS...

Elvis Presley y su Uniforme Militar

El 24 de marzo, **Elvis Presley** se alistó en el servicio militar dejando un vacío en sus actuaciones frente al público y sus presentaciones por televisión.

Apenas unos meses más tarde, el 22 de mayo, en Inglaterra se descubrió que **Jerry Lee Lewis** se había casado con una menor de 13 años que además era su prima con lo cual se le vetó en todas las radioemisoras británicas obligando cancelar su gira por ese país. Al regresar a Norteamérica encontró que también había sido vetado en su propio país iniciando el declive de su popularidad. De esa manera y en el mismo año, los dos más grandes ídolos del Rock´n´Roll salen del foco de atención.

Jerry Lee Lewis y su esposa

Pero esos no serían los únicos eventos desafortunados para esa música que era el furor del momento.

1959
EL DÍA QUE MURIÓ LA MÚSICA

Titular del Daily Tribune

El 3 de febrero de 1959, **Ritchie Valens** murió en un accidente de avión en Iowa, un evento que también cobró la vida de los músicos **Buddy Holly** y **J.P "Big Bopper" Richardson,** en lo que se conoce como "El día que murió la música".

El 12 de octubre de ese año, **Little Richard** en la cúspide del éxito, ingresó en una universidad cristiana en Alabama para estudiar teología y se hizo Ministro Pentecostal.

EL ESCÁNDALO DE LA PAYOLA

Dick Clark en la corte

En noviembre se abre una interpelación a los presentadores **Dick Clark** y **Alan Freed** relacionada con el hecho de recibir dinero o "regalos" a cambio de promocionar a determinados artistas en radio y televisión, lo que se conoció como el escándalo de la "Payola". Finalmente, en diciembre de ese año, el guitarrista **Chuck Berry** es acusado y condenado a 5 años de prisión, por haber contratado a una indígena menor de edad para trabajar en un bar de su propiedad.

Era evidente que, en los Estados Unidos, el *Rock´n´Roll* estaba llegando a su fin. Muchos de los artistas de la época se pasaron a las carteleras "Pop" y dieron paso a nuevos géneros (menos revolucionarios) los cuales sacaron al *Rock´n´Roll* del foco de atención, es así como luego de haber conquistado el mundo, el *Rock´n´Roll* pasó a segundo plano en 1959, tan solo 5 años después de su aparición.

LA NUEVA OLA

Aunque en los Estados Unidos, el *Rock´n´Roll* estaba "pasado de moda", la industria musical había descubierto un gran mercado en el público joven y comenzó a ofrecer "ídolos prefabricados" quienes interpretaban rock and roll "suavizado" sin la agresividad de los intérpretes originales, complaciendo así a los grupos que se oponían a la difusión de esta música, mientras seguían explotando el cada vez mayor mercado juvenil. Recordemos, el caso de **Little Richard**, a quien varios artistas blancos le versionaron sus canciones, siendo estas versiones "blanqueadas" las que se popularizaron en la radio.

Frankie Lymon & the Teenagers

Mientras todo eso ocurría en Norte América, en la Republica Argentina, la casa disquera RCA Victor publicó en 1959 una serie de discos llamados *La Nueva Ola*, en los cuales se dieron a conocer varios artistas juveniles. La idea era competir localmente con las producciones extranjeras dirigidas al público joven aprovechando el éxito que para ese momento tenía **Elvis Presley** como ídolo de la juventud. Es así como a principios de los años 60 en toda Latinoamérica, tuvimos artistas ofreciendo versiones en español de las canciones de moda en Norteamérica y Europa.

Aunque al principio las casas disqueras y los productores discográficos en Latinoamérica desconocían el mercado juvenil y por tanto fueron renuentes a la producción de esta nueva música, a medida que fueron notando que los éxitos internacionales tenían buena acogida por

parte del público, comenzaron a arriesgarse y establecieron las fórmulas que rigieron nuestra industria discográfica en las siguientes décadas. Es decir: los artistas locales harían versiones de los éxitos de artistas norteamericanos y europeos. Algo similar a lo que se había hecho en el norte cuando se "blanquearon" los éxitos de artistas negros, solo que esta vez sería una versión al español. Esta fue la "receta" que garantizó las ventas y por ende el éxito de las producciones dirigidas al público joven. Y es así como, la industria discográfica en Latinoamérica convirtió a nuestros artistas juveniles en "copiadores" de los éxitos de las carteleras internacionales.

Carátula del Disco La Nueva Ola

En una relación simbiótica, esos éxitos internacionales copiados por nuestros jóvenes, eran también, la música que ellos mismos amaban, además que cantar en español es obviamente más fácil y les permitía conectarse con el público e incluso consigo mismos. Así que sin darse cuenta nuestros propios artistas se prestaron a un juego que si bien por un lado popularizó la música juvenil internacional, por otro lado también retrasó su evolución, manteniéndonos a la saga de lo que se hacía en los países anglosajones. Curiosamente, los grupos solían tocar versiones del viejo Rock´n´Roll, mientras los solistas en un claro contraste, fueron inducidos a la balada romántica. Pronto se asoció la etiqueta de "Nueva Ola" con la música interpretada por esos artistas juveniles, de forma tal que era común la expresión de "Música de nueva ola" y de "Conjunto de Nueva Ola".

Aunque la mayoría de los artistas de la "Nueva Ola" no pueden ser considerados como exponentes del *rock*, si se puede afirmar con completa seguridad que estos artistas y sus versiones contribuyeron a mantener la vigencia del *Rock´n´Roll* en toda Latinoamérica.

EL ROCK AZTECA

Desde 1956 en la Ciudad de México y en toda Latinoamérica, incluyendo Venezuela, hubo orquestas de música tropical que interpretaban *Rock´n´Roll* como parte de su repertorio. Sabemos además que antes de esa fecha también existieron algunos pocos grupos como **Los Lunáticos** que cultivaron dicho género musical. Sin embargo, el movimiento del *Rock Azteca* realmente arranca en 1959 cuando aparecen grupos juveniles dedicados exclusivamente a interpretar esta nueva música, la cual adoptaron como propia. Inicialmente la industria discográfica mexicana no vio con buenos ojos el movimiento musical juvenil (y hablemos claro, en ninguno de nuestros países y ni siquiera hoy en día), lo cierto es que esos grupos mexicanos lograron cautivar a la juventud de su propio país y desde allí llevaron el *rock´n´roll* en español por toda Latinoamérica.

LOS LOCOS DEL RITMO (MEXICO)

Entre diciembre de 1958 y enero de 1959 Los Locos del Ritmo, grabaron un álbum titulado: Rock! para el sello Dimsa con numero de serie LY-70014, La producción se llevó a cabo en una sola noche, grabando en vivo en el estudio. Curiosamente el álbum fue "engavetado" ya que los ejecutivos del sello pensaron que el disco no se vendería. El album salió finalmente a la venta en 1960, cuando los **Teen Tops** demostraron que el *Rock´n´Roll* era un buen negocio. **Los Locos del Ritmo** sentaron el precedente de que se podían crear temas propios de *Rock* en español. Por tal motivo, se ganan un lugar destacado en la historia del *rock* iberoamericano, no solo por grabar *Rock'n'Roll* en español sino también por ser los pioneros en grabar Rock´n´Roll de su propia autoría.

Los Locos del Ritmo y su Album "Rock!"

LOS TEEN TOPS (MEXICO)

Los Teen Tops se habían formado en 1958 en el Deportivo Chapultepec, en la Ciudad de México, donde practicaba patinaje; de allí surgió la idea de conformar un grupo musical. Por azares del destino, su cantante: **Enrique Guzmán** nació en Caracas, Venezuela un 1° de febrero de 1943. Su padre Don Jaime Guzmán Esparza, originario de Puebla de los Ángeles y su madre Doña Elena Vargas de Guzmán, nacida en Acámbaro, Guanajuato, ambos mexicanos, por lo que, Enrique, aunque nació en Venezuela, es mexicano por nacimiento. Enrique vivió en Venezuela hasta la edad de 12 años. Desde sus primeros años de vida ya le llamaba la atención la música, tanto que su padre le compró un cuatro venezolano (guitarra de cuatro cuerdas) y le enseñó algunas melodías que él sabía. En México, Enrique conoció a los hermanos **Martínez, Jesús y Armando**, con los que formaría un grupo musical al que llamaron **Los Teen Tops**, poco tiempo después, se unió **Sergio Martell**. El grupo quedó finalmente integrado por:

Los Teen Tops. Foto promocional

↓ Enrique Guzmán (Voz y Guitarra)
↓ Armando Martínez (Batería)
↓ Jesús Martínez (Guitarra Solista)
↓ Rogelio Tenorio (Bajo).
↓ Sergio Martell (Piano)

Como era de esperarse, sus primeras incursiones en el mundo de la música, se dieron a través de fiestas familiares y colegiales, pero rápidamente fueron haciéndose más y más hábiles en la ejecución de sus instrumentos llegando a estar disponibles como acompañamiento a otros artistas. Debido a contactos realizados por los hermanos Martínez graban un demo, gracias al apoyo de Jesús Hinojosa, de Columbia México, quién tomó el riesgo de grabarles por su cuenta. En abril de 1959 viajan a Los Ángeles donde grabaron cuatro temas en español, (que hasta entonces solían cantar en inglés): *El Rock de la Cárcel (Jailhouse rock* de **Elvis Presley**), *Confidente de Secundaria (High School Confidential* de **Jerry Lee Lewis**), *La Plaga (Good Golly Mis Molly*, éxito de **Little Richard**) y *Buen Rock esta Noche (Good Rocking Tonight* de **Elvis Presley**). Aparentemente las letras en español fueron compuestas por el grupo en ese momento

Enrique Guzman
Foto Promocional

El primer sencillo de **Los Teen Tops** fue *El Rock de la Cárcel* y *Confidente de Secundaria*, el cual tuvo un moderado éxitos, sin embargo, este fue mayor de lo esperado por los ejecutivos de la disquera, lo cual los motivó ese mismo año a lanzar un segundo sencillo el cual se convirtió en el gran éxito de la agrupación: *La Plaga /El Rock de la Cárcel, de esta manera* los Teen Tops se convierten en ídolos de la juventud mexicana.

El éxito de ese sencillo condujo a la publicación de un total de seis sencillos ese mismo los cuales fueron recopilados en su primer LP publicado en 1960 con el cual alcanzan la fama a nivel internacional.

A partir de ese momento se desata la "Invasión Azteca" la cual fue responsable del furor por el *Rock´n´Roll* (aunque de manera tardía) en toda Latinoamérica.

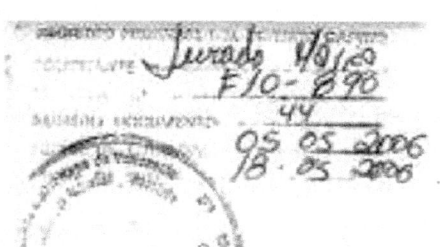

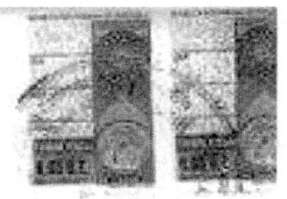

H - 96   **Nº 1118502**

REPUBLICA BOLIVARIANA DE VENEZUELA, OFICINA CIVIL DE REGISTRO PÚBLICO DEL DISTRITO CAPITAL. Quien suscribe certifica que bajo el N°44. Folio 22vto. Año 1943 del Libro de Registro Civil de NACIMIENTOS. de la parroquia EL VALLE. Municipio Libertador del Distrito Capital. Se halla inscrita una partida del tenor siguiente: N° 44. Yo. JULIO QUEVEDO. Primera Autoridad Civil de la Parroquia EL VALLE. Departamento Libertador del Distrito Federal, hago constar: que hoy día diez de Febrero de mil novecientos cuarenta y tres. a las once y media de la mañana, me ha sido presentado en este Despacho un niño (varón) por: **JAIME GUZMÁN**, quien dice ser su padre. de treinta y cinco años de edad, casado, Comerciante. natural de puebla. Estado de Puebla Mejico. domiciliado en esta Parroquia y manifestó: que el niño cuya presentación se hace. nació el día Primero de Febrero del presente año. a las ocho y cincuenta y cinco minutos de la mañana. en la Quinta Fanitizio. situada en la carretera EL Valle Caracas. de esta jurisdicción. que tiene por nombre: **ENRIQUE.** y que es su hijo legitimo y de su esposa: **ELENA VARGAS.** de veinte y nueve años de edad. casada. de oficios del hogar. natural de Acámbaro. Guanajuato. Mejico y domiciliada en esta Parroquia. Los testigos de este acto fueron: Tomás José Sanabria y Enrique García Galindo. mayores de edad y de este domicilio. terminó se leyó y conformes firman.- El Jefe Civil.- Presentante.- Testigos.- Secretario.- Firmas Ilegibles.- Es copia fiel y exacta de su original que reposa en el Archivo de esta Oficina Principal de Registro y fué elaborada por la Funcionaria Autorizada Hercaulis Torres. -Derechos de Registro Planilla N° FI0-20055-0890 - Timbres Fiscales Bs 3.360.oo. P.S. Bs. 674,oo. Servicio Autónomo Planilla N° 231388 Bs. 17.500,oo.- Caracas. 18 de Mayo de 2006

La Funcionaria Autorizada.-

Partida de Nacimiento de Enrique Guzmán. Cortesía MarioTepedino

CUANDO VOY A MARACAIBO

En Venezuela, al igual que en México, ya habíamos tenido contacto con el *Rock´n´Roll* desde 1956 a través de 2 vías principales.

↓ El cine, que en un principio fue el gran introductor, exponiendo los nuevos artistas y su música ante nuestros jóvenes. El cine crea un furor por dicha música, a raíz del cual surgen en el país "Clubes del Rock´n´Roll" donde los jóvenes se reunían para bailar y escuchar el ritmo del momento.

↓ La industria petrolera, ya que los primeros discos de Rock´n´Roll que llegaron al país, fueron traídos por personas vinculadas a la industria que viajaban desde y hacia los Estados Unidos. A finales de los años 50. La ciudad de Maracaibo en el Estado Zulia, era la capital petrolera de Venezuela, por lo que no es raro que la mayor cantidad de norteamericanos que llegaron al país, lo hicieran a través de la capital zuliana.

"...Lo de la música fue gracias a la industria petrolera porque los padres de estos muchachos eran miembros del Club Creole propiedad de la Compañía petrolera del mismo nombre, y allí se reunían tanto los hijos de los americanos como los marabinos de la clase media; "El club de los teenagers" que era como se llamaba. Allí comenzaron a sonar los discos en 45 que venían a través de los americanos y se lo repartían entre los muchachos y así fue que empezaron las ideas y a conformarse ese conglomerado de muchachos."
-Paco Piedrafita 18/10/2012

LA "PREHISTORIA" DEL ROCK EN VENEZUELA

AGOSTO - SERVANDO ALZATTI

"Servando Alzatti vivía con sus padres en la calle 76B # 2ª-61. Servando padre era, además de gerente de AVENSA y después de VIASA en Maracaibo, el Cónsul de México. De hecho, Servando nació en Detroit, Michigan cuando su papa era el Cónsul de México en esa ciudad"
-Jorge Quintero-

Servando estudiaba en el colegio Bella Vista y es a finales de Julio de 1969, luego de culminado el año escolar, cuando arranca la historia...

"... Entonces mi papá me dijo "Bueno... Pasaste para 2do año con muy buenas notas ¿Qué regalo quieres?". Y yo sin pensarlo mucho le dije "Papá. Yo quiero formar un conjunto musical, un conjunto de rock and roll. Pero yo quiero que me traigas de Miami los instrumentos, porque eso aquí no lo venden".
-Servando Alzatti 18/10/2012.

"... Como el papá de Servando era piloto de Viasa, no le costaba nada traerlos y en un momentico le trajo una batería, un bajo fender y una guitarra Les Paul Junior. Esta misma guitarra pasaría por las manos de los 3 primeros grupos zulianos. Por eso es que cuando llegan los instrumentos. Servando que ya tocaba piano, al poco tiempo ya había aprendido a tocar batería y ya tocaba un poco de guitarra ¿Quién se lo enseñó? no me lo preguntéis... pero cuando yo conocí a Servando, ya él tocaba todos esos instrumentos...
-Paco Piedrafita 18/10/2012

LOS THUNDERBIRDS

"... El primer conjunto que armé fue en el 59 y se llamó **Los Thunderbirds***, para entonces solo éramos Henry Prado en el piano y yo que tocaba la batería porque éramos los únicos que sabíamos tocar. Solo tocamos en las fiestas de nuestros amigos y familiares, mientras tratábamos de "reclutar" los miembros que nos faltaban para completar el grupo."*
-Servando Alzatti 26/10/2012

Los Thunderbirds no era un grupo como tal sino tan solo dos amigos que se juntaban en reuniones de sus propias familias, Al no existir evidencia de presentaciones de los thunderbirds frente al publico, ni grabaciones del mismo, ni siquiera fotos no puede considerarse como el primer grupo de *Rock* en Venezuela. Su inclusión en la *Historia del Rock en Venezuela* se justifica sólo como un antecedente del inicio de la historia del *rock* en el país.

Página intencionalmente en blanco

1960

Los pioneros del Rock en Venezuela

Página intencionalmente en blanco

ENERO
LAS PRIMERAS GRABACIONES

La más lejana referencia de una grabación de *Rock´n´Roll* hecha en el país, la tenemos de **Juan Lucas y su conjunto**: una agrupación de "Night Club", quiénes en 1960 grabaron para el sello Palacio el álbum *Una Noche en Le Garage* el cual fue publicado el 27 de enero de 1960 con número de serie LP-6022 y en donde aparece el tema instrumental *Garage Boogie*.

Debe entenderse claramente que **Juan Lucas y su conjunto** no fueron de ninguna manera un grupo de rock, sino más bien una agrupacion de salon, cuya función era interpretar música de diversos géneros musicales y estilos a fin de complacer a los asistentes de los lugares y eventos donde estos se presentaban.

Imagen cortesía de Danny Torres

El álbum *Una Noche en Le Garage* es una amalgama de ritmos y géneros musicales de moda para ese momento, siendo hoy en día una pieza discográfica interesante ya que "retrata" los géneros musicales en boga para la época. "Le Garage" a su vez, fue uno de los tantos clubes nocturnos de moda de la ciudad capital. Por su parte, el tema *Garage Booguie* representa un hito històrico por el hecho de ser un tema original.

Juan Lucas desapareció físicamente hace ya bastantes años, llevando consigo el testimonio de la época y de esa grabación. Sin embargo, su nombre quedó inscrito en la historia del rock en Venezuela, al ser presumiblemente, el primero en grabar *rock and roll* en nuestro país.

"... Conocí al señor Juan Lucas, una persona muy amable y cordial, excelente músico y profesional como todos los de su época, es increíble que sea parte de la historia de nuestra música rock"
-Gladys Salinas - Dept. de Regalias en El Palacio de la Música, S.A. 08/05/2012.

LOS IMPALA VERSIÓN 1.0

"... Los Impala fueron los primeros. Definitivamente (...) Antes de que existieran Los Impala y Los Flippers; nosotros que teníamos apenas 15 años, íbamos a los Vermouth del "Club Creole", pero allí no había contratado ningún conjunto musical, sino que nosotros mismos cantábamos de manera espontánea, Servando Alzatti y Henry Prado (y alguno que otro más) eran los que tocaban; de allí salió la idea de formar un grupo. Con la llegada de Heberto Medina es que nacen Los Impala".
- *Roberto Marcelleti 04/04/2011*

"... Gilberto Urdaneta, Rafito Montero y Heberto Medina estudiaban en el Colegio Gonzaga, ninguno de ellos tocaba, pero tenían un oído del carajo ".
-Paco Piedrafita 18/10/2012

"... Crear un grupo de rock no era tan fácil en aquellos tiempos, principalmente porque nadie tenía los instrumentos necesarios ni mucho menos sabía tocarlos. Por ejemplo: A Heberto Medina tuve que enseñarle a tocar la batería, luego "recluté" a Rafito Montero para que tocara la segunda guitarra y seguidamente a Gilberto Urdaneta a quién tuve que enseñar a tocar el bajo y así fue como para enero del 60 ya teníamos un conjunto completo..."
-Servando Alzatti 26/10/2012.

"... Servando se encargó de enseñarles a tocar a todos ellos, mientras ensayaban con los instrumentos que su papá le había traído desde Miami. Después de 4 o 5 meses, ya dominaban algunas canciones y así fue como empezaron a tocar en el club, los Domingos en la tarde"
-Paco Piedrafita 19/10/2012.

LOS FLIPPERS

"... Cuando vi a "Los Impala" tocar por primera vez, inmediatamente quise formar mi propio conjunto, así que comencé con George Fort en el Piano, Carlos Ham en la Batería y yo en la guitarra. Por cierto, las guitarras (una Fender Jazz Master y una Gibson Les Paul junior double cut) que compró Servando Alzatti, después me las pasó a mí. Más adelante conseguimos a un italiano llamado Vicente Danielle que tocaba muy bien la primera guitarra, pero no tenía mucho oído, con ellos conformamos el conjunto y comenzamos a ensayar. Finalmente entró Francisco Belisario que no tocaba guitarra sino cuatro, el me dijo que no sabía tocar guitarra y yo le dije "Vai, si vos sabéis tocar cuatro, también sabéis tocar guitarra", y después de ensayar durante 3 o 4 meses, logramos estar en condiciones de empezar a tocar."
-Roberto Marcelleti 04/04/2011.

Los Flippers estuvieron integrados por:

- ↓ Roberto Marcelleti: Guitarra y Voz
- ↓ Carlos Ham: Batería
- ↓ George Fort: Piano
- ↓ Vicente Danielle: Guitarra Líder
- ↓ Francisco Belisario: Bajo y Voz

Los Flippers (1960) Izq a Der, Roberto Marceletti, Carlos Ham, George Fort, Vicente Danielle y Francisco Belisario. Foto Cortesía de Roberto Macreletti

"... Mi papá tenía un billar, y allí había unas maquinas de Pinball cuya marca era Flipper, así que cuando comenzamos a buscar el nombre para el conjunto, Francisco Belisario salió y dijo "Vamos a ponerle el nombre de **Los Flippers** y así fue como le pusimos ese nombre (...) Al principio cantábamos Francisco y yo. La diferencia entre los "Flippers" y los "Impala" era que nosotros cantábamos y ellos no".-Roberto Marcelleti 04/04/2011.

Los Flippers cantaban en inglés y en español y debido a esto, se convirtieron rápidamente en uno de los grupos más populares de la capital zuliana.

PACO PIEDRAFITA

"... Yo cantaba en el Hotel del Lago los fines de semana, escondido de casa, y eso fue cuando me vine de Lagunillas porque había renunciado a la Mene Grande Oil Company. Ve, ¡Que molleja!, yo soy el primer venezolano que renunció a un cargo en la industria petrolera del país... La historia es así... Sucede que estábamos un grupito de amigos entre los que se encontraba Francisco Belisario, Manolo Barrios, Luis Giutis (quien años más adelante llegaría a ser presidente de PDVSA), en la casa de "Sonny" Urdaneta, en la avenida Baralt. Ese día se celebraba la fiesta de 15 años de la hermana de Sonny. Los muchachos sabían que yo cantaba "echando broma" porque tenía bonita voz para el bolero. Sucede que en Maracaibo había dos pianistas trinitarios que se "repartían" las actividades sociales en Maracaibo. Uno se llamaba Pat O´Brien que era el papá de los muchachos que más adelante formaron "Las 4 Monedas" y el otro era un señor llamado Paul Fort que vivía por detrás de "El Roble" en Bella Vista y a quien llamaban "Polyfor".

En esta fiesta habían contratado a Polyfor que tenía un conjunto de Jazz, el baterista no tocaba con baquetas sino con escobillas y usaban un contrabajo acústico, ellos estaban amenizando la fiesta de la hermana de Sonny... Yo me acerco al piano para verlo tocar y el señor Paul se me queda mirando y me dice ¿Le gusta la música? ¡Muchísimo!, contesté yo. ¿Pero no canta? volvió a preguntar... Bueno si... yo canto boleritos, pero eso en el baño de mi casa y también cuando estoy entre mis amigos... Entonces el señor Paul me dice "Si quiere cante que yo lo sigo" así que comencé a cantar el primer bolerito, y después de ese venga el otro y luego el otro, boleritos conocidos, y entonces comenzaron a reunirse los muchachos y el señor Pablo me dice "pues canta muy bien, tiene buen oído" y entonces me dijo que él tocaba los fines de semana en el Hotel del Lago y me hizo una invitación a ver si yo quería ir a su casa primero para hacer unos ensayitos y si estaba dispuesto para cantar en el hotel del lago y así fue como comencé a cantar casi un año."
-Paco Piedrafita 19/10/2012

AGOSTO
EL CLUB DEL ROCK´N´ROLL

"A "Los Impala" les tocó ser los impulsores de muchas carreras dentro del mundo de la música, pero su impacto también se sintió en el mundo de la TV. "... Yo trabajaba en Ondas del Lago Televisión, canal 13 de Maracaibo. Para entonces no había programas en vivo en el canal y yo trabajaba haciendo el montaje de voz (Voice Over) para programas culturales, programas de desarrollo y esas cosas (...) El canal tampoco tenía programas musicales (...) Una noche estando en el Club Creole, vi tocar a "Los Impala" y les dije -Yo trabajo en Ondas del Lago Televisión. Yo creo que con ustedes podemos hacer un programa-".
-Oscar García G. 23/10/2012.

"... Entonces Oscar García G. decide tomar los jueves, de 6 a 7 de la noche y hacer un programa en vivo cuyo productor fue Raúl Vale y el asistente su hermano Federico, ambos hijos de Nicolás Vale Quintero fundador de Ondas del Lago Televisión y quienes estaban estudiando producción de televisión en México, ellos habían venido a pasar unas vacaciones en el mes de agosto y es así como nace El Club del Rock´n´Roll" -Paco Piedrafita 19/10/2012.

"El Club del Rock´n´Roll" conducido por Oscar García G, fue el primer programa netamente juvenil de televisión venezolana. Es importante destacar que si bien en nuestra incipiente televisión de principios de los años 60, ya existían programas musicales y de variedades, ninguno estaba dirigido exclusivamente al público joven. "El Club del Rock n Roll" fue el detonante que "alborotó" a la juventud marabina y a raíz de las transmisiones del mismocomenzaron a formarse otros grupos en la capital zuliana. "Los Impala" se estaban convirtiendo en ídolos a nivel regional. Además de las presentaciones en TV, donde aparecieron desde agosto hasta octubre de 1960, también hacen dos presentaciones para tocar "en vivo" a través de la radio zuliana.

LOS TEMPEST

"... Fue en agosto de 1960. Recuerdo que estábamos de vacaciones de verano, eran como las 12:15 del mediodía de un día lunes o jueves. Estaba haciendo mucho calor afuera (¡para variar!). Maracaibo en agosto es candela. La referencia a un lunes o un jueves me llega clara porque ésos eran los días en que recibía clases de piano. Los primeros acordes de rock los aprendí viendo y consultando a Henry Prado (de "Los Impala"). Mi inolvidable madre se me acerca y me dice en voz baja: "Manolo, te buscan dos muchachos allá afuera...". Mi profesor de piano, Rino Bin, me preguntó si los iba atender y le contesté que no, pues "se arrecha papá". Le dije a mamá que los mandara a pasar y que esperaran a que yo terminara la clase. Así fue. Los dos jóvenes me saludaron, se identificaron, me extendieron sus manos y dijeron al mismo tiempo: "Nosotros supimos que vos tocáis el piano y queréis formar un conjunto, y por eso estamos aquí". Dijeron llamarse Juancho Pérez y Omar Padauy. De inmediato entramos en el tema de formar una banda musical de Rock´n´Roll. "Yo canto" dijo Juancho "y si queréis te lo puedo comprobar", "Y yo estoy practicando y aprendiendo a tocar la batería" dijo Omar, y así ese día nacieron "Los Tempest".

Ellos ya le tenían ese nombre, el cual a mi no me gustaba, pero lo acepté por la misma emoción de ellos, que ya habían emprendido la búsqueda de ayuda musical y económica para formar el grupo. A partir de ese día comenzamos a reunirnos con frecuencia. Luego ambos trajeron a Sergio Martínez, quien sería el primer guitarrista. Por supuesto, con sólo un cantante, piano, batería y una primera guitarra no podíamos hacer mucho, sin embargo, en el patio de mi casa arrancamos así. Comenzamos con algunas canciones que estaban de moda a principios de los sesentas. Canciones interpretadas por los teen tops, los Camisas Negras, los Rebeldes del Rock y otros.

Estábamos más contentos que guajiro con bicicleta nueva, a pesar de que aún sonábamos como "un mollejero de latas metías en un tonel". Luego conseguimos un zurdo que decía tocar cuatro y guitarra llamado Ricardo Finol, quien se unió al grupo para tocar el bajo utilizando una guitarra. El grupo comenzó a sonar mejor: ya teníamos lo mínimo requerido para salir a tocar en algún cumpleaños.

Juancho fue nuestro primer vocalista, cantaba todas las piezas. Su timbre de voz era bueno y yo lo animé a que cantara las canciones más lentas y románticas, pero esto no le gustó mucho. Ya yo estaba en contacto con Franklin Molero para que se uniera al grupo como vocalista, pero desde un principio tuve problemas con Juancho, ya que me reclamaba que Franklin era mi favorito y que le

daba a él todas las canciones rápidas tipo Rock. Yo conocía los límites de cada uno: Juancho era más romántico y modulaba mejor las canciones lentas, mientras que la voz de Franklin se prestaba más para cantar rock´n´roll. Juancho era el Julio Iglesias del grupo y Franklin el Tom Jones".
- Manolo Barrios 10/10/2012

"TANTÁN"

"...Un domingo a mediodía, se estaban presentando Los Impala (de Servando Alzatti) en la radioemisora "La Voz de la Fe", frente a la Iglesia San José en la Avenida 5 de julio de Maracaibo. En un descanso de la banda, siendo parte de una minúscula audiencia de jóvenes que nos encontrábamos en el lugar, me acerco a una de las guitarras (una Gibson Les Paul Junior, color crema), para observar concuriosidad. El dueño de la guitarra (Rafael Montero) me hizo una seña de aprobación y un gesto amistoso para que la tomase en mis manos, simultáneamente Franklin Molero, también presente en el lugar, cantante de "Los Tempest" y compañero de colegio, se acerca y me pregunta: ¿vos podéis tocar esa guitarra?"
La respuesta honesta debió haber sido: NO, pero ya sentado en el piso, lo miré como quien quiere y no quiere y sin decir palabra tomé la guitarra eléctrica en mis manos (por primera vez en mi vida), sabiendo que las

Los Impala: Henry Prado (Pn) Bob Bush (bj) Heberto Medina (Bt) Servando Alzatti (Gt) y Rafael Montero (Gt Foto Cortesía de Oscar Vera Urdaneta)

últimas cuatro cuerdas se afinan como las de un cuatro (el cual sí sabía tocar), con la mano izquierda hice una pisada de cuatro y con la derecha rasgué suavemente las cuerdas de metal originando un nítido acorde en "LA". Franklin me miró sorprendido. Inmediatamente, y siempre sobre las últimas cuatro cuerdas de la guitarra, comencé a "puntear" la introducción y luego los acordes de la melodía de una popular canción que cantaba Enrique Guzmán con el grupo mexicano Los Teen tops, la cual sabía tocar perfectamente con el cuatro. Franklin que conocía la melodía y la letra de dicha canción se puso a cantarla entusiasmado mientras lo acompañaba, hasta el final de la misma que coincidió con inicio de la segunda tanda del "toque" de Los Impala. Franklin me miró complacido, me dio una palmada en el hombro y le dijo: ¡verg...! no sabía que tocabais tan bien la guitarra".
-José "Tantán" Baptista 18/10/2012

PRIMER CONTACTO CON LOS TEMPEST

"...Al día siguiente, lunes, 7 de la mañana, en la "cantina" del colegio Gonzaga (en la Ave. Las Delicias de Maracaibo), desayunaba la combinación típica de la mañana que costaba "real y medio": un "bloque" (nombre peyorativo que le daban los estudiantes a un trozo grande de ponqué casero) y un "oranche hit". El Orange Hit era un refresco de gaseosa sabor a naranja, que posteriormente se convirtió en el Hit de Naranja". De repente veo que se aproximan Franklin Molero, Ricardo Finol y

Manolo Barrios. El "zurdo" Ricardo y yo ya éramos buenos amigos del colegio, unidos por una espontánea relación y la común afición por el béisbol "con pelotica 'e goma", practicado por ambos regularmente en los recreos. A Manolo y Franklin les conocía de vista ya que estudiaban Humanidades, mientras yo estudiaba Ciencias, en el mismo Colegio Gonzaga. Al acercarse, Franklin le dice a Manolo: ".....él es quien te dije que vi tocando ayer la guitarra". Manolo, muy protocolar (como siempre), me da la mano y como única introducción me dice: "Yo soy Manolo Barrios, pianista y Director de "Los Tempest". Estamos buscando un buen guitarrista para que sea la 2ª guitarra del conjunto, que hasta ahora la tocaba Ricardo, porque él ahora va a tocar el bajo... ¿estáis interesado?". Entre la sorpresa y emoción, además de reconocer mentalmente que no sabía tocar guitarra, pasaron unos segundos en silencio. Miré de reojo a Franklin cuando Ricardo dijo entusiasmado y casi gritando: "¡vaí pues!.. Decí que sí"... ¡vamos a tocar juntos!". Antes de que pudiera articular alguna palabra (...entre si y no, o... no sé, o... esteee...), Manolo se adelantó y me preguntó: "¿Vos sabéis hacer la barra?" acompañando la pregunta con un ademán de su mano izquierda que simulaba una pisada (acorde) sobre su brazo derecho, como si este fuera el mástil de una guitarra, extendiendo el dedo índice en forma recta y perpendicular. Mirando con atención, un poco escéptico con la pregunta, pero relacionándola intencionadamente con mi destreza para tocar el cuatro, titubeando le dije: "si...claro que sí... la mayoría de las pisadas que utilizo llevan esa barra". Manolo mostró una leve sonrisa, al igual que Franklin y Ricardo, diciendo: "Ok, entonces, si vos queréis ya sois parte de "Los Tempest"; el sábado tenéis tu primer ensayo. ......ok?" bueno....si", dije ante la actitud cómplice de mis amigos. Manolo - de inmediato- pregunta: "Por cierto, ¿Vos tenéis una guitarra eléctrica?... Inmediatamente dije: "No"... "No importa, ¿Cuál es el problema?... le buscamos una prestada" dijo Ricardo displicente y se fueron los tres conversando, dejándome con un dilema un lunes a las 7 de la mañana...".
-José "Tantán" Baptista 18/10/2012.

APRENDIZAJE "EXPRESS" DE GUITARRA

"...Ese mismo lunes por la tarde, regrese del colegio a casa, a eso de la 5, reuní a la "pandilla" de la calle 78, para contarles el episodio y el problema: "me metieron en un conjunto de rocanrol que se llama "Los Tempest" para que toque la segunda guitarra...... no tengo guitarra ni sé tocar guitarra!! Y yo les dije que si, ¿qué hago?" La pandilla era: Armando y Beto Roo, Servando Pérez (QEPD), Cheo Rivera, Júnior Bracho, Nelson Moros (QEPD), Johnny y Jesús Rincón y otros. La satisfacción de la pandilla fue más que obvia y dijeron casi simultáneamente: - "no se te ocurra decir que no sabéis tocar guitarra" .... le buscaremos una solución" ...dijeron todos asumiendo para ellos el problema. Tanto Servando como Armando sabían tocar el cuatro. El segundo sugirió que se hiciera una colecta familiar para comprar una guitarra acústica tipo country, con cuerdas metálicas, que un vecino estaba vendiendo; a su vez Servando mencionó que su hermana Nancy tenía un Manual Básico de Guitarra que podríamos estudiar. Ese era el plan. En 3 horas recolectaron 19 bolívares con real y medio, se los llevaron al Señor que estaba vendiendo la guitarra, quien refunfuñó un poco diciendo: "coño! ¡Yo les dije que eran 20 bolos!" Pero aceptó los 19,75 bolívares y les entregó una vieja "guitarra" marca TEISCO con las cuerdas oxidadas, rayada y llena de polvo. La lograron afinar, apelaron al "manual de guitarra" e inmediatamente empezaron a descifrar la relación tonal entre las pisadas (acordes) del cuatro y de la guitarra.

Tocar la guitarra no era sencillo, cada vez que ponía una pisada como lo hacía con el cuatro, me sobraban dos cuerdas; y al rasgar la guitarra sonaba como un grillo destemplado, terrible. Estuvieron dándole al instrumento y repasando los acordes hasta las 12 de la noche, cuando nuestras respectivas madres exigieron regresar a dormir... "..¡Muchachos, mañana hay clases!"

La distancia entre las cuerdas y el diapasón de madera de la guitarra era desproporcionadamente grande. Para lograr que la presión de los dedos pusiera en contacto las cuerdas con la madera y con ello lograr algún sonido musical, había que hacer un esfuerzo sobrehumano. Con la "práctica" del lunes por la noche, martes, y ya al final del día miércoles las "ampollas" en la yema de los dedos sangrantes de la mano izquierda, hacían muy difícil el "aprendizaje express" al que me sometí, aún bajo el estímulo y aúpe de la pandilla...".
- José "Tantán" Baptista 18/10/2012.

EL PRE-ENSAYO

"...El jueves decidí (o no tuve más opción que) descansar las manos. En vez de insistir con la guitarra, al regreso del colegio opté por ver una película vespertina en el cine Paraíso, de la calle Las Delicias, a dos cuadras de la casa en la Ave. 78 Dr. Portillo. No había caminado media cuadra cuando veo acercarse un gran carro convertible, color azul claro metalizado, marca Ford Fairlane último modelo, cuya maleta mostraba elegantemente la forma de un caucho (de repuesto), como hoy día lo llevan los vehículos rústicos, adornada con una cobertura metálica cromada brillante. Los asientos del carro eran de cuero blanco y, al mando del volante: Manolo Barrios.

Al quedar inmóvil el vehículo, Manolo –sin bajarse- me pregunta: ¿A dónde vais? "al cine"....- respondí, escondiendo disimuladamente la mano izquierda para que no me viera las curitas en los dedos. Casi sin escuchar la respuesta Manolo re-pregunta: ¿Por qué no vamos mejor a mi casa para que te vais aprendiendo las canciones y así el ensayo del sábado se te hace más fácil?... insistiendo de inmediato: ¿Qué fue, le echamos pichón? Entonces pensé: "Bueno, es ahora o nunca. Si tiene que descubrir que no sé tocar guitarra, que sea hoy y no el sábado en el ensayo, con todos presentes". Así que, con la intención de aprovechar el momento para revelarle a Manolo que realmente no sabía tocar la guitarra, me armé de valor y le dije: "OK, vamos pues". Con la misma, me monté en el carro, y nos fuimos a casa de Manolo, donde se hacían los ensayos y estaban guardados los instrumentos de "Los Tempest".

Durante el trayecto desde mi casa hasta la de Manolo, no tuve oportunidad de "decirle la verdad" o quizá tuve miedo. Después de saludar y conocer a la mamá, papá y hermanos de Manolo, fuimos directo a un cuarto donde había un piano "corto", sin cola. Manolo me entregó una guitarra eléctrica, se sentó en la silla del piano de frente a la pared, quedando de espaldas (gracias a Dios) y comenzó a hacer acordes alternos en el piano como para calentar sus manos. Dentro de la rapidez con que se sucedían las cosas pensé: "¿Cuándo se lo voy a decir?,.... bueno, será después". Con la altísima emoción de tener una guitarra eléctrica en mis propias manos, solo tenía "cabeza" para disfrutar del momento. El primer escollo técnico ¿cómo colocar la correa de la guitarra? ¿Iba solo por la cabeza

como un vendedor ambulante de chicles? o ¿había que meter también un brazo como si fuera una venda de fractura?, y ¿cuál brazo?, ¿el derecho o el izquierdo? ....Bueno, ahora no recuerdo como me la puse, pero el susto era tal que no sentía el dolor de los dedos con las curitas, aunque -con la ventaja de que- Manolo estaba de espaldas, distraído, hablando y dando indicaciones sobre los tonos, la estructura y los nombres de las canciones. Por suerte, el sonido de una guitarra eléctrica desconectada de un amplificador es casi imperceptible, mucho más cuando compite con el sonido de un piano a volumen natural. O sea que cualquier error podría disimularse (pensaba yo).Fue así, entonces que, con una dosis de lógica, lo poco aprendido con el manual, incluyendo la correlación de las pisadas entre el cuatro y la guitarra y -a decir verdad- la simpleza musical de los temas de rockanrol de la época, comparados con la música venezolana y latina que dominaba con el cuatro, transcurrió el "pre-ensayo" sin que Manolo pareciera percibir el stress combinado de aguantar el dolor de los dedos, entender los tonos del piano, aprenderse las canciones con su nombre y, además aparentar que era un guitarrista ducho. Al final, después de unas tres horas de verle la espalda a Manolo, con tono de supuesta aprobación, este dijo: "OK Tantán... 'ta machete... estamos listos pa'l ensayo del sábado, lo único que tenemos que buscarte es una guitarra. Juancho, uno de nuestros cantantes, es vecino y amigo de "Mamerto quien tiene una guitarrita Gibson que nos ha prestado anteriormente, así que vamos a buscarla pa'que toquéis con ella este sábado, y después vemos. Además, mañana le compraremos un bajo a Ricardo". (...) En ese momento trascendental, tomé la decisión de no decirle a Manolo (ni a nadie) que no sabía tocar guitarra, comenzando de esa manera mi andar por la música con la guitarra eléctrica...".
-José "Tantán" Baptista 18/10/2012.

EL PRIMER ENSAYO

"... Al día siguiente, viernes, ya no podía ni cerrar la mano izquierda, ni poner los dedos en ninguna superficie que fuese más dura que la piel. No tuve más alternativa que descansar las manos y repasar mentalmente lo aprendido con Manolo.

El sábado por la mañana, Manolo y el "zurdo" Ricardo me fueron a buscar a casa para ir a comprar un "bajo". Llegamos a la tienda de instrumentos musicales "La Casa del Cuatro", en el centro de Maracaibo, y juntos seleccionaron un bajo con forma de violín marca HOFNER, por el cual pagaron 80 bolívares. Por supuesto, como el instrumento era para "tocar con la mano derecha", hubo que invertirle las cuerdas y así funcionó para "el zurdo" Ricardo. (...) Ese mismo sábado a las 2 de la tarde, en la casa de Manolo Barrios, comenzó el ensayo de "Los Tempest", ahora estrenando a Ricardo Finol como bajista "con un bajo" y a mí como 2ª guitarra, 6 días después de mi primer contacto con una guitarra eléctrica.

El ensayo duró hasta entrada la noche y contó con la presencia circunstancial de Luis Giusti, vecino y amigo de Manolo, y José Luis Rodríguez, de visita y amigo de Manolo, quienes se acercaron para escuchar la banda. La emoción y la adrenalina producida por tocar en una banda de rocanrol fueron suficiente analgésico para las ampollas que tenía en las manos y todos disfrutaron del primer ensayo de Los Tempest incorporando una 2da. Guitarra y un bajo de verdad...".
-José "Tantán" Baptista 18/10/2012

AHÍ VIENE LA PLAGA...

En México, Los "Teen Tops" lanzan su primer álbum el cual contiene 12 canciones, todas versiones de éxitos del *Rock´n´Roll* al español. En aquella época muy pocos artistas componían y grababan sus propias canciones, Incluso el propio Elvis Presley grabó muy pocos temas propios y no sería sino hasta que **Los Beatles** y **Los Rolling Stones** comenzaron la tendencia de grabar temas propios. En lo que sí fueron originales los grupos mexicanos (y esto hay que reconocerlo) fue en mostrar a los jóvenes de toda Latinoamérica que era posible crear grupos musicales y que sus integrantes no necesariamente tenían que ser músicos profesionales, sino simplemente: jóvenes armados de sus instrumentos y muchas ganas de tocar, pero por el lado negativo sentaron el

Primer album de los Teen Tops

precedente de que para hacer música juvenil era necesario copiar el éxito de los artistas anglosajones

LOS IMPALA CONSIGUEN CANTANTE

"... En aquella época solo había dos canales que se veían en Maracaibo: Radio Caracas Televisión y Ondas del Lado Televisión. Sucede que un día estoy cambiando de canal, y cuando veo, aparece Oscar García presentando un conjunto llamado "Los Impala". Yo no tenía ni la menor idea de nada de esto, pero como yo vivía a dos cuadras, salí para allá y me encontré con que la puerta estaba casi libre; el portero estaba allí, pero aceptaba la visita de personas. Cuando entré al estudio me encuentro que estaba "full" de carajitos y "Los impala" tocando. Cuando terminan de tocar, yo me acerco y me doy cuenta que Heberto Medina tocaba la batería, Yo me le acerco y le digo "A la verg... Heberto ¿y vos tocáis acá?"... "Si Paquito ¿cómo estáis?", me respondió, porque nosotros éramos amigos desde los 13 o 14 años. Entonces yo le pregunté que donde ensayaban y él me dijo que en la casa de Servando por allá por el cine París, me dijo que ellos como a las 5 se ponían a ensayar, así que me invitó a un ensayo (...) Cuando yo llegué allá, supongo que ya les había hablado de mi porque estaban como esperando a alguien.

Entonces Heberto le dice a los otros "Bueno... ya tenemos cantante si queremos, porque Paco canta bien, pero lo que pasa es el canta boleros" Servando inmediatamente respondió "Ah!...no... nosotros no vamos a cantar boleros"... Entonces yo respondí "Bueno, no importa, si quieren empezamos a ensayar canciones de las de ustedes". Y así empezamos a ensayar... en esos días precisamente, llegó de México, el primer Long Play de los Teen Tops y comenzamos a montar esas canciones: El rock de la Cárcel, La plaga, 5 o 6 canciones de ese disco, y entonces la cosa se comenzó a poner "sabrosa", porque salieron mas toques y se le comenzó a poner más seriedad..."
-Paco Piedrafita 19/10/2012

45

EL ROCK EN LA CAPITAL
LOS TROGAN

Ese mismo año se forma en Caracas, la más antigua agrupación de la que se tenga conocimiento en la capital del país. *"... El grupo se formó a finales de 1960, los integrantes eran Cristóbal González (cantante y 2ª guitarra, lo llamamos Toba), Roberto Morell (1ª guitarra y director del grupo), Osmin (bajo), Jorge Morell (George) (Piano) y Ángel González / Gaspar (ambos baterías), todos de origen canario. El nombre está compuesto de las iníciales de sus integrantes; Toba, Roberto, Osmin, George y Ángel, la N es de Nestlé una marca*

Los Trogan: Osmin, Jorge, Cristobal, Roberto y Gaspar.
Imagen cortesía de Roberto Morel Castro

de productos lácteos que estaba comenzando sus operaciones en Venezuela (...) Recuerdo que tocamos en el Hotel Tamanaco (con Aldemaro Romero, tratando de introducir el ritmo Mashed Potato), en el Teleférico durante mucho tiempo, en la sala de fiesta "Le Coq Hardí" también mucho tiempo, En RCTV (junto con Mirla Castellano), aquí te puedo contar una anécdota, y es que mientras Mirla estaba en el aire cantando, nosotros estábamos ensayando en otro estudio y cortaron a Mirla quién salió del aire nosotros estábamos ensayando en otro estudio y cortaron a Mirla quién salió del aire para ponernos a nosotros, esto no lo supimos sino cuando salimos de RCTV y conocidos nuestros nos lo contaron, después de esto, el mismo día, volvimos a tocar en el canal, y si mal no recuerdo, las mismas canciones. También tocamos en el Restaurante-Sala de Fiesta Lago de Maracay, en Televisa (creo que era en un Telemaratón) y otro programa musical que había pero no recuerdo el nombre ¿será Ritmo y Juventud?, en el Club los Palos Grandes, en una sala de fiesta que había en Puerta Caracas, La Pastora (no recuerdo el nombre donde, por cierto, se armó una trifulca entre el novio de una muchacha y Osmin), en El Club Guarenas donde también se armó otra trifulca por cuestiones parecidas, en una sala de fiesta que estaba en Chacaíto y no recuerdo si se llamaba "El Sótano" o "El Bosque", amén de fiestas particulares.. Entre las canciones que tocábamos recuerdo "La Plaga", "Tutti Fruti", "Tequila", "El Rock de la Cárcel", "Vuelve, Vuelve Primavera", "Diana", "La vi parada ahí", "Popotitos", "Apache", "El Tico Tico", "Only You", "Twist and Shout", "Rock Around The Clock". "La Bamba", "Let´s twistagain", "Lucille".

Publicidad de "Le Coq Hardi". Notese que se identifica al grupo como "Conjunto Nueva Ola". Imagen cortesía de Roberto Morel Castro

El grupo funcionó bien mientras éramos amateur (aunque cobrábamos en las actuaciones, todos teníamos nuestro trabajo aparte de la música) pero cuando empezamos a tener cierto éxito y se cobraba más por cada actuación, entre los miembros del grupo comenzaron a salir quienes querían cobrar más porque ejercían 2 funciones, (cerraba el contrato y tocaba bajo, tocaba la guitarra y dirigía al grupo, cantaba y tocaba la 2ª guitarra, etc., en conclusión que las relaciones musicales se fueron deteriorando y poco a poco se fue disolviendo el grupo lo que finalmente ocurrió por el año 64 aunque todos seguimos siendo buenos amigos".
-Roberto Morell Castro 07/11/2012.

Los Trogan no realizaron ninguna grabación, razón por lo cual no tuvieron ningún impacto a nivel radial o discográfico. Luego de su separación en 1964, pasan a ser olvidados y fueron prácticamente desconocidos hasta el año 2012 cuando afortunadamente, uno de sus integrantes: Roberto Morell Castro, aporta la información sobre los mismos, rescatando así la historia de la primera agrupación de rock de la ciudad capital. **Los Trogan** son la prueba de que el movimiento musical joven surge en el país de manera más o menos simultánea en las grandes ciudades de Venezuela.

El año de 1960 fue un periodo de gestación para el rock en Venezuela. Tan solo unas pocas agrupaciones aparecieron ese año, la mayoría en el estado Zulia. Sin embargo, era evidente que algo estaba pasando a nivel musical en nuestro país. Se puede afirmar sin lugar a dudas que, a los efectos históricos, el año de 1960 marca la aparición de las primeras agrupaciones de Rock´n´Roll en el país.

Baile de Rock and Roll - Alamy.com

1961
La Nueva Ola
Venezolana

Página intencionalmente en blanco

LOS ZEPPY

Los Zeppy: Nicolás Alvarado, José Luis Rodríguez, Estelita del Llano, Alberto Lewis, Agustin Calzadilla.
Imagen cortsia de Danny Alberto Torres

Para 1961, se forma uno de los grupos que da inicio al registro grabado de nuestra música joven. Una joven cantante de extraordinaria calidad vocal, oriunda de Tumeremo, Estado Bolívar, de nombre *Berenice Perrone Huggins*, quien ya para entonces era conocida como **Estelita del Llano** entra a formar parte de un grupo vocal junto con Nicolás Alvarado, Agustín Calzadilla, Gilberto y Alberto Lewis. Al cual bautizaron como **Los Zeppy**.

"...En el año de 1961, llega un grupo que es el que propicia mi cambio de la música venezolana a otro tipo de música. Unos muchachos del liceo Pedro Emilio Coll, el grupo se llamaba "Los Coll". A mí me encantaron esos muchachos. No estaba aún José Luis Rodríguez porque él entró mes y medio después. Yo estaba cantando en el programa de Héctor Monteverde y ellos empezaron a cantar allí y pensé que me gustaría cantar en un grupo de ese estilo, porque me gustaba lo que hacían los grupos cubanos de la época. Ya no era música criolla, sino balada, rock´n´roll y después twist.... En el 61 debutamos en Fiesta Pepsi con solo un mes de ensayos y nos convertimos en un boom, en el grupo del momento. Nos ganamos todos los premios que había en la época".
- Estelita del Llano. S/f.

Poco después Gilberto Lewis se va de la agrupación y se produce el ingreso de Ariel López, quien a su vez también abandona para dar paso a José Luis Rodríguez, quedando de esta manera establecida la alineación definitiva. A principios de 1961. **Los Zeppy** lanzan su primer álbum a través del sello *Gramcko*, con número de serie LP2010. En el cual lo primero que llama la atención es la voz de la cantante Estelita del Llano la cual evidentemente le dio al grupo un tono característico. El quinteto estuvo acompañado por Emilio Muñoz y su Conjunto.

Imagen cortesia de Danny Torres

Lado A
01- Pájaro Loco
02- Arrivederci
03- Ven
04- Dulce
05- Verano de Amor
06- Cuchillito (Mack the Knife)

Lado B
01.-Personalidad
02.-Mi Pobre Corazón
03.-Dudas
04.-Retardo
05.-Amorcito (Little Darlin´)
06.-Estremécete (All Shook up)

El primer éxito de **Los Zeppy** fue el tema "El Pájaro Loco", el cual se escuchó de manera insistente en las radios del país, aunque en este disco se incluyen algunos otros éxitos del rock´n´roll como "Estremécete" (All Shook up) la sempiterna canción de Elvis Presley. "Cuchillito" (Mack the Knife) que fue popularizada por Bobby Darin en 1956 y el tema "Amorcito" (Little Darling) de Maurice Williams, la cual fue popularizada en 1957 por los grupos **The Gladiolas** y **The Diamonds**. Muchos puristas del rock´n´roll alegan que **Los Zeppy** no "cuadran" dentro del estándar aceptado, debido a que en sus discos se utilizó una banda de vientos (Trompetas, Saxo y Clarinete) en lugar del sonido de la guitarra eléctrica. Sin embargo, la propuesta musical de **Los Zeppy**, al igual que la mayoría de los grupos de la Nueva Ola, estaba mas enrumbada por los senderos del Doo-Wop el cual era la música de moda para entonces, aunque en el caso de **Los Zeppy**, su música es una curiosa mezcla de **Swing** y **Rock´n´Roll** con un "toque" de sabor caribeño la cual era ciertamente, un sonido novedoso para la época. Similar y distinto por igual al de las orquestas de música tropical.

Desde el punto de vista histórico. Este es un álbum de transición entre la música de la juventud venezolana de los años 50 y la nueva música de la juventud venezolana de los años 60. El sonido del álbum parece tener mucho de ambos: el sonido de orquestas como la Billo's con los ritmos modernos que venían del norte. El lanzamiento de este álbum representa el inicio de la producción discográfica de nuestros artistas juveniles, por tal motivo **Los Zeppy** pasan a la historia del rock en Venezuela como una de las primeras agrupaciones en grabar temas de dicho género en nuestro país.

LEYENDA URBANA NUMERO 1: EL CONJUNTO INGENIERÍA

A tan solo unas semanas del lanzamiento del álbum **Los Zeppy** y a través del mismo sello Gramcko, el **Conjunto Ingeniería** de la Universidad Central de Venezuela, lanza un álbum con número de serie 2016 el cual contiene música caribeña, principalmente salsa y mambo, pero que curiosamente incluye la balada Amorcito (Little Darling), la cual había sido grabada previamente por el grupo **Los Zeppy** en su primer álbum.

Entre las muchas leyendas urbanas e inexactitudes tejidas alrededor de nuestra música rock, se llega a afirmar que el *rock* venezolano arranca con la grabación del tema "Little Darling" a cargo del Conjunto Ingeniería en el año de 1958. Sin embargo, esta afirmación carece de evidencia objetiva que la soporte (No existe tal grabación del año 58). Es importante aclarar de una vez por todas que el Conjunto Ingeniería no fue de ninguna manera un grupo de rock ni un pionero del rock en Venezuela, sino más bien un grupo de salón creado para amenizar las fiestas y eventos sociales de la Universidad Central de Venezuela y otros eventos sociales, así mismo el tema *Little Darling* no puede ser considerado un hito histórico sino tan solo un ejemplo más de la aceptación de este tipo de música en el gusto de los jóvenes venezolanos de la época, así como muchos otros temas de *rock and roll* grabados por agrupaciones y orquestas que nada tienen que ver con el género en cuestión.

LOS IMPALA - VERSIÓN 1.1

"...Humildemente te digo, que yo fui una inspiración para el grupo. Desde que entré a "Los Impala" me ocupé del sonido, de los toques y todas esas cosas... Sin ninguna experiencia, pero era como si me estuviera guiando; es más... como yo dibujaba desde muchacho, hice las letras para ponérselas al bombo, bueno, entonces me comencé a mover... hacia contactos en el club Bella Vista, en el Club Comercio y así fuimos tocando y tocando...
" Paco Piedrafita 18/10/2012.

La primera alineación de **Los Impala** termina cuando Henry Prado abandona la banda para iniciar sus estudios universitarios; pero además el éxito artístico fue diametralmente opuesto al rendimiento académico lo cual trajo consecuencias para la agrupación.

"...A los 6 meses pasó que entre los reales y la tocadera que se había hecho tan "sabrosa"; las notas de los muchachos en el colegio comenzaron a bajar y de vaina no los "rasparon" a todos, entonces el padre de Rafito Montero que tenía un negocio de venta de motocicletas por allá por el cine Imperio, por la plaza Páez en Bella Vista se molestó y le dijo "Se acabó la tocadera, vos eras un estudiante de 17 y de 18 y habéis bajado a 12, eso es una sinvergüenzura, se acabó la tocadera" y le quitó la guitarra. Rafito tuvo que salir del grupo y detrás de Rafito vino Gilberto Urdaneta también con su papá, así que imagínate... Entonces a falta de ellos dos, pasamos varios días sin tocar pero empezamos a hacer contactos y es cuando Bob Bush aparece, porque Bob también estudiaba en el colegio Bella Vista donde estudiaba Servando, ya ellos eran amigos y como a Bob le gustaba la música, tenía buen oído y medio "rasguñaba" la guitarra, así que Servando lo comenzó a llevar a su casa para prepararlo en el bajo, el otro que vino fue Edgar, Edgar entra en el grupo por Heberto, porque parece que Edgar y Heberto estudiaban juntos o se conocían, yo para entonces no conocía a Edgar, pero Edgar no cantaba, le daba miedo escénico...
-Paco Piedrafita 18/10/2012.

Edgar Enrique Quintero Castillo, Comenzó su carrera como guitarrista rítmico de los Impala, con quienes continuaría durante toda la década de los 60, convirtiéndose en uno de los líderes del movimiento musical venezolano. Más adelante adoptaría el nombre artístico de Edgar Alexander convirtiéndose en uno de los mejores guitarristas del país además en uno de nuestros mejores compositores. Luego ingresa Pedro Alfonso en sustitución de Henry Prado restableciendo la alineación.

Los Impala. De Izq. a Der. Edgar Quintero (Gt) Servando Alzatti (Gt) Paco Piedrafita (vz) Bob Buh (Bj) Heberto Medina (Bt) y Pedro Alfonzo (Pn) Foto cortesía de Danny Torres

"... Desde que comenzaron los ensayos con Edgar y Bob, notamos que el sonido era mucho mejor, y como yo era el que me movía para conseguir los toques y además ya conocía a la gente del Hotel del Lago, entonces conseguí un contrato para tocar los fines de semana... Lo cierto es que mientras nosotros tocábamos allí, también se presentaban figuras que venían de Caracas y nosotros éramos "La compensación regional" así actuaba un artista de Caracas y un artista local que éramos nosotros. Así tocamos junto a Mirla, Cherry Navarro, Los Zeppy y muchos otros... aunque era una amistad "de escenario" ya que luego que ellos se iban, nosotros perdíamos el contacto... Ellos cuando regresaban a Caracas le comentaban a Renny Ottolina lo que habían visto en Maracaibo y así de tanto comentario que le llegó a Renny le empezó a picar la curiosidad".
-Paco Piedrafita 18/10/2012.

MARZO

Venevisión inicia sus primeras transmisiones el 1° de marzo de ese año. "Es bueno, vale", es el slogan del canal y su mascota es un tigre en contraste con el canal RCTV cuya mascota es un león. Las transmisiones del canal comenzaban a las 6:00 de la tarde y culminaba a las 11:15 de la noche. Dedicadas casi en su totalidad al público infantil. En la fiesta de inauguración se contó con la presencia de la actriz Joan Crawford, una de las leyendas de la era dorada de Hollywood.

LOS FLIPPERS

Los Flippers también comienzan su carrera musical, debutando a mediados del 61 en el Club Bella Vista y en el Club Alianza de Maracaibo. **Los Flippers** ya tenían una alineación conformada por:

⬇ Francisco Belisario. Bajo y Voz
⬇ Roberto Marcheletti: Guitarra y Voz
⬇ Carlos Hamm, Piano
⬇ Jorge Fort, Batería
⬇ Vicente Daniele, Guitarra

Los Flippers. Izq. a Der. Roberto Marceletti (Gt), George Fort (Pn), Francisco Belisario (Vz), Carlos Ham (Bt) y Vicente Danielle (Gt)
Foto cortesía de Roberto Marceletti

EL ROCK LLEGA A VALENCIA

"... La primera banda que se formó en la ciudad de Valencia. Estado Carabobo fueron "Los Gatos Negros" que después cambiarían su nombre por Los Flamingos. Esta banda fue fundada por los hermanos "Di Lorenzo" en 1961 y hacían un Rock muy marcado por el camino del Rey "Elvis Presley". (Nos damos cuenta con esto, que, si la primera Banda de Rock venezolana nació en Maracaibo en 1959 con el nombre de "Los Impala", justo dos años después en 1961, en Valencia nacerían "Los Gatos Negros". ambas bandas marcadas por "Elvis".)

Los Gatos Negros. Izq a Der. Victor Di Lorenzo (Gt) Tony Di Lorenzo (Bt) Gaetano Di Lorenzo (Vz) y Saro Puccia (Bj) Foto cortesía de la Nena Puccia

Luego llegaron a Valencia "Los Monarcas" aproximadamente entre los años 1962 y 1963, quiénes luego para el año 1965 cambiarían su nombre por el de "Cow Boys", esta banda estaba liderizada por Joel Bravo y Ninno Parisi los Cow Boys se transformarían en los 70s y otros músicos se les unirían. Ninno Parisi, se marchó e integró luego a los "X5" y después ingresó Eddy Castro a la banda, la agrupación da otro giro musicalmente de 180 grados y de esta surgiría el famoso "Grupo C"

-Carlos Zerpa, Buen rock esta noche - Haciendo memoria en torno al Rock en la ciudad de Valencia - Años 60s y 70s. – -Caracas – Venezuela 2011.
Editado por la Dirección de Cultura de la Universidad de los Andes - Merida Venezuela 2014

"Nena, esa banda en la que aparece tu querido papi (Saro Puccia) y mis hermanos los morochos Tony y Gaetano Di Lorenzo, se llamaba "Los Gatos Negros" y fueron un furor total. el verdadero primer grupo de rock en Valencia..."
-Victor Di Lorenzo 28/10/2013

LOS SINGERS

Fue una de las primeras agrupaciones de la nueva ola venezolana quienes, como su nombre lo indica, fueron un trío vocal inspirados en el **Trío Venezuela**, (quienes a su vez estuvieron inspirados en el trío **Los Panchos**). Integrado por Sergio Valentín, Ray Pérez y Arturo Terán.

Sergio Valentín, nació en Roma, Italia, llegando a Venezuela a temprana edad, inicia estudios de canto lírico y más adelante comienza a trabajar en Radio Caracas como cantante de boleros tropicales y baladas en italiano, Durante este periodo conoce a Ramón "Ray" Pérez, (Músico de un extraordinario talento), quien más adelante se convertiría en una pieza fundamental de la salsa venezolana al fundar varias de las más reconocidas agrupaciones de música latina del país (Los Dementes, Los Calvos, Los Kenya).

EL PRIMER EP

Los Singers. Primer EP
Imagen cortesía de Ray Perez

Ese año **Los Singers** realizaron 3 grabaciones, la primera de ellas se trata de un EP publicado por el sello Discomoda con número de serie DCM 200 en cual contiene 4 temas "Confidencial", "Pasaje de ida", "Ven ya" y "Gotas de Lluvia. Es importante destacar que este disco es presumiblemente el primer EP (Extended play) lanzado en Venezuela ya que hasta ese momento en nuestro país existían tan solo dos formatos comerciales: Los discos "grandes" o Long Plays cuya medida es de 12 pulgadas (30 centímetros) los cuales solían contener entre 10 y 12 canciones girando a 33 ⅓ rpm (revoluciones o vueltas por minuto) y el otro formato fue el popular disco 45 rpm cuya medida es de 7 pulgadas (17,78 cm), un poco más grande que un CD actual, pero a diferencia de los modernos CDs que pueden contener hasta 80 minutos de música, los 45 rpm solo podía contener unos 5 minutos por cada lado y tan solo 2 canciones (una por cada lado del disco) girando a 45 vueltas o revoluciones por minuto, en este EP se nota que el disco a pesar de su tamaño de 7 pulgadas debe ser reproducido a velocidad de 33 ⅓, aunque la etiqueta solo muestre 33, ya que para entonces no se especificaba la velocidad exacta de giro de los discos

EL SEGUNDO EP

Los Singers. Segundo EP. Imagen cortesía de Sergio Valentini

Debido al éxito de la agrupación y la buena venta del disco; poco después se lanza un segundo EP, publicado por el sello Discomoda con número de serie DEP 2011 el cual incluye los temas: "Oye Corazón", "Que tendrán esos ojos", "Servilleta de papel" y "Donde estarás". Nuevamente se utiliza el formato EP, pero en este caso a 45 rpm a fin de evitar confusión entre el público al momento de reproducir el disco.

De esta manera "Los Singers" además de ser unos de los primeros intérpretes de Rock´n´Roll en el país también pasan a la historia de la música venezolana como los primeros en publicar su obra en formato EP.

EL IMPACTO DE LA NUEVA OLA

Imagen cortesía de Sergio Valentini

Finalmente ese mismo año, el sello "Canciones" lanza un recopilatorio titulado "Impacto de la Nueva Ola" con número de serie LPC 1001. Las seis (6) canciones de **Los Singers** que se incluyeron en este LP, son:

1.-Movimiento de Rock
2.-No seas cruel (Elvis Presley)
3.-Confidencial
4.-Pasaje de ida (Neil Sedaka)
5.-In the mood
6.-Chicas de la Plaza de Belén

En este disco además de **Los Singers** también aparecen dos jóvenes de la canción: Mirla Castellanos, quien ya para entonces era conocida tan solo con su primer nombre "Mirla" y se perfilaba como la gran estrella de "la nueva ola" y la cantante Namia quien no logró mayor impacto en la música juvenil venezolana. Sin embargo, es importante resaltar el hecho de reunir en una sola publicación, la música y la propuesta de 3 jóvenes artistas venezolanos, una muestra de la evidente aceptación que esa nueva música estaba teniendo en nuestro público. El aporte de "Los Singers" fue valioso para la música joven venezolana, no solo por ser uno de los primeros grupos en interpretar y grabar música de Rock´n´Roll en nuestro país, sino por el aspecto técnico de haber publicado sus grabaciones en formato EP. **Los Singers** tuvieron muy corta vida, ya que poco tiempo después, el cantante Sergio Valentín continuaría su carrera como solista, al igual que Ray Pérez continuó una brillante carrera como músico dedicado la salsa.

Al igual que muchos artistas de la "Nueva Ola", **Los Singers** tampoco fueron un grupo de "Rock" como los conocemos hoy en día, sino más bien un grupo de transición, como la mayoría de los grupos y artistas de la nueva ola a quienes les tocó hacer el puente entre la nueva música internacional y la música tropical.

Es importante que consideremos cómo era la sociedad venezolana de la época, acostumbrada a la guaracha, a la rumba cubana, el chachachá, el bolero y en nuestro caso particular, a la música criolla. Así que esta música que quizás hoy nos parezca muy "Adolescente" y hasta "Infantil" en cuanto a sus letras y muy sencilla en cuanto a su música, era tan extraña para entonces como hoy pueden ser los experimentos sonoros de los artistas de vanguardia, porque justamente eso eran en su momento: artistas de vanguardia.

Los artistas de la nueva ola, sin saberlo, en realidad estaban pavimentando el camino por el cual transitarían los grupos que popularizarían la música joven a mediados de la década.

Los Singers 1962. Ray Pérez, Sergio Valentín y Arturo Terán a la llegada a una de sus presentaciones. Nótese que ellos mismos cargaban sus propios equipos, para entonces la utilización de equipo electrónico para la amplificación de la voz y los instrumentos

ENTRAN LAS GUITARRAS: LOS SUPERSÓNICOS

Hoy en día es bien conocido que **Los Supersónicos** fue un grupo formado en 1961 por estudiantes de la Escuela Técnica Industrial de Los Chaguaramos, con los siguientes integrantes:

- Esteban Ruíz (Voz)
- Armando Veitía (Guitarra Líder)
- Nelson Ruíz (Batería)
- Lenin Brea (Guitarra Rítmica)
- Freddy Brea (Bajo)

Los Supersónicos. Izq a Der. Alexis Hernandez, Estaban Ruiz, Carlos Cisneros, En la Batería Nelson Ruiz, Lenin Brea y Armando Veitia. Foto cortesía de Alexis Hernandez-Hidalgo

El grupo se convierte en sexteto con la entrada de Carlos Cisneros al piano, pero también ven la partida de uno de sus integrantes: Lenin Brea quien deja la guitarra rítmica en 1962 y en sustitución entra Alexis Hernández, quien permanece en la agrupación durante toda la existencia de la misma. Los cambios comienzan a suscitarse de manera constante

58

y poco tiempo después Freddy Brea, quien decide retirarse, entrando por un corto tiempo Rafael Peñalver (El mejicano), compartiendo entre el bajo y la primera guitarra, con Armando Veitía. Sin embargo, Rafael también abandona la agrupación y de esta manera Alexis Hernández toma el bajo e ingresa Enrique Piñero, en la segunda guitarra. Como la mayoría de los grupos de la época, Los Supersónicos fue un grupo formado por diversión, que ensayaba para tocar principalmente en fiestas particulares y verbenas de colegios.

LOS DEMONIOS DEL ROCK

Esta es otra de esas agrupaciones "envueltas en la leyenda" debido a su corta duración (menos de un año) y al hecho de no haber realizado ninguna grabación. Sin embargo, su existencia queda demostrada por sus apariciones en los programas de TV "Show de Shows" animado por Franklin Vallenilla, Efraín de la Cerda, Edgar Jiménez y Alfonso Álvarez Gallardo y el programa "Fiesta Pepsi", animado por Juan Iturbide.

El grupo estuvo Integrado por:
- Rodolfo "Rudy" Márquez Van Stenis (Voz) Estudiante de 5to. Año,
- Luis "Charlie" Frómeta (Piano) Estudiante de Agronomía. Hijo del Maestro Billo,
- José Ocando (Batería) 16 años.
- Ernesto Alifano (Voz) Estudiante de locución,
- Freddy Rivero (Guitarra Rítmica) Norteamericano y
- Hall Wright (Guitarra Líder) Norteamericano.

Los Demonios del Rock, versionaban éxitos de las estrellas de Rock´n´Roll como Elvis Presley, Del Shannon, Ritchie Valens, Little Richard, pero también de la "Nueva Ola" como Neil Sedaka, Ricky Nelson, entre otros. Una de las características de este grupo es que solo cantaban en inglés. Con este grupo, su cantante Rudy Márquez, inicia una de las carreras más resaltantes de la música rock-pop venezolana.

NOVIEMBRE-ÁGUEDA Y YOLANDA

El Palacio de la Música lanza el 9 de noviembre de ese año, el álbum "Lado por lado" con serial LP-6081. En el mismo encontramos este dúo de chicas mirandinas, sumándose al movimiento de la nueva ola. En este álbum se aprecia una mejor aproximación al rock en temas como "Teddy Boy", "De madrugada", "Rebelde" y "Pequeña", los cuales son buenos ejemplos del sonido clásico de la época, aunque al igual que la mayoría de los discos de entonces, existe una mezcla de distintos géneros musicales. En un principio se pudiera pensar que el grupo busca un parecido con **Los Zeppy,** pronto se descubre que el sonido en este álbum es mucho más moderno que el del famoso quinteto venezolano. El juego de voces se ve enriquecido con la "pequeña ayuda de un amigo", el cantante Giacomo Tunzi, con lo cual hubiese sido más acertado identificar el álbum como "Águeda, Yolanda y Giacomo".

Imagen cortesía de Danny Torres

Lado A
01.-Piccola
02.-Ven
03.-Teddy Boy
04.- Bah
05.-De madrugada
06.-Eres mi gran amor

Lado B
01.-Julito
02.-Rebelde
03.-Lado por Lado
04.-Pequeña
05.-Fuiste mi sol
06.-Luna Azul

Al igual que en el disco de **Los Zeppy**, 4 temas son de rock, el resto de los temas es más bien una selección ecléctica destacando la participación del grupo de musica criolla **Los Chirinos** que aportan el fondo musical sobre el cual el trío interpreta algunos temas de corte venezolano los cuales curiosamente también se escuchan bastante "modernos". El álbum "En la nueva ola" de **Águeda y Yolanda** se constituye, así como una evidencia esencial para la historia del rock en Venezuela.

"... Supe de ellas cuando cantaban juntas. Luego formaron parte del grupo Onda Nueva, grabando o actuando. Las dos juntas, y en una ocasión una de ellas: Yolanda, cuando Zenaida Riera, fundadora, se retiró un tiempo para terminar sus estudios de Sociología. Son hermanas de Alfredo Rojas, maraquero y percusionista. Maraquero de siempre del conjunto que acompaña a Simón Díaz."
-Alí Agüero 18/08/2012.

LARGUIRUCHA SALLY

En ese mismo mes de noviembre la orquesta de música tropical **Pedroza y Los Caciques** lanzan el álbum "Cita con Pedroza" a través del sello "Discomoda" y con número de serie LP-260. El cual contiene una versión del tema "Long Tall Sally" original de **Little Richard** y cantado por **Memo Morales**. Este tema, llama la atención por el dominio que los músicos muestran al ejecutar el Rock´n´Roll y al igual que los temas "Garage Boogie" de **Juan Lucas y su Conjunto**, permanece hoy como una curiosidad y como un ejemplo del impacto de la "Nueva Ola" en nuestro país.

1962
Twist - Twist

Página Intencionalmente en blanco

¿QUÉ ES EL TWIST?

El *Twist* es un baile. En realidad, se trata del mismo *Rock´n´Roll*, pero con otro nombre. Esto permitió que fuera aceptado en todos los círculos sociales. Una de las particularidades de este baile consistía en que las parejas jamás entraban en contacto físico entre sí.

En agosto de 1961, el animador Dick Clark en su famoso programa *American Bandstand* (en los Estados Unidos) presentó al cantante **Chubby Checker** quien de inmediato gana atención nacional con el tema *El Twist*, de esa manera nace un fenómeno de masas, el tema llegó al número uno de las carteleras en los Estados Unidos, y se convirtió en el primer single en alcanzar el primer lugar dos veces en años diferentes: 1960 y 1962.

Imagen cortesia de Discogs.com

El Twist en Venezuela había sido un boom por estallar. La fiebre del *Twist* contagió masivamente a nuestra juventud y de esa manera surgieron grabaciones y presentaciones de artistas de las más variadas tendencias, todos ellos unidos por un ritmo y un baile: *El Twist*.

BAILEMOS EL TWIST...

El 8 de Diciembre de 1961, abre sus puertas el *Twist Club* (El Club del Twist) administrado por Ernesto Arraiz, en la esquina del Teatro Altamira con música en vivo todos los días a partir de las 6 de la tarde, con la presentación de **"Las Estrellas del Twist "**, grupo por el cual, entre otros personajes, pasó Rudy Márquez, Cherry Navarro y Adib Casta, esté último apodado "Johnny Twist" por su habilidad para tocar la guitarra y a quien le tocaría protagonizar una parte importante de esta historia.

"...El punto de reunión favorito de los escasos seguidores de este estilo, y de los miembros más jóvenes, bohemios y disipados de la farándula caraqueña, era "El Club del Twist", un oscuro local situado en los bajos del cine Altamira, que al año escaso de su apertura tuvo que cerrar sus puertas debido a las constantes denuncias de los vecinos y las consiguientes redadas policiales."
-Salvador Domínguez. Bienvenido Mister Rock ©2002. Iberautor Promociones Culturales

"El twist es el primer esbozo de música juvenil que tiene verdadera aceptación masiva entre el público venezolano, ya que como bien lo especifica Gonzalo "Chile" Veloz en su artículo "La Historia de la Música Contemporánea en Venezuela", ni siquiera Elvis Presley llegó a calar tan decisivamente en nuestro público."
-Alfredo Churion: Tarde de Buenos Tiempos – Pagina 21

EL CLUB DEL TWIST

"En Caracas, la llama rocanrolera no prendió sino hasta 1961, y lo hizo difuminada entre el cegador resplandor del twist, un nuevo baile de moda que arrasaba en las pistas de baile de medio mundo. Dentro de ese marco se encuadraban agrupaciones como Los Zafiros, quienes en 1962 debutaron con un EP, publicado por el sello Orfeón, que incluía una revisión en castellano de Lucille, de Little Richard, que ellos titularon Twist de Lucila; y Los Dinámicos, cuyo elepé, Twist con Los Dinámicos, editado por el sello Panart en marzo de 1962, contenía una mezcolanza de temas de rocanroleros natos (Bill Haley & The Comets, Little Richard), de ídolos juveniles del momento (Bobby Darin y Paul Anka), y composiciones propias con títulos tan sugestivos y vernáculos como Caracas twist y Macuto twist.

- *Salvador Domínguez: Bienvenido Mister Rock ©2002. Iberautor Promociones Culturales.*

El Twist en Venezuela fue una moda que comenzó a mediados de 1961 y tuvo su mayor auge en el año de 1962. Hoy en dia se puede considerar al *"Twist"* como el periodo de transición entre la música popular de la venezuela de los años 50 y la nueva música juvenil de los años 60, los artistas de la nueva ola interpretaron el twist guiados por productores, que se enfocaron en una estrategia comercial que permitía vender discos con más facilidad. El sonido de dichas producciones solía ser un híbrido del sonido de orquesta o conjunto tropical en versión rock. Salvo las escasas excepciones de los primeros grupos como **Los Impala, Los Flippers, Los Tempest, los Trogan**, que no llegaron a realizar grabaciones discográficas

FEBRERO
TERESITA MARTÍ Y LOS MELÓDICOS

Curiosamente, es la orquesta de música tropical **Los Melódicos** quienes realizan la primera grabación de un *Twist* en el país. O al menos así lo promocionan en un afiche que en febrero de ese año acompañó al lanzamiento de un disco 45 rpm contentivo del tema: *¿Qué dije?, What I´d Say?* original de Ray Charles. La intérprete de dicha grabación fue la cantante cubana María Teresa Cejas Martí. Quien posteriormente también grabó para la misma orquesta, los temas: *Una gran fiesta* (Let's have a party) de Wanda Jackson y *Zapatos de ante azul* (Blue Suede Shoes) de Carl Perkins, todo eso con un sonido y estilo Big Band similar del de la Orquesta de Glen Miller. Teresita Martí (la reina del Twist) se retiró del canto ese mismo año. Posteriormente se dedicó al doblaje de series y películas. Falleció el 30 septiembre de 1997 en Miami, Florida

Imagen cortesía de Ricardo Mena

MARZO- CARACAS TWIST

Imagen cortesía de Danny Torres

Mientras aún formaba parte del trío **Los Singers** Sergio Valentín recibió una oferta para grabar y lanzarse como solista. El álbum *Caracas Twist* con serial VeneVox BL 65 fue publicado el 7 de marzo de 1962 convirtiéndose en un rotundo éxito y llevando a Sergio Valentín a ser conocido como "el rey del Twist". El acompañamiento musical del disco corrió a cargo del grupo **Los Twister** dirigidos por Porfi Jiménez. El álbum presenta versiones al español de los clásicos de **Chubby Checker.**

"... Que yo recuerde, el disco se grabó en febrero del 62... El twist estaba empezando a ponerse de moda. Al principio no me gustó mucho la idea porque a mí lo que siempre me ha gustado es la música romántica, pero me ofrecieron grabarme un disco y me convencieron de que esa era la música del momento, así que finalmente acepté hacer la grabación. Después si le agarré el gusto al twist y disfrutaba mucho cantando y bailando.
-Sergio Valentín, 28/08/2012

Lado A	Lado B
01.-Enamorado del Twist	01.-El Twist
02.-Twist de la Felicidad	02.-Twist Español
03.-El Loco del Twist	03.-Chica Linda Twist
04.-Atado a un Granito de Arena	04.-Tiernamente
05.-El Twist del Gallo	05.-El Twist del Perro
06.-Bambina, Bambina	06.-Este es el Twist

Efectivamente Sergio Valentín se convirtió en nuestro "Rey del Twist" y su éxito fue tal que lo llevó a la hermana república de Colombia donde logro un éxito aún mayor y así el álbum *Caracas Twist* se convirtió en *Bogotá Twist*.

"Caramba... No tengo conocimiento de ningún disco llamado "Bogotá Twist" ¿tu estas seguro de ese disco?
-Sergio Valentín 28/08/2012

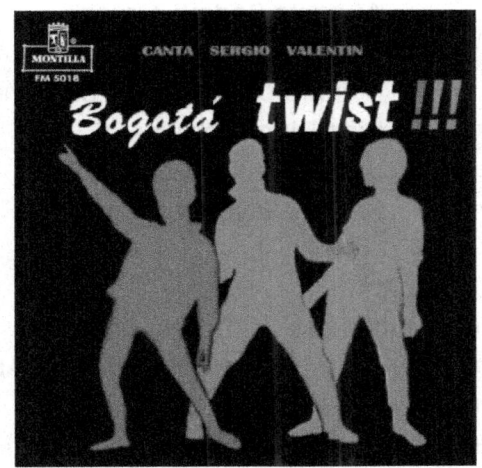

Imagen cortesía de Danny Torres

LOS DINÁMICOS

El origen de **Los Dinámicos** se remonta al año 1958. Cuando Augusto Bedetti (Acordeón) y Sammy Silverman (Cantante) junto a otros integrantes forman un grupo de música tropical alque bautizaron como "Grupo Ideal" con la intención de amenizar fiestas y verbenas. El conjunto logró bastante éxito en el circuito de fiestas cotizandose muy bien como animador de eventos familiares y clubes sociales, pero es en 1961 cuando la línea musical del grupo cambia. Ese año el grupo se presenta en Radio Caracas Televisión y llaman la atención de Teresa Tini, vestuarista del canal y fanática de la música de Elvis Presley.

"... Yo les dije: Muchachos ¿Cómo andan tocando eso?, deberían tocar la nueva música algo más "Dinámico"
- Teresa Tini 23/02/2011.

El nombre le gustó a Augusto Bedetti quien re-bautiza la banda con ese nombre e incorporan un nuevo repertorio basado en el twist que estaba comenzando a sonar por todos lados, logrando así hacerse notar como grupo de música juvenil.

27 DE MARZO

En virtud de que ya eran conocidos como intérpretes de la nueva música joven, **Los Dinámicos** son contratados por el sello Panart el cual les publica su primer álbum titulado *Twist con Los Dinámicos,* con número de serie LP-2105. Afortunadamente hoy sabemos que el álbum llegó a las tiendas el día 27 de marzo de 1962

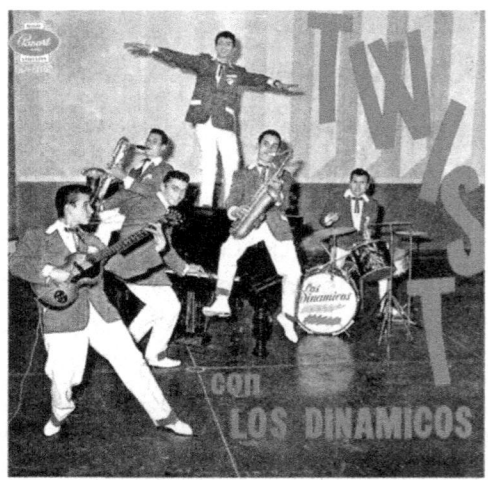

Integrantes.
- ♪ Augusto Bedetti. Órgano
- ♪ Domingo Morella. Saxo Tenor.
- ♪ Alejandro Dipa - Saxo Barítono
- ♪ Rino Dipa- Batería
- ♪ Jorge Gorrin - Bajo
- ♪ Sammy Silverman - Voz

Imagen cortesía de Danny Torres

Lado A
01.-Multiplicando (Bobby Darin)
02.-Twist otra vez (Kal Mann/Dave Appell)
03.-Caracas Twist (A. Casuso)
04.-Agujetas de color rosa (M. Grant)
05.-Twist Español (Bill Haley - A. de la Villa)
06.-Lucille (Albert Collins - Little Richard.)

Lado B
01.-Peppermint Twist (Barberis)
Diana (Paul Anka)
02.-Dale Dale (M. Muñoz)
03.-Burbujas (Burt Bacharach)
04.-Vuelve Primavera (A. Trejo)
05.-Macuto Twist (Eddie Medina)

"… Te puedo asegurar algo… Nosotros fuimos quienes realmente introducimos el "twist" en Venezuela, fuimos la agrupación que más sonó y nuestro disco fue el más vendido de ese entonces"
-Augusto Bedetti 28/08/2011

Y no es para menos. El álbum es un verdadero desfile de éxitos muy bien ejecutados. Abriendo fuego con *Multiplicando* popularizado por Bobby Darin en 1961, le sigue *Let´s Twist Again* el segundo gran éxito de **Chubby Checker**, el cual estaba "pegado" en las carteleras para ese momento, seguido de uno de los temas con nombre *Vernáculo Caracas Twist*, para pasar al éxito de los Hooligans mexicanos *Agujetas color de rosa* y rematar el primer lado con *Spanish Twist* de Bill Haley y *Lucille* de Little Richard. El lado B no es menos "dinámico", abriendo con *Peppermint Twist* que fue éxito por **Joey Dee y Los Starliters** ese mismo año, seguido de *Diana* popularizada por **Paul Anka** en 1957. Más adelante encontramos *Bubble* de **Burt Bacharat**, para volver a arremeter con *Vuelve Primavera* de los *Blue Caps* mexicanos y finalmente cierran el álbum con otro tema movido *Macuto Twist*.

Cronicas del Rock fabricado acà por Felix Allueva

Otra de las particularidades del disco es su excelente portada, considerada una de las mejores carátulas del *rock* venezolano. *"La foto fue tomada en un estudio, realmente no recuerdo mucho sobre la misma"*
-Augusto Bedetti 21/02/2011.

Tanto así que la fundación Nuevas Bandas, la utilizó como portada del Libro escrito por el investigador Felix Allueva titulado "Crónicas del Rock fabricado acá, Venezuela, los años 60" Fundación Nuevas Bandas. Alterlibris Ediciones 2002.

"… Mi sobrina una vez pasó frente a una librería y le llamó la atención la tapa del libro, ella dice que era una imagen que conocía pero que no recordaba de donde, así que haciendo memoria de repente le vino el recuerdo y dijo, "ese es mi tío Augusto el que está en el piano", así que compró el libro y me lo regaló, yo ni siquiera tenía conocimiento de la existencia de ese libro, hoy lo guardo como uno de mis tesoros"
-Augusto Bedetti 21/02/2011

Los Dinámicos fueron una agrupación de salón cuya función era amenizar los eventos sociales en la ciudad capital por tal motivo siempre incluyeron en su repertorio todo tipo de música, Los Dinàmicos son aceptados entre las bandas pioneras del rock venezolano, ya que existe consenso al afirmar que son los Dinámicos quienes graban el primer disco de verdadero rock and roll en el país y es con ellos con quienes realmente comienza el registro discográfico de La Historia del Rock en Venezuela.

4 DE MAYO - El CARUPANAZO

Fue una rebelión militar ocurrida en Carúpano, Estado Sucre, a cargo del Batallón de Infantería de Marina Nro. 3 y el Destacamento Nro. 77 de la Guardia Nacional. Él presidente Rómulo Betancourt exigió la rendición a los alzados, al tiempo que se iniciaba la movilización de las fuerzas pertenecientes al batallón de Infantería Mariño, el batallón Sucre de Cumaná y el batallón de Infantería de Marina Simón Bolívar de Maiquetía. Al día siguiente el gobierno tomó el control de la ciudad, deteniendo a más de 400 personas entre militares y civiles, incluyendo al diputado del Partido Comunista de Venezuela: Eloy Torres, así como otros miembros de ese partido y del Movimiento de Izquierda Revolucionaria (MIR). El presidente suspendió las garantías, acusó al PCV y al MIR de estar involucrados en la sublevación y emitió un decreto núm.752 prohibiendo el funcionamiento de ambos partidos. Como sabemos, Venezuela era para entonces un país de escasa comunicación y para el resto del país, el evento reseñado por la prensa, resultaba tan lejano como una guerra en el medio oriente hoy en día. Dentro del ambiente musical venezolano no se registró ninguna referencia a tales eventos.

LOS CLIPPERS - TWIST

A pesar de los acontecimientos ocurridos apenas dos días antes en el interior del país. El sello Palacio de la Música publica el 7 de mayo de 1962 y con número de serie LP-6090, el primer álbum de Los Clippers, titulado *Twist* Es importante resaltar que en este álbum aparecen varios temas originales, aparte de que la formación de los Clippers es mucho más representativa de las bandas de rock de la época constituidas por guitarra, bajo, batería y piano. El grupo estuvo constituido por

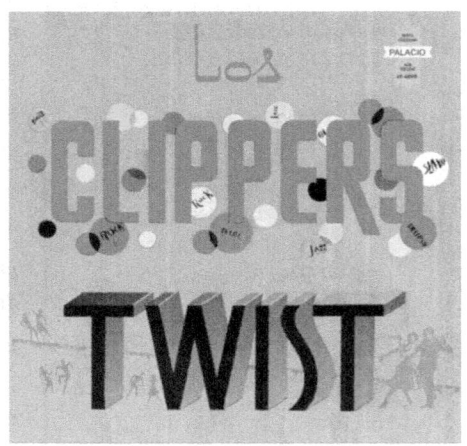

Imagen cortesía de Danny Torres

- Meliton Torres: Bajo,
- Miguel Delgado Esteves: Guitarra,
- Miguel Corales: Batería
- Enrique Cote: Piano
- Víctor García: Voz

Lado A

01.- Popeye - Miguel Delgado
02.- Haciendo el amor en el sillón - D.D
03.- Oye Mi Canción – Gilberto M. Palazzi
04.- Pretenciosa – Corales∗, García∗
05.- Twist De La Carretera – D. En D.∗
06.- Oiga Señorita– Corales∗, García∗

Lado B

01.- Remolino - Corales∗, García∗
02.- Bailando sobre cuerdas–M. Corales
03.- Tu Ausencia – Víctor García
04.- Multiplicado – Bobby Darin
05.- Hechizo – Delgado∗, García∗
06.- Luna De Miel En La Luna – D. En D.∗

El grupo logra posicionarse con los temas: *Pretenciosa, Autopista, Oye mi canción.*

"... Yo vivía en el peaje. En la confluencia de la Av. Victoria, la Av. Nueva Granada y la entrada de la Cota 905. Un amigo, Carlos Martinez, me va a buscar para que yo dirigiera un grupo de rock que él estaba montando. La formación mía no era de rock, yo tenía relaciones con el mundo coral a nivel de liceo. No recuerdo a través de quien se consiguió a Victor Garcia que estudiaba en el Liceo Aplicación. Después apareció un muchacho chileno llamado Miguel Corales quien había integrado un grupo de rock allá en Chile. Él bailaba rock con su hermana poniendo los discos de Chuby Checker, Elvis Presley, Los Teen Tops, Los Hooligans que era todo un espectáculo. Para nosotros eso fue un descubrimiento. Empezamos a ensayar en la entrada de la Av. principal de El Cementerio en la casa de Carlos Martinez como un grupo vocal. Carlos cantaba feo y Victor tenía swing. Empezaba a armar cosas vocalmente, armónicamente para tres voces con Los Clippers. Yo tenía una guitarra española y montábamos cosas como La plaga, El rock de la cárcel, hasta que apareció Miguel Coral con una batería. Aquello nos deslumbraba. Y así le dimos otra cara a lo que después se llamaría Los Clippers teniendo una configuración similar a la de "Los Teen Tops". Enrique Coto era el pianista. El era hijo de un señor que le decían Cotico. Cotico era muy respetado como saxo alto, su negocio era alquilar pianos para las fiestas de todas las orquestas. El vivía cerca de la Escuela Miguel Antonio Caro en Catia. Enrique Coto es conocido después como bajista de Billos. En esa casa comienzan a ensayar Los Clippers. Milton Torres era un tipo de Catia que tocaba en conjuntos de música tropical. Él era el bajista que faltaba.

Nosotros nos enteramos que apareció en Ritmo y Juventud un conjunto muy fugaz integrado por dos norteamericanos y dos venezolanos. Uno de los norteamericanos, el guitarrista, se llamaba -Hall-. El tocaba la guitarra eléctrica, y fuimos a su casa. Fuimos a ver a un "Khachaturian", a un "Stravinski". En fin, fuimos a ver a un tipo arrecho. Una especie de héroe. Teníamos de promedio como 16 años. -Hall- saca una guitarra Fender, imagínate esa vaina. Lo más impresionante de todo esto es que yo vengo de la familia de Antonio Estevez, siendo nuestro mundo de relación Aquiles Nazoa, etc etc. ¿Y cuál era la militancia política de ellos? Comunistas miembros del partido. De hecho, llevaron coñazos, presos y exiliados. Entonces verme haciendo rock me sentía como incomodo, aunque en mi casa no había problema. Victor era militante del partido comunista y cuando terminamos de hacerle la demostración a -Hall- el tipo dice: "bien bien, dentro de poco pueden ser buenos gringos". Salimos y Victor despotricando arrecho por su formación, Nos contacta el viejo Miguel Ángel Piña del Palacio de la Música para grabar este disco. Estaba justo la transición del rock'n'roll al twist. Tenía una guitarra eléctrica Hofner que compramos entre todos. Es muy cómico porque si ves la contra carátula no aparecen Milton ni Coto, entonces lo que hicieron fue voltear la foto para añadir.

Foto contraportada del Album de los Clippers

Imagen cortesía de Danny Torres

Bajo el sello Orfeón, el grupo **Los Zafiros** publica su único EP con número de serie EPV-15, de título homónimo contentivo de tan solo 4 temas

Lado A
01.-Blue Jeans Twist
02.-Deseos de ti

Lado B
01.-El Rebelde
02.-Twist de Lucila

Los Zafiros fueron un grupo de jóvenes Italo-Venezolanos agrupados con la finalidad de amenizar fiestas. Hasta el día de hoy solo nos llega el nombre de sus integrantes más no sus apellidos, ellos fueron:

- Sergio (Voz solista, Guitarra)
- Sebastián (Piano, arreglos),
- Pancho (Guitarra),
- Johnny (Saxo tenor),
- Miguel (Saxo alto)
- Mario (batería)

Los Zafiros alcanzan cierta popularidad con el tema *El Twist de Lucila* una versión al español del tema *Lucille* de **Little Richard**. Luego de este disco no existe más información sobre la agrupación, razón por la cual se considera como una de las bandas "perdidas en el tiempo"

LA REINA DE LA NUEVA OLA

La fiebre del twist fue realmente intensa en Venezuela. Todo artista grabó para entonces algún tema conteniendo la palabra Twist y es así como aparece el EP *Y Esta es Mirla* el cual incluye el tema *Baila mi Twist* editado por el sello español Cubalegre con número de serie CEP-1481. **Mirla** nunca fue una exponente del *Rock and Roll*, aunque siempre fue una figura respetada en el ambiente musical venezolano. Mirla también fue conocida como "La Reina de la Nueva Ola" y su influencia en el *rock* venezolano se debe a la recomendación de grupos zulianos, que ella hiciera en la capital de la República, abriéndoles la puerta de los canales de televisión nacional y permitiendo así que el incipiente *rock* venezolano tuviera una mayor difusión.

Imagen cortesía de Danny Torres

70

En el Zulia se Encuentran los Dos Mejores Conjuntos de la Nueva Ola

Esta noche darán a la cancionera una fiesta íntima de despedida

Diario Panorama. Maracaibo, Estado Zulia 1962

"... Ayer recibimos una llamada telefónica de Mirla, la triunfadora unánime en lo que va de año en esta ciudad. Y lo que pensábamos fuese para hablarnos acerca de sus triunfos, de sus éxitos artísticos en el Zulia, resultó todo lo contrario. Mirla quería conversar con nosotros acerca de la impresión maravillosa (palabras textuales) que lleva a Caracas de los dos conjuntos nueva ola que existen en Maracaibo"
-Diario Panorama.

"... Para mi concepto son los mejores que existen en Venezuela (...) a "Los Flippers". Los oí el sábado y me parecieron perfectos. Tanto que detallándose por todos los aspectos llegarán a ser los mejores (...) el cantante de los Flippers es cien veces superior. Tiene una cancha que ya desearían para sí muchos cantantes de rock y twist. (...) La batería de los Impala supera holgadamente a la de los Flippers (...) Los Impala, los he tratado más, he tenido con ellos mas roce de amistad, no solo desde ahora sino desde el primer día que llegué a Maracaibo el 16 de noviembre del año pasado 1961 (...) Al llegar a Caracas hablaré para que los lleven a trabajar allá. De eso pueden estar seguros."
Mila Castellanos
-Diario Panorama.

LOS BUGAT´S

Fue una de las más resaltantes agrupaciones de la nueva ola venezolana.

"... Lo de los instrumentos viene porque casi todos estudiamos en la escuela de música, aunque Adolfo fue más allá y estudio piano y composición. Más tarde Luis García tocaba guitarra y yo aprendí con él, fue fácil porque yo era cuatrista. Tiempo después cuando yo estudiaba en el colegio Don Bosco, se organizó una banda rítmica para los desfiles del día de la patria (era la época de Pérez Jiménez),

Los Buggats, antes de su debut en el programa "Media hora sin libros" que conducía Ricardo Hernandez y su hermano Richard Herd.
Foto cortesía de Fernando Bruguera

y a mí me tocó el clarinete, y al parecer lo toqué bastante bien pues me convertí en el primer clarinete, debo reconocer que tenía facilidad para la digitación. El instrumento era del colegio, solo se podía tocar allí, nadie se lo llevaba a casa. Un día yo practicaba calentamiento de embocadura y digitación antes de un ensayo, se me acerco un compañerito, yo estaba en primer año y el niño en 5 grado, y me dijo- "Aquí le manda mi abuelo, que lo disfrute y lo cuide". - al abrir la caja, había en ella un hermoso clarinete, aunque era usado, fue un maravilloso regalo. Nunca supe quien fue el abuelo, pero siempre se lo agradezco.

De allí nació un trío de dos guitarras y clarinete; tocábamos blues y boleros, no pelábamos una serenata. Luego llego el Rock´n´Roll y yo me sentí identificado con el ritmo, llamé a Adolfo y le dije para tocar esta música; a él no le gusto mucho la idea porque estaba en la onda clásica con el piano, pero para complacerme me dijo: "probemos". Para ese entonces todos estudiábamos en el liceo Pedro Gual de Valencia, Estado Carabobo (...) Recuerdo que hubo un acto cultural y nos presentamos allí; yo cante I want you, I need you, I love you y otras dos que no recuerdo, los muchachos comenzaron a bailar en el auditórium, y nos aplaudieron para repetir. De esa manera Adolfo, Luis García, un guitarrista llamado Rafael Dalmau y yo comenzamos el grupo. Más tarde Dalmau ganó una beca y se fue a España a estudiar y tocar música clásica, y el resto de nosotros nos fuimos para Caracas a estudiar en la UCV, y yo al Pedagógico (...) En Caracas conocí a Humberto Gonzales, como en esos días había salido al mercado un cigarrillo que era más grande que los demás, llamado Belmont "King Size", y entonces como Humberto era muy alto, comenzamos a llamarlo "Belmont". Mucha gente creía que ese era su apellido. Humberto nos presentó a Alejandro y de allí salimos los Bugat´s.
-Fernando Bruguera 21/22/2012

Con Hugo Blanco como productor, graban el álbum: Los Bugat´s, lanzado por el sello Palacio de la Música el 14 de noviembre de 1962, con número de serie-6113

Acompañamiento: Grupo – Los Jazzet
- Luis García Alto Saxofón y Coros.
- Fernando Bruguera: Clarinete y Coros.
- Adolfo Gómez: Piano y Coros.
- Alejandro Da Costa: Cantante.
- Humberto González: Cantante

Lado A:
01.-El solista
02.-Morenita
03.-El último beso
04.-Te vas
05.-El sádico
06.-En un café

Lado B
01.-O.K. tu ganas
02.-Tienes que amar
03.-Te quiero
04.-Limbo chocolate
05.-Nuevo amor
06.-Dancero

Imagen cortesia de Danny Torres

"... Los Bugat´s, mostraban gran influencia del grupo norteamericano The Marcels. De hecho, en este álbum aparecen dos versiones del grupo original, unos cuantos hits de otros artistas, una increíble interpretación de un clásico latinoamericano como lo es Dancero y lo mejor de todo: dos creaciones originales de Hugo Blanco: Limbo Chocolate y El Sádico. Cabe destacar que Hugo Blanco también fue el productor del disco, logrando una interesante amalgama de estilos y sonidos que definitivamente podrían constituir el adelanto de lo que más tarde se llamó rock mestizo o fusión."
-Alfredo Churión.

"Cuando salió el disco, te podrás imaginar la emoción de un adolescente ante semejante suceso, veíamos las fotos, y nos reíamos, como carajitos con chupeta. No sé si recordaras a un cantante de boleros, muy bueno, llamado Lorenzo González. Después de su éxito local, decidió hacer una gira por Europa, su éxito fue total y se quedo residenciado en España. Pues resulta que este señor era tío de Humberto, y el flaco Belmont, le mando a su tío, el disco como un regalo. Quince días más tarde respondió Lorenzo: "Preparen documentos, pasaporte etc. en dos meses les envío pasajes, ya que tienen contrato por un año en mi casino de España, y en el resto de Europa, con actuaciones especiales en Saint Tropez lo del año es prorrogable". Sé que no me vas a creer, pero no supimos que hacer, nos quedamos como el lorito frente a la locomotora, la mejor y la única oportunidad de nuestra vida la perdimos, por falta de MANAGER".
-Fernando Bruguera 21/22/2012.

JUNIO - EL PORTEÑAZO

A casi un mes de los acontecimientos ocurridos en Carupano. El 2 de junio, se produce una nueva sublevación esta vez en la base naval de Puerto Cabello. Edo Carabobo, a la cual el gobierno nacional responde enviando efectivos de la aviación y el ejercito que rodean y bombardean la ciudad, produciéndose un combate frontal entre las fuerzas insurrectas del batallón de infantería de marina y los grupos civiles armados por éstos y la tropa del batallón Carabobo que se había trasladado desde Valencia. La mayoría de los oficiales al mando de la escuadra y el destacamento Nro. 55 de la Guardia Nacional se niega a participar en el alzamiento. Al día siguiente, el Ministerio de Relaciones Interiores anunció que las Fuerzas Armadas leales al gobierno habían puesto fin a la rebelión con un saldo de más de 400 muertos y 700 heridos. Posteriormente, se comprobó la participación en los acontecimientos del "Porteñazo" de políticos ligados al Partido Comunista de Venezuela y se inició una depuración en las Fuerzas Armadas de oficiales ligados o sospechosos de simpatía con la izquierda.

Fotografía tomada por Héctor Rondon del diario "La Republica". El parroco Luis Maria Padilla, auxiliando a un herido en medio del combate. La fotografía ganó el premio Pulitzer en 1963

23 DE JULIO - EN BUSCA DE LA FAMA

"... Aunque yo no sabía nada de que en Caracas tenían conocimiento de nosotros; un día me animé y le dije a los muchachos que yo me iba para Caracas a buscar contrato para "Los Impala" en el Show de Renny. Los muchachos me dijeron: "¿Queee? ¿Vos estáis loco? ¿Vos creéis que Renny te va a abrir las puertas de su oficina? "Nooo... chico, vos lo que estáis es loco"... yo les dije "Ve... Yo no pierdo nada con ir." entonces me llevé un poco de fotografías de las que nos tomamos cada vez que estábamos tocando y tomé un autobús de Expresos de Occidente hacia Caracas, costaba 20 Bolívares el pasaje..." Paco Piedrafita 18/10/2012

24 DE JULIO - UN MARACUCHO CON SUERTE

"... A las 7:30 am estaba en el terminal del nuevo circo en Caracas y entonces caminé hasta el Centro Simón Bolívar (Las torres de El Silencio), y una vez allí empecé a preguntar "...Mirá, me han dicho que Radio Caracas Televisión queda de Bárcenas a Rio" y un señor que estaba allí me dice "...Si, coja por esta misma calle (era la esquina del teatro municipal) cuatro cuadras más abajo lo vá a conseguir". Entonces arránco para allá y llego al cafetín que estaba frente a Radio Caracas Televisión, que se llamaba "Cafetín Rico" el cual era propiedad de unos canarios, entonces me siento allí, me tomé un desayunito y miraba la puerta de Radio Caracas pensando "...Dios mío, ¿Cómo hago yo para entrar allí? Yo no sabía qué hacer... Ya eran como las 9 de la mañana cuando de pronto entró Cherry Navarro y se sentó por allá, por supuesto que no me reconoció en ese momento... al ratico, a los minuticos llega Mirla... y se sienta en la misma mesa, yo noto que ella queda de frente a mi mientras que Cherry que estaba sentado en la otra silla me quedaba de perfil..."
-Paco Piedrafita 18/10/2012

"... Mirla notaba que yo no le quitaba la vista y aunque yo no la escuché, pienso que ella le dijo a Cherry "Ese muchacho que está sentado allí yo lo conozco de algún sitio". Claro, ese era un cafetín muy exclusivo donde nada más iba la gente de Radio Caracas, así que ella me sonríe y me hace un gesto para que me acerque. Yo me levanto y voy para allá... y entonces ella me dice "...Yo te he visto pero no recuerdo donde" y yo le contesto. "...Bueno, yo también te he visto en el Hotel del Lago en Maracaibo yo soy de "Los Impala". Cuando les digo eso se levantaron los dos y me dieron un abrazo y me dicen ¡Maracuuuucho! Si ustedes tocan de maravilla ¿Qué estás haciendo aquí en Caracas? Yo les contesté "Bueno yo llegué a las siete y media y llevo aquí una hora y pico mirando la puerta de Radio Caracas a ver como entro porque yo les dije a los muchachos que yo venía a buscar contrato con Renny, pero no conozco a nadie aquí. Entonces Mirla me dice "...No te preocupes, que a la 10 nosotros tenemos que ver a Renny, así que tranquilo que cuando sean casi las 10 nos vamos para allá". Yo pensé "A la verg... se me abrieronlas puertas del cielo..."

A las 10 entramos a Radio Caracas, subimos en el ascensor hasta la oficina de Renny, había un recibo antes de entrar y allí estaba una muchacha, recuerdo que se llamaba Nony. Cuando llegamos Mirla la saluda y le dice "Nony, tengo el gusto de presentarte a este maracucho, el es de "Los Impala" entonces ella me da la mano y dice "Ah! Ustedes ya son famosos en esta oficina" Luego ella tomó el intercomunicador y dijo "...Señor Renny aquí están Mirla y Cherry, lo están esperando". Renny les contestó, "...Muy bien dígale que pasen" ... Entonces ellos pasan y yo me quedo en la entrada esperando. Como a los 10 minutos se abre la puerta y se asoma Cherry y me dice "...Maracucho, ven para aca" Cuando entré a la oficina y le di la mano a Renny, las manos me temblaban de la emoción. "...Ya me han hablado muy bien de ustedes, yo los quiero traer al Show, pero no tenía manera de comunicarme con ustedes, ¿Están todos bien? ¿Están tocando?" me preguntó Renny. Yo de inmediato le respondí: "Si... ¿cómo no?, ayer estábamos ensayando y todo", entonces me dice... "Bueno, vamos a hacer una cosa..." Y entonces le indica a Enzo Morera (Renny Ottolina tenía dos socios: Enzo Morera, quien traía los grupos internacionales a Venezuela y Hugo Romani, que era el que contrataba a los artistas latinoamericanos) que se encargue de la contratación ya que Hugo Romani no se encontraba en la oficina en ese momento. Entonces Enzo me dice "Déjame revisar la agenda un momento" y empieza a mirar la agenda que era donde ellos tenían toda la programación

de los artistas que se iban a presentar en el programa de lunes a viernes y donde ya tenían pautada la programación de 6 meses o más, y ve que hay una notica para la semana siguiente que decía "Javier Solís", la notica decía que Javier Solís había enviado un telegrama en el que comunicaba que probablemente no podría debutar el lunes siguiente porque estaba afónico y que estaba de reposo por órdenes médicas(...) Entonces Enzo me pregunta ¿Ustedes están listos?... "...Si completamente" le contesté yo... A lo que Enzo remata: "...Bueno, van a venir la semana entrante porque Javier Solís no puede venir". Así que entonces firmamos un contrato para actuar en el show de Renny de lunes a viernes por un monto de 3 mil bolívares (tremendo contrato, muy bueno en aquella época), además de alojamiento y comida para la agrupación en un hotel 4 estrellas que quedaba apenas a una cuadra de Radio Caracas (...) Entonces me dan copia del contrato, yo me la meto al bolsillo y pienso "...Gracias a Dios, ya tenemos una actuación" Entonces Mirla dijo "...Bueno, ya nos podemos ir, hasta luego Renny" y así nos despedimos todos... Afuera Mirla dijo. "...Yo tengo muchas cosas que hacer ahora, ¿Cherry tu que tienes que hacer? porque al maracucho no lo vamos a dejar solo" entonces Cherry le contestó, "...No, no, que se venga conmigo que también tengo muchas cosas que hacer, y podemos ir después a almorzar en casa de mamá" y total que me he pasado pa´arriba y pa´abajo con Cherry hasta las 7 de la noche que me llevó al terminal del Nuevo Circo. Allí tomé el Bus de las 8 y me regresé pa´Maracaibo..."
-Paco Piedrafita 18/10/2012

25 DE JULIO – FELIZ PORQUE REGRESO A CASA

"... Llegué a las 7 de la mañana y los muchachos todavía estaban en el liceo, así que me fui a casa. A medio día, me fui para la casa de Servando, cuando llegué era la una y media más o menos, me encuentro a Servando que me pregunta "¿Que fue? ¿Qué hiciste?" Yo empecé a hacerme el bobo y le dije... "Bueeeno... Mas o menos" y entonces me dijo "...No joda, yo sabía que ibais a perder el tiempo... ¿Y vos creías que te iban a recibir? Noooo... chico". Yo lo dejé que hablara y entonces comienza con aquella mamadera de gallo; como después de media hora de descarga. Yo saco el papelito amarillo, pero sin abrirlo y le digo "Mirá... estooo... No conseguí contrato, pero es posible que lo consigamos más adelante, porque el portero de Radio Caracas, un señor muy amable que me atendió, que me dijo que yo no podía entrar porque no tenía autorización... El me dio este papelito. Pa´mandale un saludo a ustedes porque él dice que si ha oído hablar de "Los Impala". Así que el portero de Radio Caracas nos manda este papelito y quiero que lo leáis"

"...Servando comienza a abrir el papelito creyendo que era verdad lo que le acababa de decir. Cuando ve aquel contrato con el sello de Radio Caracas, pegó un grito: "¿Que?" que de vaina no se le reventó la garganta y ahí mismo cogió el teléfono, llamó al mollejero de compañeritos del colegio Bella Vista y a las 3 de la tarde en esa casa seguro que había más de 300 muchachos... no podían creer que yo había traído un contrato para tocar en el show de Renny."
-Paco Piedrafita 18/10/2012

Radio Caracas Televisión

Los Impala en el Show de Renny. Der. A Izq. Bob Bush (Bajo) Edgar Quintero (Guitarra) Servando Alzatti (Guitarra) Henry Prado (Piano) Heberto Medina (Batería) y Paco Piedrafita (Voz) - Foto cortesía de Servando Alzatti

"... El domingo salimos hacia Caracas. Yo tenía carro, el papá de Servando tenía carro, había dos muchachos más que eran mayores de edad y los papás le prestaron los carros, así que hicimos una caravana de 4 o 5 carros y arrancamos a las 6 de la mañana pa' Caracas, pasando por el ferry porque en aquella época no había puente todavía. Llegamos a las 3 y pico al Hotel Comercio donde teníamos reservadas habitaciones, allí nos ubicamos los 5 muchachos del conjunto con el papá y la mamá de Servando. Del resto del batallón, algunos consiguieron habitación en el mismo hotel Comercio y otros en hoteles cercanos por ahí... Lo cierto fue que al final todos se ubicaron (...) En la tardecita paseamos por Caracas: Chacaíto, Sabana Grande y todos los sitios interesantes que más o menos pudimos visitar..." Paco Piedrafita 18/10/2012

LUNES 30 DE JULIO – EL DEBUT

"El Lunes yo le digo a los Muchachos "Bueno, si quieren me acompañan porque en el contrato dice que tenemos que estar el lunes por la mañana para ubicar los instrumentos". Así que llegamos al Canal y yo le digo al portero (El señor Castillo) "...Disculpe, yo le agradecería que usted nos dijera como hacemos para bajar los instrumentos del grupo "Los Impala". Entonces el empieza a revisar su lista y dice "...Si, aquí están, Los Impala, deben venir a las 10 de la mañana para la entrada de los instrumentos" entonces me dijo "Bueno... De la vuelta aquí en la esquina, allí va a encontrar una puerta azul, toque que allí hay un señor que los va a recibir, guardan los instrumentos allí y regresan a la tarde porque tienen que estar una hora antes del show", entonces yo le dije "Si, está muy bien, pero una hora antes llegan los artistas que van a cantar, pero nosotros tenemos instrumentos que instalar y hay que probar sonido" ... Entonces me contesta "Bueno, entonces pueden hablar con el señor Rey que es el encargado de la parte de utilería, ellos son los que arman las tarimas y usted se pone de acuerdo con el." Así que eso hicimos, entramos, hablamos con el señor Rey, le dijimos que necesitábamos una tarima así y así, y el nos dijo que sí, que ellos tenían tarimas ya hechas de todos los tamaños, lo cierto que muy amable el señor montó todo y a las 3:30 ya tenía todo armado incluso con la tarimita extra para la batería y nosotros con todos los instrumentos ensayando allá adentro. Recuerdo que uno de los asistentes del señor Rey me dijo "...Muchachos, yo les voy a decir una cosa, yo no había visto un conjunto tan bueno como ustedes, aquí estuvieron la semana antes pasada un grupo mexicano que venía precedido de fama y ese grupo no sonaba un carajo... Renny los mandó

a doblar, a cantar sobre la pista de un disco o grabación (...) Así que ensayando y probando, se hicieron las 4 de la tarde, a las 5 y cuando faltaba media hora para comenzar el programa, llega Renny, yo me le acerco y le digo "Señor Renny, nosotros vinimos para tocar, pero también vinieron los papás de uno de los muchachos que toca la primera guitarra y es el director del grupo, ellos están allá en la cafetería del frente esperando una autorización para poder entrar, además se vinieron como 10 muchachos mas de allá de Maracaibo" entonces Renny me dijo "Bueno, vamos a ver cómo hacemos porque este estudio no es para público". Total fue que Renny dio la autorización para que el portero dejara pasar a los padres de Servando y a la tropa que venía; en el estudio se acomodaron todos como se pudo (...) Entonces Renny le da la indicación al camarógrafo de que la haga un paneo al publico que estaba en el estudio y cuando salé al aire, hace la presentación del programa y luego de presentar al grupo y con mucha simpatía dice "...Los Impala no vinieron solos, media Maracaibo está aquí" el camarógrafo voltea la cámara y se ve a todos los muchachos que estaban en el estudio y a los padres de Servando y acto seguido los muchachos comenzaron a tocar y yo a cantar la plaga, aquello sonó del carajo... para el segundo tema no canté yo sino que cantó Servando una canción en inglés"

-Paco Piedrafita 18/10/2012

VIERNES 3 DE AGOSTO - NUEVA OFERTA.

"... Y así fue toda esa semana, pero en eso pasó algo bien curioso, pues resulta que uno de los artistas nacionales pautados para actuar la semana entrante, envió un telegrama diciendo que no iba a poder estar los 2 o 3 primeros días y entonces Renny nos pregunta que si había algún inconveniente para que nosotros actuásemos esos tres días, nosotros le dijimos que con mucho gusto podíamos actuar. Y en la historia del show de Renny está ese detalle porque ningún otro artista actuó 2 semanas seguidas en el show"

-Paco Piedrafita 18/10/2012

MÁS DE LOS ZEPPY

Los Zeppy por su parte, lanzan su segundo álbum titulado "Hits de los Zeppy" editado por el sello Hit Parade con el número de serie HPLP 1003. Musicalmente Los Zeppy repiten la formula de su disco anterior, aunque se nota una mayor influencia de los cantantes mexicanos, alejándose de la onda del Rock´n´Roll, siendo el tema "Escalón por escalón" (Un tema de Doo Wop) el único que en cierta forma los mantiene dentro del género. La alineación del grupo es exactamente la misma del álbum anterior: **Alberto Lewis, Estelita del Llano, José Luis Rodríguez, Nicolás Alvarado y Agustín Calzadilla.**

Ese año fue sumamente exitoso para **Los Zeppy.** Imponen los temas *Caminando entre Parquímetros* y *San Tomé,* hacen presentaciones en el Show de Renny y giran por todo el país, incluso van a Curazao. Para ese momento **Los Zeppy** fue uno de los grupos juveniles preferidos de la juventud venezolana. Sin embargo, el futuro de la agrupación se oscurece.

Lado A	Lado B
01- Por Qué No Regresas	01- Tormento
02- Oh Mi Amor	02- Lluvia
03- Viajando	03- Vuelve a Mí
04- Dónde Estás	04- Médico Brujo
05- Escalón Por Escalón	05- Buen Tiempo
06- Entre Parquímetros	06- San Tomé

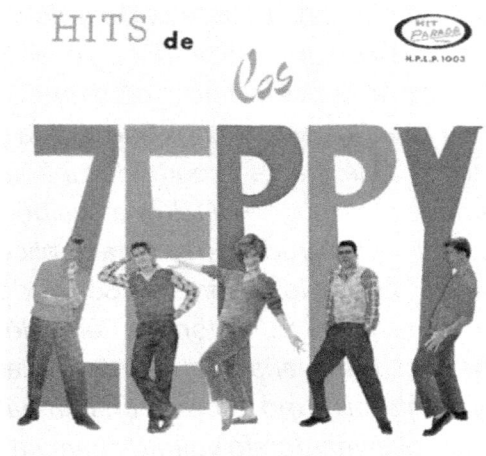

HITS de los ZEPPY

Imagen Cortesía de Danny Torres

Los Zeppy tuvieron grandes éxitos, pero también reveses y frustraciones, comenzando por empresarios inescrupulosos e irresponsables que no concretaban el pago de las actuaciones, carencias técnicas para presentarse de manera apropiada, e incluso el cansancio derivado de las largas distancias entre las ciudades del país. Todo esto fue mermando el entusiasmo de sus integrantes y cuando Nicolás Alvarado le participa a sus compañeros su deseo de dejar la agrupación para continuar sus estudios universitarios en los Estado Unidos. Los demás miembros comienzan a plantearse la necesidad de un sustituto, Ñas conversaciones los llevan a contactar con Francisco Belisario cantante del grupo "Los Flippers" y aunque dicho acercamiento se concretó finalmente deciden poner fin a la agrupación y en diciembre de ese año se anunció en la prensa la separación de **Los Zeppy** dejando como legado 2 álbumes y pasando a formar parte de la historia de la música juvenil venezolana.

"...Cuando Nico se fue, nosotros hablamos con Francisco Belisario (de los Flippers), pero ya el grupo no tenía el entusiasmo del principio, y entonces todo se enfrió y a la final no se dio"
-Estelita del Llano 12/08/2102.

MIENTRAS TANTO EN MARACAIBO

"Cuando Francisco se fue con los Zeppy, nosotros teníamos contrato 3 días después, así que empezamos a buscar otro cantante, un día antes del toque, llega Claudio Debourg y me dice, "Vé... hay un negrito que canta más bien que el coño ¿que tal si hablais con el", así que entonces fuimos al hotel donde estaba cantando y le dije ¿Vos queréis cantar con nosotros?" y sin pensarlo mucho, vino y se metió en el conjunto"
-Roberto Marcelleti 04/04/2011

Ese "negrito" resultó ser nada menos que **Henry Stephen**, quien se convertiría en uno de los cantantes más destacados de la historia musical venezolana.

HENRY AUGUSTUS STEPHEN PIERRE

Henry Stephen nació el 15 de julio de 1941 en Cabimas, Estado Zulia. Su padre trabajaba en la industria petrolera y su familia poseía una posición acomodada. Comenzó sus estudios en Trinidad, donde aprendió el inglés (idioma de sus padres) y donde comenzó a demostrar sus habilidades en el baile y en el canto. Posteriormente su familia se muda a en Maracaibo, donde Henry se inicia como cantante de música tropical con el conjunto "Los Técnicos" y posteriormente se integra al grupo de gaita zuliana Blanco y Negro del cual también formaban parte *Edgar Quintero, Nerio Quintero* y *José "Tantán" Baptista.*

" ...Primero tuve la influencia de artistas como Pat Boone, Bing Crosby y también de mi madre, que tenía una voz preciosa. Yo comencé a cantar rock con "Los Flippers", era un Rock´n´Roll de los cincuenta donde tocábamos canciones de Elvis Presley, Chuck Berry, etc.".
- Henry Stephen s/f.

LOS FLIPPERS – NUEVO BATERISTA

Al terminar sus estudios de secundaria Carlos Hamm, baterista de **Los Flippers** se separa del grupo y en sustitución entra Nerio Quintero, quien fue promocionado como "el baterista más joven de Venezuela"

"... Nerio le daba a esos tambores "machete"; para ese entonces nosotros tocábamos de manera habitual en el hotel del Lago y Nerio era la atracción, los músicos de la orquesta (porque además de nosotros que éramos el grupo de música juvenil también había una orquesta de música bailable) nos decían "Dejános al carajito" y nosotros se lo dejábamos para que tocara con ellos"
-Roberto Marcelleti 04/04/2011
* Machete es una expresión que se utilizaba para denotar excelencia.

Poco tiempo después Francisco regresa y **Los Flippers** pasan a tener a dos de los mejores cantantes del incipiente rock venezolano, turnándose en el bajo, mientras uno cantaba la voz solista el otro tocaba el instrumento. **Los Flippers** llegaron a convertirse en el grupo más popular de la ciudad de Maracaibo, presentándose de manera habitual en clubs privados, teatros, radio y televisión, su repertorio incluía los temas *El palo de la escoba (Let's jump the Broom Stick), Popotitos, Rock de la Cárcel, Hound Dog, What I Say, Corina, Speedy Gonzalez,* así como también numerosos instrumentales e incluso alguna que otra pieza de música "bailable tropical" de moda para la época.

24 DE AGOSTO - EL PUENTE SOBRE EL LAGO

Foto cortesía de Douglas Becker

Venezuela continuó experimentando su desarrollo principalmente en lo tocante a las vías de comunicación. Así, el 24 de agosto de ese año, se inaugura el puente sobre el lago, el cual conecta a la ciudad de Maracaibo con el resto del país. Es importante destacar que para entonces era necesario tomar un ferry para poder entrar o salir de la capital zuliana. Venezuela para entonces estaba surcada de serpenteantes carreteras que hacían sumamente largo y agotador los viajes por el interior de la república, inclusive, hoy en día, no existe una autopista que comunique directamente las principales ciudades del país ni mucho menos un sistema ferroviario que haga cómodo el tránsito a través de largas distancias.

Ese mismo día en el Club Bella Vista **Los Flippers** participan en un evento con motivo de la inauguración del puente sobre el lago de Maracaibo, en el cual se hizo presente el canal de televisión Venevisión. Para entonces Los Flippers tenían tanto a Henry Stephens como a Francisco Belisario como cantantes. Esta oportunidad fue buena para el grupo ya que el canal les extiende la invitación para presentarse en el segundo Venemaraton a realizarse en diciembre de ese mismo año, pero mientras a **Los Flippers** se les abrían nuevos horizontes, los otros grupos pioneros del estado Zulia no la estaban pasando igual.

Los Flippers. Foto cortesìa de Roberto Marceletti

OCTUBRE - EL OCASO DE LOS IMPALA

Los Impala de Servando Alzatti se terminan, no porque ellos lo disolvieran o tuvieran problemas entre sí, sino porque simplemente sus padres no les permitieron seguir tocando más; para entonces era normal que los padres ejercieran un férreo control sobre los hijos

"...Cuando llegaron los boletines con las notas escolares de todos ellos, los papás estaban bravísimos, porque las calificaciones habían bajado demasiado, así que les prohibieron continuar tocando y ellos dejaron de tocar. También ocurrió que Heberto Medina y Pedro Alfonso terminaron el bachillerato y salieron para la universidad abandonando la agrupación"
-Paco Piedrafita 18/10/2012

DICIEMBRE -LOS FLIPPERS EN EL VENEMARATON

En diciembre, el canal Venevisión, realiza el segundo Venemaratón con una transmisión continua de 3 días. El grupo Los Flippers se presenta en el programa cosechando éxitos como intérpretes de "La Nueva ola".

"... Mis padres no querían que yo fuera a Caracas por mi condición de menor de edad, pero mi hermano Edgar se encargó de convencerlos de que me dejaran ir"
-Nerio Quintero 09/12/2102

"... Cuando nos fuimos al Venemaratón, allá en Caracas, nos hospedamos en el hotel Tamanaco, como todos éramos mayores de edad, menos Nerio, lo dejabamos en el cuarto mientras nos ibamos de parranda"
-Roberto Marcheletti 04/04/2011

80

1963
Bienvenido el Surf

Página intencionalmente en blanco

1963 - EL PÁJARO BAÑISTA

Surfin´Bird es una canción interpretada por la agrupación norteamericana **The Trashmen**. Este tema logró llegar hasta el puesto # 4 de las Hot 100 del Billboard en 1963. Se trata en realidad de una combinación de dos éxitos de la banda **The Rivingstons**: *The Bird´s Word y Papa-Oom-Mow-Mow.*

Los Trashmen en cierta forma revolucionaron la música juvenil de la época con un ritmo arrollador y un cantante absolutamente desquiciado que invitaba a "enloquecer" en las pistas de baile. En nuestro país la canción recibió el título de *El Pájaro Bañista,* pero también fue conocida por el "apodo" onomatopéyico de *Wuarapepe* debido a como suenan las palabras de la canción en inglés.

Imagen Cortesía de Danny Torres

La música surf tiene su origen en las costas de california y está asociado a las actividades de playa, principalmente al deporte del "Surf" del cual obtiene su nombre. Se reconoce a Dick Dale como el "Padre del Surf" instrumental, pero también hubo otros grupos de Surf de los cuales **Los Beach Boys** fueron los más famosos. Otros grandes artistas del género fueron **The Ventures, The Shadows, The Del-Tones, The Chantays o The Tornadoes**, todos ellos imprescindibles para comprender este género. El surf se caracterizaba por una guitarra con mucho tremolo y reverberación, de ritmo rápido y alegre por lo que no tardó mucho en ubicarse como favorito de la juventud venezolana. Se puede decir hoy sin temor a equivocarse que con la llegada del Surf se abre un nuevo ciclo de la historia de la música rock en nuestro país.

ENERO

Para enero del 63, **Los Impala** ya estaban disueltos y **Los Tempest** habían cesado de tocar debido a problemas relacionados con los estudios de sus integrantes. Los Flippers por el contrario parecían estar en el camino hacia mejores horizontes, y es así como Edgar Quintero pasa de **Los Impala** a **Los Flippers** en sustitución del guitarrista Vicente Danielle.

"...Cuando Edgar entró al grupo, el sonido mejoró muchísimo, pero es que Edgar es talentosísimo, bueno todos ellos (los Quintero) son talentosísimo y no solo con la guitarra, si lo escucháis tocar el timbal te caéis pa´tras"
-Roberto Marcelleti

Los Flippers: Der a Izq, Nerio Quintero. Edgar Quintero, Roberto Marcelleti, Henry Stephens, George Fort y Francisco Belisario.
Foto cortesía de Roberto Marcelleti

LOS IMPALA - FIN DE LA VERSIÓN 1

Los Impala había sido un grupo con una constante: el cambio de miembros. Cada vez que alguno de sus integrantes terminaba el bachillerato, se producía una baja y un nuevo integrante se agregaba al grupo. En aquellos tiempos muy pocas personas veían la música como una carrera, así que todas las agrupaciones juveniles de entonces simplemente estaban condenadas a desaparecer, ya que sus propios integrantes no se veían a sí mismos tocando más allá del bachillerato. Ese año Servando Alzatti también terminaba el bachillerato y al igual que sus antiguos compañeros, le tocaría dejar la banda, condenando la misma a su desaparición.

"Ya los Impala no estaban tocando, pero antes de irse a los Estados Unidos, Servando Alzatti habló con los muchachos para grabar unos cuantos temas, pero como Heberto se había ido, Edgar llevó a su hermano Nerio para que tocara la batería. Entonces se reunieron en la casa de Freddy Rivera, quien era el proyeccionista del cine del Club Creole, mirá que entonces y solo para esa grabación, Los Impala fueron: Servando Alzatti - Primera Guitarra. "Bob" Bush - Bajo. Edgar Quintero - Segunda Guitarra y su hermano Nerio Quintero – Batería".
-Paco Piedrafita 18/10/2012

27-28 Y 29 DE JUNIO

Las grabaciones se sucedieron en tan solo 3 días, hoy es posible conseguir dichas grabaciones, en ellas se identifican los temas de la siguiente manera:

1.-Lucille - The Ventures
2.-Mr. Motto - The Ventures
3.-Rock de Los Impala - Los Impala
4.-Moon of Manakoora - Santo & Johnny
5.-Ring of Fire - Duane Eddy
6.-Bluer than Blue - The Ventures
7.-Creamy Mashed Potatoes - The Ventures
8.-Long Walk Home - Santo & Johnny
9.-Honky Tonk - The Ventures
10.-Walk Don't Run - The Ventures
11.-Interruption - Los Impala
12.-Genesis - The Ventures
13.-Slave Girl - Santo & Johnny
14.-Nightmare - Los Impala

DESAPARECEN LOS FLIPPERS

"... La verdad es que Los Flippers tenían bastante éxito, pero yo ya estaba cansado, yo era el que tenía que buscar los contratos, tenía que ir a cobrar, era el único que tenía carro, así que también era el transporte, tenía que hasta afinar los instrumentos... tenía demasiadas responsabilidades en el conjunto, así que me cansé y cuando se me dio una oportunidad para ir a Italia, simplemente les dije "Bueno muchachos, se acabaron "Los Flippers" y me fui, pero ellos siguieron juntándose y ensayando"
-Roberto Marcelleti 23/11/2012.

EL GRUPO QUE "TÉCNICAMENTE" NO EXISTIÓ

Con la salida de Roberto Marcelleti, el grupo quedó sin un líder, así que Francisco Belisario tomó el liderazgo de la agrupación proponiendo un cambio de nombre para la agrupación.

"...En casa de Francisco Belisario había un aire acondicionado que tenía una placa más grande que el carajo que decía "FEDDER", entonces cuando se habló de cambiarle el nombre al grupo Edgar dijo que se llamarían "Los Impala" pero Francisco dijo que no," vamos a ponerle un nombre nuevo, al grupo vamos a llamarlo "Los Fedder". Yo no estuve de acuerdo con eso, pero lo acepté y aunque eso no hizo romper la amistad, yo me distancié de ellos porque yo me sentía identificado con el nombre de "Los Impala, así que no les busqué contratos y creo que casi no tocaron con ese nombre"
-Paco Piedrafita 18/10/2012

".. Al principio íbamos a meter a Bob Bush para que tocara el Bajo. Pero a los otros no les gustó la actitud indiferente que tenía Bob en ese momento y entonces vino Omar Padauy que tocaba batería en "Los Tempest", así que lo que hicimos fue meter a Omar en la Batería y yo me pasé al bajo, instrumento con el cual me quedé hasta hoy en día"
-Nerio Quintero 23/11/2012

Los Feeders sin manager, no tenían muchas posibilidades de éxito. Ya **Los Impala** se habían disuelto, también **Los Flippers** y **Los Tempest**, en Caracas los Trogan habían comenzado a distanciar sus actividades. 1963 fue definitivamente el año de la primera "extinción" de los grupos primigenios del rock venezolano.

JULIO -DEL TWIST AL BOLERO

Aunque **Estelita del Llano** había sido una de las figuras más resaltantes de la nueva ola venezolana con el grupo **Los Zeppy**, no sería en la música juvenil en donde cosechó sus mayores éxitos, ni donde desarrollaría su carrera artística... el cambio vendría nuevamente de manera fortuita.

"...Yo estaba actuando en el hotel del Lago en Maracaibo cuando me encuentro con Miguel Corales que era uno de los integrantes del grupo Los Clippers y en la conversación me comentó que ellos iban a tocar en una película que se llama Twist y Crimen. Unos días más tarde, estando ya en mi casa en Caracas. Miguel me llama y me pregunta si quiero trabajar en la película. Te imaginarás como me puse de contenta. Pero cuando llego al estudio, la felicidad se me pasó porque me pidieron que grabara un twist que yo nunca había escuchado y que lo necesitaban para "Ya". Yo les dije que no, que no podía grabar algo así tan de improviso, entonces Arturo Plascencia, quién era el director de la película, me preguntó si no tenía algo en mi casa para montarlo de inmediato. Yo me acordé del bolero Tu Sabes y le dije que sí, entonces me fui a casa, busqué la pista, regresé al estudio, y una vez allí en tan solo 5 minutos estaba montada porque me la sabía de memoria y así fue como dejé de cantar Twist y Rock´n´Roll" -Estelita del Llano 18/10/2012.

Imagen cortesia de Danny Torres

TWIST Y CRIMEN

El cine Venezolano también aprovechó la tremenda popularidad de la nueva música juvenil y es así como de la mano de Arturo Plascencia se rueda esta película. TWIST Y CRIMEN". El sello Discomoda lanzó la banda sonora con número de serie DCM-322 con distribución de Favedica. La mayoría de los temas del album son instrumentales interpretados por el grupo Los Clippers, a excepción de los temas: *Tú sabes* cantado por Estelita del Llano, *Barco a la deriva,* cantada por Lila Morillo. *Que yo no se Bailar* el Twist cantada por Nancy Morillo y el tema *Hoy he vuelto a llorar* interpretado por Don Mario Suarez y su conjunto.

Lado "A"
1. Tu sabes (Estelita del Llano)
2. Variandito (Los Clippers)
3. Cutin Cutan (Los Clippers)
4. Barco a la Mar (Lila Morillo)
5. Playa Twist (Los Clippers)
6. Paseandito (Los Clippers).

Lado "B"
1. Que yo no sé bailar el twist (Los Clippers)
2. Suite Melodía en el llano (OSV)
3. Hoy he vuelto a llorar (Mario Suárez)
4. Velocidad (Los Clippers)
5. Autopista (Los Clippers)
6. Jacqueline (Los Clippers)

La alineación de los clippers continuaba siendo la misma:

- Meliton Torres: Bajo,
- Miguel Delgado Esteves: Guitarra,
- Miguel Corales: Batería y director de la agrupación,
- Enrique Cote: Piano
- Víctor García: Cantante.

"Cuando comenzó a sonar el tema en la radio, estaba de lo más feliz, imagínense la sorpresa cuando en una tienda veo el disco y lo que sale es una foto de Lila Morillo. La que sonaba en la radio era yo y todos pensaban que era Lila, Aunque para entonces yo era bastante ingenua, la verdad es que me cayó bastante mal"
-Estelita del Llano 18/10/2012.

"Cuando me contactan para hacer la película "Twist y Crimen" de Arturo Plascencia, cuyo nombre artístico – decía él – era Echeide Nambroque. Él era un flaco loco e' perinola. Él me contactó porque Los Clippers era un conjunto conocido de Twist. Cuando estábamos hablando sobre las escenas, había una con un "strip tease" y le digo que podríamos hacer una sesión medio jazzeadas con un instrumento que se presta mucho para la sensualidad que es el saxo tenor. Alguien que no recuerdo contactó a un señor para que tocara el saxo, fuimos al estudio de grabación, y para no tener problemas inventando al momento con las variaciones de tonos dije: vamos a hacer algo monotonal.

Un solo tono. Chan chan chan chan, ta ta ta tan... entonces los carajos me dicen: "Coño Miguel esa vaina suena a Cutin Cutan", y así se llamó la canción. En otra parte de la película, para la escena en donde aparece Lila Morillo por primera vez muy ligera de ropa, con un cuerpo exhuberante, bañándose con la ropa pegada del cuerpo marcando sus formas de sirena sugerí ¡¿porque no meter algo sinfónico?!, y se me ocurre Medio Día en el Llano de la Suite llanera de mi tío Antonio Estevez. Esa obra tiene tres movimientos: Amanecer en el Llano, Medio día en el Llano y Atardecer en el Llano. De esos tres movimientos, la que más se interpreta es Medio día en el Llano (...) "Luego de ese disco, Los Clippers se disuelven espontáneamente. De repente no nos seguimos viendo ni tocando, sin trauma"
-Miguel Delgado Esteves 06/07/2013

El álbum *Twist y Crimen* representa dentro de la historia del rock en Venezuela el final de un periodo, ya que para el momento de su estreno (noviembre de 1963), el Twist no era la música de moda, el álbum corresponde no solo con el fin del Twist en el país sino también con el final de la carrera del grupo **Los Clippers** siendo esta su última grabación y la verdadera razón por la cual este álbum es imprescindible en la discografía rock venezolana.

AGOSTO-EL SURF Y EL PÁJARO TEMBLEQUE

Al igual que había ocurrido con **Los Zeppy**: *"Los Bugat´s"* también experimentaron la salida de uno de sus integrantes *"Alejandro Da Costa, Él se molestó por una canción que él quería cantar y entonces dejó la agrupación" -Fernando Bruguera 17/08/2012*

Así que, en calidad de reemplazo, El grupo se decide por la incorporación de una voz femenina.

"... Hugo Blanco tenía pautado grabar un nuevo disco de Los Bugat´s cuando Alejandro dejó el grupo, así que nosotros comenzamos a buscar un nuevo solista, pero esta vez pensamos en una voz femenina. Quizás pensando en algo como Los Zeppy o los 5 latinos. Un amigo nuestro que supo que estábamos en busca de una cantante nos dijo que él tenía un amigo que tenía una hermana que cantaba; Así que Ingrid llega a nosotros por "carambola", nosotros fuimos a verla y después que la escuchamos cantar, le dijimos "Grabas mañana con nosotros."
-Fernando Bruguera 17/08/2012.

De esta manera Ingrid Colmenares pasa a formar parte de la agrupación, pero también cambian el nombre del grupo y es así como pasan a llamarse **Los Delta.**

"... La idea era lanzar un disco de con el ritmo del surf que era la sensación del momento, pero debido a la dificultad de producir un álbum completo de "Los Delta" tomé la decisión de contratar a "Los Surfers" quienes eran una agrupación americana, y así lanzar el disco en el cual se alternaran ambos artistas." Hugo Blanco 03/04/2013.

Imagen Cortesía de Danny Torres

"... Richie Allen no era cantante, sino guitarrista y es quien estuvo a cargo de los 5 temas instrumentales, todos ellos de surf mientras que los Delta nos hicimos cargo de los 6 temas cantados (...) Recuerdo que estábamos en plenos exámenes finales y por eso se nos hizo difícil la grabación, también recuerdo que Hugo estaba apurado por agarrar "La zafra" ..."
Fernando Bruguera 17/08/2012.

La "zafra" no es más que la época de vacaciones escolares, en la que los jóvenes compraban más discos, así que, para agosto de ese año, El sello Palacio lanza el álbum que lleva el rimbombante título de "Los Delta Venezolanos. Surf, Pájaro, Tembleque Richie Allen y Los Surfers del Pacífico" con el número de serie LP-096.

- ♪ Ingrid Colmenares (Voz)
- ♪ Luis García (saxo alto, voz),
- ♪ Fernando Bruguera (clarinete, voz),
- ♪ Adolfo Gómez (piano, voz, arreglos, dirección) y
- ♪ Humberto González (voz)

Lado A
01.-Los Delta – Surf y Gritos
02.-Richie Allen –El Perro bañista
03.-Los Delta – Surf en la calle
04.-Richie Allen - Surf en Macuto
05.-Los Delta – Vente
06.-Richie Allen - Surf en Playa Grande

Lado B
01.-Los Delta – Mira como me balanceo
02.-Richie Allen – Surf en Puerto Azul
03.-Los Delta – Surf del Amor
04.-Richie Allen - Margarita Surf
05.-Los Delta – Pájaro Bañista

Los Delta graban en Venezuela la primera versión en español del tema *Surfin´Bird* (*El pájaro bañista*), el cual era para entonces un éxito internacional, pero su grabación también incorpora otra novedad.

"...En los 50's los únicos instrumentos con teclas era el piano y el órgano Hammond, cuando Del Shannon grabó su tema "Runaway", uso un teclado primitivo, tenía 4 o tal vez 5 registros (Sonidos), llamado Musitron; tiempo después Hugo Blanco en una de sus giras se trajo un musitron, nosotros lo usamos con Los Delta en los temas 3,- 5,- 9, el efecto quedó bastante bien."
Fernando Bruguera 02/10/2012

El musitron era una versión mejorada del Claviolin, un precursor del órgano eléctrico, que permitía ajustar su rango de octavas incluso más allá del oído humano y además incorporaba una unidad de reverberación con lo cual se conseguía un sonido más agradable. Este es el primer álbum en donde se utiliza la palabra Surf para definir un género músical, por tal motivo se le considera como el inicio del periodo de la música "Surf" en nuestro país.

Pero Los Delta, fueron un grupo de muy corta existencia, que no llegò a realizar presentaciones en vivo.

"... Después de los exámenes finales, nos graduamos y el grupo se disolvió." Fernando Bruguera 02/10/2012

Curiosamente sin haber tenido presentaciones en vivo, pero con un álbum en su haber, **Los Delta** pasan a la historia como exponentes del *Surf* en el país.

LOS REBELDES

De esta banda solo se conoce que fue un grupo conformado por hijos de trabajadores norteamericanos residenciados en la ciudad de Anaco. Estado Anzoátegui. Aunque los Rebeldes no realizaron ninguna grabación, ni llegaron a tener impacto en nuestra música joven durante los años 60. La importancia de ellos en nuestra historia consiste en la demostración que tuvo la industria petrolera en la introducción del Rock´n´Roll en el país.

Más adelante, otros campos petroleros como San Tomé y Guaraguao en el estado Anzoategiui, verían aparecer agrupaciones que darían a conocer la música moderna en la región oriental del país.

Intérpretes de Ritmos Modernos

El terceto de jóvenes que vemos en la gráfica integran el conjunto "Los Rebeldes". Con sus guitarras eléctricas, interpretan los ritmos modernos: pájaro, surf, martillo, etc. Lo forman Tony Sellier, quien vino del colegio donde estudia en Estados Unidos a pasar las vacaciones al lado de sus padres, L. A. Sellier y Señora; Steve Breland y Mike McCarthy, este último hijo de Jim McCarthy, empleado de la Mobil, y ambos recién graduados en la Escuela Anaco. "Los Rebeldes" actuaron con éxito durante una semana en la radiodifusora La Voz de Anaco, en los clubes Campo Norte, Buenavista y Mata y en numerosas fiestas juveniles celebradas en Anaco.

Diario Anaco. Imagen cortesìa de Gabriel Meza

LOS HOLIDAY´S

A mediados de ese año se forma una de las agrupaciones más importantes del rock de los años 60: Los Holiday´s.

"... Ellos ya estaban semi-formados cuando yo entré; ellos tocaban en la "casa Húngara" porque Chosbo (2da guitarra) y Frank (1era Guitarra) son Húngaros; y había otro húngaro mas... un tal Barnabás (bajo), estaba también Richard Coca que es de origen francés. En cierto momento se les fue el baterista (no recuerdo el nombre del baterista anterior) y entré yo, pero ya ellos tocaban en la casa húngara... Eso fue en las vacaciones del 63" Rurick Grassi 28/08/2012

DICIEMBRE

LAS ELECCIONES DEL 63

Se realizaron el domingo 1 de diciembre de 1963. Para entonces el panorama político y electoral de Venezuela había cambiado: Acción Democrática (AD), se había dividido en 1960 y 1962, formando respectivamente, el Movimiento de Izquierda Revolucionaria (MIR) y AD-Oposición (luego PRIN), que postuló a otro candidato desprendido de AD; la izquierda comunista se abstiene de participar en toda elección y recurre a la lucha armada. La Unión Republicana Democrática (URD) se había separado en 1960 del pacto de Punto Fijo y por último, aparecen dos nuevos grupos políticos con importante fuerza en el país, el IPFN (luego FND) y la Fuerza Democrática Popular (FDP). En estos comicios resultó ganador Raúl Leoni del partido Acción Democrática.

Raul Leoni

BLONDER FRENTE A LAS CÁMARAS

"...En ocasión de un Maratón Televisivo con fines de recaudación a beneficio de los quíntuples Prieto Cuervo* realizado en Televisa del Zulia (filial de Venevisión), Los Blonder (trío) fueron invitados a compartir y tocar con los demás artistas nacionales. Para esa ocasión se consideró la necesidad de ampliar el grupo con otros músicos a fin de mejorar la sonoridad. Y así fue como "Tantán" y "Chepo" decidieron invitar a ensayar una tarde las 5 piezas musicales que tocarían en el mencionado Tele Radio, a Henry Stephen (solista ex Flippers), Manolo Barrios (piano ex Tempest) y Ricardo Finol (bajo ex Tempest)".
José Baptista 01/04/2011

* Los quíntuples Prieto Cuervo fueron los primeros quintuples varones del mundo

EL VENEMARATON

"Henry cantó con Los Blonder en 1963 cuando ya se habían disuelto Los Impala y Los Flippers. Por eso fue con nosotros al III Venemaraton en diciembre del año 63. "
- José A Baptista A s/f.

Ese día los contratan para varias presentaciones en el "nuevo" programa de TV: *De Fiesta Con Venevisión*, donde también debutó el joven zuliano: Gilberto Correa como animador. *"Los Blonder fue el primer grupo que vi tocar en vivo en mi vida. ...eran buenísimos; cantaba Henry Stephens y se presentaron en un programa que se llamaba Venemaraton que se hacía para recoger juguetes para repartir a los*

Los Blonder con Henry Stephens como cantante.
Foto cortesia de José "Tantan" Baptista

90

niños pobres, lo hacían como el 15 de diciembre, eso fue en 1963 (...) Tocaron como a las 8 y al terminar anunciaron que los volverían a presentar. Charles Spiteri y yo esperamos como hasta las 2 de la madrugada para volverlos a oír, el programa duraba creo que como 3 días seguidos (...) Recuerdo que tocaron "My Bonnie" "Apache" y la que mejor hacían "el vuelo de la abeja" eran instrumentales que era común en la época. Era un excelente grupo"
 Oswaldo De La Rosa 10/10/2012

LOS MIGS

Ese mismo año Oswaldo de la Rosa (guitarra líder) junto a Luis Jiménez (voz), y Segundo Spósito (segunda guitarra) forma su propio grupo musical *"... A Segundo Esposito no lo vi más nunca, lo he buscado y nada... El decía llamarse Iván porque no le gustaba su nombre (Segundo) (...) También tuvimos un pianista, se llamaba Américo. pero duró muy poco... como 2 meses, por eso no recuerdo el apellido, (...) sabes que era un gran problema tener pianista porque en casi ningún lugar había uno (no existían los teclados portátiles de hoy en día) y donde lo había, casi siempre estaban desafinados, así que eran más las veces que no tocaba que las que lo hacía". Oswaldo de la Rosa 08/05/2011.*

 El grupo se completa con Germán Suárez (batería) al cual bautizaron con el nombre de *Los Migs* pero no contaban con un bajista dentro de su alineación. *"... Un día, Segundo Sposito me recomendó un tipo al que llamaban Johnny Twist que había tocado en el Club del Twist en*

Altamira y quien era un gran guitarrista, Yo le dije que no necesitaba un guitarrista sino un bajista, pero de todas maneras lo invitó a un ensayo y cuando vino le expliqué que lo que necesitábamos era un bajista, él estuvo de acuerdo en tocar el bajo pero antes de comenzar el ensayo tomó la guitarra y comenzó a tocarla y nos dejó "locos" (...) yo pensé que desaprovechar a un guitarrista así sería un gravísimo error así que tomé la decisión de dejarlo como guitarra líder y yo mismo me encargaría del bajo"
Oswaldo de la Rosa. 27/02/2011

Oswaldo de la Rosa y Adib Casta.
Foto cortesía de Oswaldo de la Rosa

ADIB CASTA

Ese guitarrista a quien apodaban "Johnny Twist" era nada más y nada menos que Adib Casta. Un personaje que escribiría algunas de las más importantes páginas de nuestra temprana historia del rock en Venezuela.

Adib Casta:
Foto cortesía de
Ginés Garcia

"... A los 12 años descubrí el Rock & Roll. Yo estaba en la escuela secundaria y un día conocí a un muchacho, uno de mis compañeros de la escuela llamado Sergio García, me dijo: "mira lo que este muchacho puede hacer", el muchacho estaba con la cabeza sobre el pupitre... y cuando Sergio lo llamo, levantó la cabeza, me miro y dijo en voz alta: "Womp-bomp-a-loom-op-a-womp-bam-boom!",.. Eso era, Rock & Roll y su nombre era Adib Casta. (...) Nos hicimos buenos amigos, el me inspiro a escuchar a los rockeros de la época: Elvis, Paul Anka, Pat Bone, y también a los rockeros mexicanos que estaban bien avanzados y traducían las canciones del inglés al español. Ellos eran los Teen Tops con Enrique Guzmán (ellos eran mis favoritos). Yo escuchaba y me aprendía sus canciones en español y cuando Adib las tocaba en la guitarra o en el cuatro, yo las cantaba."
- Charles Spiteri s/f.

"... Adib Félix Casta Correa, nació en Puerto Cabello. Estado Carabobo en 1946. Había quedado huérfano de padre y madre y por ello vivió por un tiempo con su hermana y su cuñado, pero éste no deseaba tenerlo en la casa porque era muy "bohemio",
Carlos Martinez s/f.

"... Adib vivía saltando de casa en casa. Siempre se quedaba durmiendo donde algún amigo para evitar problemas. Él le decía a uno para quedarse a dormir por una noche, pero terminaba quedándose una semana"
Oswaldo de la Rosa 08/05/2011

UNA NUEVA ETAPA

El año de 1963 se había ido, y con él, los últimos vestigios de la Venezuela de la década del 50. A partir de entonces, la historia a nivel mundial comenzaría a suceder de manera acelerada, tanto así que para la gran mayoría, la segunda mitad de la década casi borraría la memoria de lo acontecido al principio de la misma. En otras latitudes "Los Beatles" cambiaban en mundo de la música de una manera radical, produciendo un antes y un después, aparece el fenómeno de masas y los movimientos "Pop". La televisión se convierte en el nuevo gran escenario, comenzamos a experimentar la inmediatez de las comunicaciones. La música tomaría un nuevo ritmo y sonido y los venezolanos también aprenderían a ejecutarlo.

1964
Yeah - Yeah - Yeah

Página Intencionalmente en blanco

Y AQUÍ ESTÁN... ¡LOS BEATLES!

El 7 de febrero de 1964 llegó por primera vez a los Estados Unidos el grupo inglés **The Beatles**. Esa fecha es considerada como uno de los días que conmovió al mundo. **Los Beatles** eran las indiscutibles superestrellas de la música y a partir de ese momento fueron noticia en todo el planeta. Una generación entera de jóvenes músicos comenzó a copiar el sonido y el estilo del cuarteto de Liverpool. En Venezuela comienzo del "Boom" del movimiento musical juvenil venezolano, con la aparición de las bandas que atraerán la atención de la juventud hacia la nueva música.

Llegada de The Beatles al aeropuerto J.F. Kennedyde Nueva York – Getty Images

MIENTRAS EN MARACAIBO

En Maracaibo la música juvenil fue rechazada por un sector de la radiodifusión marabina, que criticaba abierta e insistentemente a los intérpretes de *rock* norteamericano, a tal punto que se creó una "xenofobia musical" en la que incluso la policía disolvía las fiestas y presentaciones donde se tocaba este tipo de música por considerarlas obscenas y anti patrióticas.

RITMO Y JUVENTUD

El canal Venevisión se pone a la cabeza de los espacios juveniles y lanza el programa *Ritmo y Juventud*, el cual era básicamente un concurso de baile, animado por Franklin Vallenilla, Edgar Ramírez y Winston Vallenilla (padre) entre otros. En el programa las parejas participantes (que llevaban un número a sus espaldas) eran observados por un jurado e iban siendo eliminados según criterio de estos, hasta quedar unos finalistas y de allí la pareja ganadora de la semana. En el programa se presentaban figuras del momento, tanto nacionales como internacionales, con las canciones que estaban pegadas en la radio.

LA AVES TRONADORAS

Ese año de 1964 se forma en Caracas la primera agrupación femenina de Venezuela: "Las Aves Tronadoras"

"Alrededor de 1964 mis amiguitos del vecindario (Los Chaguaramos, Caracas) y yo, formamos una banda en la que tocábamos música de surf, los Beatles y qué-sé-yo-qué-más. ¡Gozábamos un mundo! Hasta tocábamos gaitas y villancicos en la época navideña (con cuatro, furruco y tambora). En nuestras fiestas de la cuadra (en las que no tocábamos) bailábamos no sólo música "moderna" sino también la música de Billo, Melódicos, etc. Nuestra bandita tocaba en fiestas mayormente en Los Chaguaramos y Santa Mónica. "
- Wendy Hawkinson 12/03/2011

Pero la que daría el primer paso para la creación de un grupo netamente femenino sería Mariantonietta Herrera.

El grupo los Telstar 1964, a la derecha Wendy Hawkinson como cantante y guitarrista. Foto cortesía de Wendy Hawkinson

"Recuerdo que para esas fechas (1964), Yo (Maria Antonietta) tenía solo 13 años de edad, tocaba la guitarra española como si fuese una eléctrica, bueno lo digo por los requintos que le metia a mi guitarra y, con unas ganas inmensas de estudiar guitarra, pero para ese entonces mi mama no tomaba muy en cuenta mi pequeña pasión por la música rock (recuerdo la primera canción que aprendí en la guitarra española fue: "POPOTITOS") Para ese entonces habia un programa en TELEVISA canal 4 (hoy Venevisión) de nombre RITMO Y JUVENTUD, el cual era animado por Franklin Vallenilla y Edgar Jimenez (el suavecito) fallecidos ya, ambos eran excelente animadores.

Pues bien, en ese tiempo anunciaron para ese programa que harían un concurso para el que mejor toque un Rock en la guitarra eléctrica, escuche esa promoción en unos de los tantos comerciales que había en la TV, no imaginas lo que me costo que mi mama accediera a inscribirme... Ella POR FIN accedió y me inscribió, para presentarme los días sábados o domingo (de verdad no recuerdo, pero si recuerdo que era a las 7:00 PM) en fin la única que se presento esa primera semana fui yo, lo cual fue una gran sorpresa para el grupo (Los Dinamicos) que para ese tiempo tenian varias canciones que estaban sonando en la Radio. De repente uno de sus cantantes me cedió su micrófono y su guitarra y con todos los nervios de mi cuerpo e igual que mi energía canté la canción de popotitos y el resto de los músicos me acompañaron, así que fui mas que aplaudida e invitada para la siguiente semana.

Lo cierto es que hasta mi mama que nunca mostró interés por mis dotes de artistas se emocionó y desde luego me llevo las siguientes tres (3) semanas, donde se desató una gran cantidad de chicos con sus guitarras y sus canciones, te digo que todos pero todos tocaban la guitarra maravilloso y mil veces mejor que yo, pero había algo que marcaba la diferencia, era yo la única del sexo opuesto y eso me daba el privilegio de seguir invitada a la ultima semana decisiva, para eso ya habían descalificado a varios chicos, y por fin llego la cuarta y ultima semana donde le darían el premio al mejor interprete de música Rock, bien momento crucial para mi, dan el nombre del ganador un tal ROBERTO (que no recuerdo su apellido) y pues yo quede como desolada, pero fue justo porque ese chico tocaba a las mil maravilla, pero lo impactante fue y sorpresa para todos, que cuando al fin le entregan la guitarra, el pide que yo me acerque y dice esta guitarra se la cedo a ella por tres valores: Primero por ser Mujer, segundo por tener el valor de tocar y cantar sin tener mucho repertorio por tocar guitarra al puro oído (mi abuelita si tocaba y yo la escuchaba) y tercero por el valor de tener tanta iniciativa, asi que en ese

96

momento el jurado y el publico que visitaba ese estudio se volcaron de emoción y todos unidos en aplausos. De allí pasé a formar parte de un grupo de Rock de nombre The Thunderbird que en español significa "Los Pájaros Tronadores", pero allí fue cuando tomé la decisión de independizarme y formar mi grupo junto con mi hermana Gisela quien, aunque era la más pequeña tiene un talento increíble, después y poco a poco conseguimos a Wendy Hawkinson como segunda guitarra"
- Mariantonietta Herrera 27/02/2011

He aquí la que creo es la primera foto promocional que se tomó del grupo al unirnos al canal 8, en la que mas "chamitas" nos vemos. Wendy Hawkinson 19/03/2011

En esa época, alguien me dijo que había una nueva banda de Bello Monte de puras muchachas y que buscaban otra chica que tocara y cantara. ¡Así que me comuniqué con ellas - me imagino que con Mariantonietta - y nos pusimos de acuerdo para reunirnos en su apartamento para tocar y ver qué tal! Pues así fue: ¡nos llevamos super bien y funcionó a las mil maravillas! Así fue que comencé con las Aves Tronadoras en 1965."
- Wendy Hawkinson 12/03/2011

"Por último se nos unió en la batería, la maracucha Egdalia Cepeda (Lala) que tocaba gaitas con el grupo de los Morillo."
- Mariantonietta Herrera 27/02/2011

"Mi madre tuvo muchos vínculos con la farándula, ella era la que se ocupaba de todo (incluyendo los uniformes), nosotras no teníamos esa independencia como para decidir algunas cosas, así que mamá era la oficial en eso. Ella elegía la telas y diseños y nosotras calladitas (...) Un día salimos a buscar la tela para el uniforme, pero esta vez era diferente porque teníamos una presentación en "Renny Presenta", recuerdo que mamá decía, "tienen que estar lo mejor presentable posible". Entramos a una tienda en Sabana Grande, llega una de las vendedoras y nos pregunta que deseábamos. A mamá se le olvidó el nombre del estampado que ella quería para el uniforme, Entonces mamá le dice que es una tela que está muy de moda, (para aquel entonces), la joven le dice "Señora en verdad no se cual es" y de repente yo me meto en la conversación y le digo "Señorita, es esa tela que tiene el "estampado de espermatozoides"". ¡Podrás imaginar la cara que puso mi mamá que hasta del tiro se recordó que era la tela de estampado de bacterias... y de regreso no hubo quien la parara por el sermón blablablabla... así que imagina la época y los miles de tabues que existían!"
- Mariantonietta Herrera 05/04/2011

AL COMPÁS DE LO NUEVO

Imagen Cortesía de Mariantonietta Herrera

"*Al Compás de lo Nuevo", lo grabábamos en Caracas, en el Teatro Anauco, de San Bernardino. Allí habíamos un grupo de artistas que estábamos contratados como artistas fijos del programa. (...) Allí comenzaron Los Darts, los Hermanos O´Brien quienes después se cambiaron el nombre por el de "Las Cuatro Monedas". Ese programa lo animaba Winston Vallenilla padre, lo producía Eduardo Reina (Q.E.P.D.) un argentino buena gente, muy conocedor del negocio de la televisión, quien después fue vicepresidente de Venevisión Internacional y el coreógrafo era otra che, Jorge Citino (Q.E.P.D.). Hay que recordar que el Canal 13, era una filial de Venevisión, por lo que allí también se grababan programas de Venevisión tales como El Batazo de la Suerte y otros...*"
- Augusto De Lima 05/04/2015

"*Y, además, forma parte de la evolución de la historia de la televisión en nuestro país, cuando no existían todavía canales regionales de TV (a excepción de Ondas del Lago TV), ni había los satélites y las televisoras de Caracas tenían poca cobertura nacional. Recuerdo que ese programa (diario, de lunes a viernes), los grabábamos en el Teatro Anauco, donde Venevisión grababa varios de sus programas y entiendo que la lata (la cinta) la llevaban diariamente a Valencia, donde estaba ubicado Tele-Trece...*"
- Humberto Zarraga 15/04/2017

MARZO 1964

ME LOS LLEVO COMO "LOS IMPALA"

"*Después que se disolvieron Los Impala, este grupo (Los Fedder) comenzaron a salir, pero no tocaron mucho. Tocaron en el club Creole, en el club Bella Vista, tocaron en tres o cuatro sitios. Entonces el periodista Guillermo Sánchez García, quien era el que escribía la sección de farándula y espectáculos del diario Panorama reconoce que los integrantes del grupo son figuras conocidas de los Impala y los Flippers, llega y les dice que él quiere conseguirle presentaciones a los Impala en los hoteles de la Conahotu (La antigua Corporación Nacional de Hoteles y Turismo de Venezuela) empezando por los Andes, en los hoteles que tenían espectáculos... Allí salió Francisco diciendo: "Nosotros tenemos un nombre nuevo con el grupo: Los Fedder", Entonces Guillermo Sánchez le contesta, "Si, pero ese nombre no lo conoce nadie, ese nombre no tiene impacto, en cambio Los Impala sí tiene impacto porque ya ustedes fueron conocidos nacionalmente como Los Impala. Entonces empezó allí el pugilato unos que si, otros que no, que sí, que no... y entonces Guillermo*"

Sánchez les dijo "Bueno. Si ustedes no quieren, yo no los llevo, pero si yo los llevo es con el nombre de Los Impala. Francisco que era el que tenía el fastidio con el nombre tuvo que acceder. Entonces arrancó Guillermo Sánchez para los andes y como a la semana se aparece y les dice a los muchachos "Bueno, ya tienen contrato para estar una semana en el Hotel Prado del Rio de Mérida, una semana en el Hotel Tamá de San Cristóbal y otra semana en el Hotel Santo Domingo"
- Paco Piedrafita 21/11/2012

"Cuando les salió lo de Mérida, Henry Stephens era nuestro cantante en "Los Blonder", ellos vinieron y me dijeron "Préstanos al negro pa´que cante con nosotros unos días allá en Mérida" y yo les dije "Ni que yo fuera dueño del negro... Pregúntenle a él... y si él quiere ir, que vaya..."
José "Tantán" Batista 28/09/2012

ABRIL - LA BRECHA GENERACIONAL

La juventud de los años 60 estaba viviendo una realidad muy distinta a la de sus padres que vivieron bajo la dictadura de Perez Jimenez, la cual, en cierta manera estos, prolongaron al seno familiar, al imponer una férrea represión en cuanto al control y comportamiento de los hijos. Esto motivó una ruptura entre ambas generaciones que se manifestó en diversas formas de rebeldía a lo largo de la década. La brecha generacional (el tiempo y las circunstancias que separa a dos generaciones entre sí) haría que los jóvenes dieran pasos cada vez más audaces en la búsqueda de una identidad y espacio propio; al principio estos pasos fueron bastante tímidos e incluso inocentes para nuestros estándares de hoy, aunque para entonces eran verdaderas declaraciones de rebeldía. Debemos recalcar que los padres ejercían un control absoluto en la vida de sus hijos, decidiendo incluso las carreras que debían estudiar y lo que iban a ser en la vida. Esto fue la razón por las cuales la gran mayoría de las agrupaciones musicales de los años 60 se disolvieron cuando los integrantes finalmente terminaron el bachillerato.

DESPEGAN LOS SUPERSÓNICOS

"...La primera vez que aparecen Los Supersónicos en televisión, fue por una oportunidad que se consiguió para ser presentados en el programa Vía 2 Musical, animado por Luis Turmero y Alfonso Álvarez Gallardo, transmitido por Radio Caracas Televisión. Después, también logramos ser invitados en varias ocasiones a un programa transmitido por el Canal 5, que duró poco tiempo en el aire, llamado Media Hora sin Libros los días sábados por la tarde y animado por Los hermanos Richard Herd y José Hernández quienes aún no eran conocidos como Los Brothers".
Alexis Hernández-Hidalgo 26/09/2012

Los Supersónicos comienzan a llamar la atención de los medios, al realizar conciertos espontáneos en la calle, congestionando el libre tránsito de vehículos en los lugares donde los realizaban.

"... Fue después que, por audacia y aventura, Los Supersónicos organizamos junto con amigos del Paraíso donde algunos vivíamos, una caravana de carros, en los que, al techo de uno de esos, habíamos atado la batería y con los amplificadores adentro éramos seguidos por muchachas y

muchachos juntos con los que llegamos a una de las calles del Paraíso, descargamos los amplificadores para conectarlos a una extensión ya preparada, comenzar a tocar y la muchachera a bailar... Después de unas 4 o 5 canciones, recogimos y seguimos igual en caravana para otras calles donde repetíamos la acción. Sin embargo, fue tan divertido e impactante la vivencia que lo volvimos a repetir la semana siguiente y las otras también, convirtiéndose en un rumor juvenil, escapadas de juventud, jubiladas de colegios y después en noticia nacional, por lo que comenzaron a venir y se nos incorporaron, también jóvenes de todas partes de Caracas y la policía comenzó a intervenir...".
Alexis Hernández-Hidalgo 26/09/2012

Los Supersónicos, Concierto Callejero. Abril 1964. Foto cortesía de Gines García

"... El motivo de que irrumpiéramos en las calles, seguidos por grupos de muchachas y muchachos en caravanas de carros, hasta los sitios escogidos para tocar y bailar; no fue por la carencia de espacios públicos o privados donde hacerlo. No, sino porque no se podía, a menos que se tuvieran permisos especiales o se fuese contratado por alguna institución pública o privada específica, para entonces no había interés por parte de los medios, en especial televisivos, de presentar conjuntos de rock, a excepción de presentar un espectáculo eventualmente y por motivos novedosos, por lo que hasta ese momento, ya varios grupos de rock, tanto capitalinos como nacionales se habían presentado en diferentes programas de televisión, sin ninguna trascendencia, solo la de haberlo logrado, adicional a eso, el ambiente en general, estaba dominado por reglas sociales bastante estrictas, dentro de las cuales, la juventud estaba muy sometida al juicio moral y a la aprobación de los mayores, a la vez, que las noticias mundiales, venían ofreciendo imágenes e información de una juventud rebelde y cambiante. Por tales motivos, cuando Los Supersónicos aparecen sin permisos ni autorizaciones tocando en las calles, no solo se sucede un impacto musical, sino se produce un fenómeno social, a través del cual se empieza a manifestar una protesta, que le permitía a una juventud reprimida exteriorizar su rebeldía. De ahí, que ese ingenuo movimiento fue creciendo a nivel de toda la capital, convirtiéndose en noticia a nivel nacional, lo que en su momento originó un grupo de investigación por parte de la facultad de psicología de la Universidad Central de Venezuela, para investigar "el fenómeno..." y también como consecuencia, más de una vez tuvimos que correr para no ser aprendidos por la policía, aunque no siempre "corrimos" con suerte...".
- Alexis Hernández-Hidalgo 10/08/2013

Para entonces, los supersónicos, estaban conformados por:

- Esteban Ruiz: Cantante,
- Armando Veitía: 1ra. Guitarra,
- Enrique Piñero: 2da Guitarra,
- Alexis Hernández: Bajo.

- Nelson Ruíz: Batería,
- Mauro Pérez: Piano
- y Pablo Augusto Díaz (Ivo): Showman

LA CAÍDA DEL PUENTE

El 6 de abril de 1964, a las 11:58 de la noche, el tanquero Esso Maracaibo, cargado con 296.000 barriles de petróleo se estrelló contra las pilas 21 y 22 del Puente General Rafael Urdaneta, sobre el lago de Maracaibo, inaugurado dos años antes. 259 metros del puente cayeron, tanto al agua como sobre el tanquero. aunque este sufrió daños, no registró pérdidas humanas. Tampoco hubo derrame de petróleo. Sin embargo, tres automóviles y una camioneta cayeron desde una altura de casi 40 metros de altura. Siete personas perdieron la vida en las aguas del lago. Los zulianos debieron regresar al sistema de ferrys por más de un año mientras se reconstruyeron y reforzaron las vías. Ocho meses y siete días tardó la reconstrucción la cual fue costeada por la empresa Creole Petroleum Corporation. Sin embargo, nadie indemnizó a los familiares de las víctimas.

Trabajos de Reparación del Puente sobre el lago. Foto Archivo. Ing. Eleazar Gómez

LOS LUGGERS, THE TERMITES Y LOS JENSEN

"... Estudiando en el Colegio Aleman del Zulia y después de haber visto y compartido con los grupos locales de la época (IMPALAS de Servando), IMPALAS (Edgar), FLIPPERS, etc....decidimos en el Colegio formar nuestro propio grupo llamado LOS LUGGERS formado por Rafael (Fifo) Morillo (Guitarra), Daniel Borrego (Bajo) y mi persona en la Batería. Recuerdo que solamente tocamos una vez en el Maracaibo Country Club. Después de ese año poco antes de las vacaciones, se me acercaron Kenny Perez y Danny Neal, quienes conjuntamente con Frankie Neal tocaban en un conjunto en Orlando-Florida donde estudiaban y me propusieron constituir un grupo para tocar en las fiestas de los Club Americanos, tanto en la Costa Oriental, como en Maracaibo. Recuerdo haber tocado en el Club de Tia Juana, Club Náutico, Creole y otros. A este se nos unió Ricardo Alcala, quien tocaba el bajo. Este grupo lo denominamos "THE TERMITES" y el cual duro solamente dos veranos. En el ínterin, forme parte de otro grupo llamado "LOS JENSEN" conformado este por Oscar Rincon (Bajo), Carlos Acosta (2da. guitarra), Ricardo Alcala (Órgano) y mi persona en la Batería. Este grupo se disolvio y Carlos Acosta paso a ser parte de LOS BLONDER.......Después me mantuve ligado a los conjuntos a través de LOS BLONDERS con mi cuñado Tantan."
Ricardo J. Adrianza H. 26/08/2013

LOS NUEVOS IMPALA

"... y arrancamos pa´Merida... Tocamos una semana en cada uno de los 3 hoteles de la Conahotu y después nos regresamos a Maracaibo con los realitos que habíamos cobrado. Pero lo más importante fue que ya nos habíamos llevado el nombre de "Los Impala""
Paco Piedrafita 21/11/2012

"Nosotros en nuestra ingenuidad (y me refiero a todos los grupos), nunca registramos nada, ninguno registró el nombre de su agrupación, así que en realidad el nombre no le pertenecía a nadie, pero había mucha honestidad porque todos respetaban el nombre de los otros grupos y así... pero lo cierto es que los nombres no estaban registrados"
José "Tantán" Baptista 28/09/2012

Esta ingenuidad obviamente tendría sus consecuencias, siendo justamente "Los Impala" quienes décadas más adelante tendrían un impasse legal por la posesión del nombre.

LOS BLONDER – NUEVOS CAMBIOS

"Los Blonder" pasan por una serie de cambios y es así como entran al grupo Oscar Rincón y Carlos Acosta, ambos provenientes del grupo "Los Jensen", Franklin Molero y Juancho Pérez (de Los Tempest), Bob Bush (De los primeros Impala) y Henry Stephen (De los Flippers). Quedando establecida la formación "clásica" de la banda de la siguiente manera:

- Carlos Acosta como Guitarra Rítmica,
- Bob Bush como Bajista,
- Bernardo Ball en la Batería,
- José "Tantan" Baptista Guitarra Líder

El grupo no contaba con un cantante por lo cual se dedicaban a tocar rock and roll instrumental

MIENTRAS TANTO EN CARACAS

El Disc-Jockey Eduardo Morell comienza a radiar los temas *Can't buy Me Love, Twist & Shout* y She Loves You de **The Beatles** en su programa *El Tragadiez de los Éxitos* por la emisora Ondas Populares convirtiéndose en el primero en difundir la música de los Beatles en la radio venezolana.

19 DE ABRIL DE 1964

Sale al aire el programa de TV *Renny Presenta* a través de Radio Caracas televisión Canal 2 (1964-1972) Animado por Renny Ottolina "El No. 1 de la televisión venezolana".

NACE UNA LEYENDA

Ese año se crea en Caracas, la que sería la más exitosa banda venezolana de los años 60.

"El grupo comienza en abril de 1964. Ese año Oscar Franco me contactó porque yo tenía una guitarra eléctrica Egmond y un amplificador Premier 50. Empezamos nosotros dos y un gringo (no recuerdo su nombre) que tenía una Eko de 4 micrófonos. El gringo tuvo problemas y entonces buscamos otro guitarrista, como sigue la historia después..." Augusto DeLima 22/05/2011

"A Oscar Franco, yo lo conocía porque estudiamos juntos en El Instituto Escuela y a De Lima porque éramos vecinos. En un momento hablando con ellos me hacen saber de la necesidad de un guitarrista y yo les informé, que por casualidad en el café Nápoles (Av. Lima, Urb. Los Caobos), donde muchos de nosotros nos reuníamos a conversar y a jugar maquinitas, se la pasaba, todos los días un flaco de lentes, tocando cuatro de nombre Carlos. Me dijeron que le informara a Carlos de la necesidad del guitarrista y que fuera, lo más pronto posible, a reunirse con ellos en casa de Delima. En efecto esto sucedió el día siguiente, yo me asomo desde el balcón de mi casa y los veo a los tres, Oscar, Delima Y Carlos, reunidos en la terraza del edificio donde vivía Delima. Inmediatamente bajo para enterarme de lo que pudo haber sucedido. Al llegar me informan que ya Morean era integrante del grupo y que ahora necesitaban a alguien que tocara la batería"
- Rafael Pimentel 26/04/2011

"Siempre veíamos a Rafael tocar todo los que estaba a su paso sacándole música por lo que decidimos que el sería el baterista"
- Augusto DeLima.

"Creo que fue Delima quién dijo "Tu te la pasas dándole golpes a la baranda como tratando de hacer percusión, ¿Tu quieres ser el Baterista del grupo? Y yo, como joven al fin, les dije ¿Y por qué no? (...)
"Al principio fue difícil porque yo no sabía cómo era una batería. Por supuesto mi guía para el sonido de la batería, en especial el platillo fue Ringo Starr.
- Rafael Pimentel 15/05/2011

"Yo tenía 15 años para entonces (1963). Empezamos a ensayar en el apartamento de Augusto De Lima, Augusto tocaba con una guitarra eléctrica que le había regalado su mamá y no tenía amplificador por eso él tocaba pegado a la puerta del baño para que se oyera mejor. Oscar tocaba con otra guitarra eléctrica acondicionada para que sonara como un bajo y yo tocaba una guitarra española. Debido a que no teníamos amplificadores el sonido de las guitarras eléctricas apenas si se escuchaba. Tampoco teníamos una batería en casa por lo que Rafael usó el estuche de la guitarra de Oscar con unas cajas de cartón y un servilletero de metal... Así fue nuestro primer Ensayo"
- Carlos Morean.

LOS DARTS

Cuando llegó el asunto del nombre del conjunto, comenzamos a barajar distintas opciones: Carlos propuso que se llamase "Los Seniors"; "Pajarito" propuso el nombre de "Los Jockers", Oscar el de "Los Darts" y yo propuse que el grupo se llamara "Los Playboys"... Cada uno de nosotros metió un papelito en una bolsa con un nombre sugerido y ganó el de "Los Darts". Dart era un avión y no un carro como muchos creen, la traducción al español es "dardo". El nombre corresponde a un avioncito ("Dart Starfire, creo") para armar de la serie Revell.
- Augusto De Lima. 26/04/2011

El grupo comienza a ensayar y a reunir dinero para la compra de los equipos necesarios. Meses después Carlos logra comprar su primera guitarra eléctrica *"Como todo comienzo el nuestro fue duro, ya que no teníamos la noción de lo que era un conjunto ni tampoco teníamos nuestros respectivos instrumentos (...) gracias a unos ahorros y a la ayuda de mi madre logré comprar una guitarra Eko por 300 Bs. ¡Un dineral, para aquella época!".*
Carlos Morean s/f.

"La primera batería que tuve era casi de juguete, marca Lefima".
- Rafael "Pajarito" Pimentel 04/05/2011

Ahora el grupo con 2 guitarras eléctricas, un solo amplificador y sin una batería adecuada, ensayaban todos los días, todo el día. **Los Beatles** eran sus ídolos, pero también respetaban y admiraban a grupos venezolanos como **Los Dangers, Los Impala, y Los Supersónicos**. El poco dinero que ganaban lo gastaban en discos de esos grupos para ir aprendiendo de ellos.

EL PRIMER CONTRATO

"... Un día mientras estábamos ensayando, una señora que estaba de visita en casa nos preguntó cuánto cobramos por tocar en una fiesta en la Urbanización de Colinas de Santa Mónica en Caracas. Le pedimos 120 bolívares y así fue como conseguimos nuestro primer contrato (...) Ese día alquilamos una batería en la Asociación Musical que nos costó Bs 40. El taxi para el transporte de los equipos ida y vuelta nos salió en Bs 60. quedó Bs 20 para los cuatro, 5 Bs a cada uno (...) Tocamos 12 canciones esa noche, más que nada de grupos mexicanos, de Los Sonámbulos y de Los Locos del Ritmo. Había que tocar 6 sets. Así que alargamos y repetimos las canciones. No sabíamos más."
- Augusto Delima s/f.

MAYO - EL CLUB MUSICAL

A pesar de todos los temas grabados previamente por diversos artistas y de todas las presentaciones tanto en radio como en televisión; Existe un punto en nuestra historia donde podemos decir con toda certeza "Aquí es donde comienza", y ese "pistoletazo" de partida le correspondió a "Los Supersónicos" un 1ro de mayo con su aparición en el *Club Musical*.

Los Supersonicos. Foto cortesía de Pedro Quintero

"Lo primero que habría que considerar, fue el repentino salto del grupo que ya venía siendo noticia por las caravanas en Caracas, como consecuencia de la gran multitud de muchachas y muchachos en actitud rebelde y escandalosa que nos seguían para bailar en el medio de la calle mientras que nosotros tocábamos, hasta que la policía nos hacía correr para mudarnos a otros sitios"
Alexis Hernández-Hidalgo 01/09/2012

Aunque esta "rebeldía" de la que habla Alexis Hernandez hoy más bien sería vista como una travesura de muchachos hay que recordar que en esos tiempos la policía lo consideraba una auténtica alteración del orden público

" Un día nos presentamos en las puertas de Radios Caracas Radio mientras se radiaba un programa musical juvenil con Alfredo José Mena, quien lo transmitió desde la calle, junto a nosotros, causándose una gran tranca automovilística, muchos muchachos detenidos y nosotros escondidos dentro de la estación (...) Esto hizo, que Alfredo José Mena, como locutor y animador de la época, nos llevara a Radio Caracas Radio y posteriormente permitió que fuéramos presentados en Radio Caracas TV, en un programa musical el cual era amenizado por Renato Salani y su conjunto, El programa se llamaba "Hipocampo"; pero a consecuencia de la algarabía que formaron nuestros seguidores en el programa, Renato Salani se disgustó y se fue del programa, por lo que bajo la dirección de Chelique Sarabia y la animación de Alfredo José Mena nació el "Club Musical", contratando a Los Supersónicos, como el grupo o banda exclusiva del programa".
Alexis Hernández-Hidalgo 01/09/2012

"llegado ese punto se planteó la cuestión de ¿cómo iban a mantener la audiencia con nosotros solos y como nosotros íbamos a tener suficiente repertorio? porque era un programa para tocar en vivo media hora todos los días. Entonces, entre Chelique Sarabia, Alfredo José Mena y nosotros, surge la idea de invitar a todos los grupos que están en caracas y en Venezuela para que vengan a tocar. A partir allí, comienza Alfredo José Mena a invitar a todos los grupos que quieran tocar, que llamen a la oficina de Chelique Sarabia y pidan ser presentados, ya serían invitados del programa" (...)

Simultáneamente, también empieza correr el rumor de que en diferentes ciudades del interior y en especial en el Zulia había muy buenos grupos, nombran a varios grupos y entre ellos a "Los Blonder" y a "Los Impala" (...) En otra ocasión, se presenta Cherry Navarro (q.e.p.d.) cantando con nosotros y en ese mismo programa, se anuncia que se va a presentar en el Zulia, por lo que Alfredo José Mena anunció "Atención al Zulia y al grupo "Los Impala", que estén pendientes, que Cherry Navarro iba a llevar los Pasajes para ellos" y se anuncia a la audiencia que los Impala se presentarían como invitados del Club Musical y que así mismo se les pedía a todos los grupos del interior que quisieran venir a que se contactaran con el Programa (...) En el Club Musical estuvimos un poco más de un año, luego, fuimos contratados con carácter de exclusividad por el Club del Clan, a través del canal 8. Sin embargo, Se podría decir que casi todos los grupos ya formados en Caracas y la gran mayoría de los del país, se presentaron en el Club Musical. Ese programa, sin duda fue el percutor que disparó a los grupos y cantantes de Rock en Venezuela".
- Alexis Hernandez-Hidalgo.28/09/2012

LOS IMPALA 2.0

Recuerdo que estábamos Francisco Belisario y yo en un local llamado "El Papagayo" por allá por la avenida Cecilio Acosta de Maracaibo y estábamos viendo "El Club Musical" en un televisor que tenían allí, estaban tocando "Los Supersónicos" cuando de repente el animador: Alfredo José Mena anuncia "Atención, Los Impala de Maracaibo, están invitados a participar en el Club Musical, Por favor comuníquense con la producción del programa al teléfono...". Ahí mismo salimos "esmollejaos" a la casa de Francisco que vivía como a media cuadra y de la casa de Francisco llamamos a los estudios. El que contestó el teléfono fue Cherry Navarro. Yo le reconocí la voz y le pregunté "¿Cherry Navarro? mirá es de parte de los Impala de Maracaibo" y él me contestó "Ah! muy bien, Espérate un momentico que te voy a pasar con Chelique que está aquí", Chelique Sarabia vos sabéis, era el productor del programa, entonces ahí mismito contestó y me dice "¿Que fue Maracucho?, ¿Están listos para venir a tocar?... "Perfectamente" le contesté yo... "Bueno, entonces arranquen pa'acá para que empiecen en el programa". Dos días después estábamos allá."
- Paco Piedrafita 21/11/2012

"Un día llegaron Edgar y Francisco y me dijeron que tenían una presentación en Caracas y que, si les podía prestar otra vez los equipos y a Henry, yo les dije que los equipos ¿Cómo no? se los podía prestar pero que Henry era libre de cantar con quien él quisiera".
- José "tantán" Baptista 07/09/2011,

Y así Henry Stephen abandona "Los Blonder" para ser el cantante de los "Nuevos" Impala, los cuales quedaron conformados por:
- Edgar Alexander (Ex-Impala) en la guitarra,
- Nerio Quintero (Ex-Flippers) en el bajo;
- Francisco Belisario (Ex-Flippers) en la guitarra rítmica,
- Henry Stephen (Ex-Flippers, Ex-Blonder) como vocalista
- Omar Padauy (Ex-Tempest) en la Batería
- Pedro Alfonso al piano

La formación era entonces, un híbrido de los primeros **Impala, Los Flippers, Los Tempest** y **los Blonder.** Un curioso compendio de los primeros grupos del rock venezolano. Estos "segundos" Impala fueron el primer grupo de rock´n´roll auténticamente profesional del país, integrado por jóvenes que habían decidido hacer de la música su modo de vida y su profesión. El tiempo se encargaría de premiar la constancia y dedicación de los integrantes de esta agrupación.

Los Impala. Der a Izq. Edgar Quintero, Francisco Belisario, Nerio Quintero, Henry Stephens y Omar Padauy. Foto cortesía de Pedro Quintero

"...Con "Los Impala" fue que realmente me metí de lleno en el rock, porque además tenía la facilidad de cantar en inglés, ya que había vivido en Trinidad y hablaba muy bien el inglés y el francés" Henry Stephen s/f.

"Yo una vez le pregunté a Servando Alzatti, que es un gran amigo, si él, alguna vez se había sentido incómodo o había tenido algún problema con Edgar por seguir usando el nombre de "Los Impala" y me dijo que jamás había sentido la menor molestia al respecto, sino más bien que le estaba muy agradecido a Edgar por haberle dado vida y continuidad a la agrupación" José "Tantán" Baptista 07/09/2012

LOS BARRACUDAS

A mediados de ese año un grupo de niños de Colinas de Carrizal (Estado Miranda) conformados por Pedro Vicente PTT Lizardo (13 años) voz líder y guitarra; Humberto Enrique Lizardo (12 años) guitarra rítmica y coros; Mats Nalsen "Venenito" bajo; Eurípides Montaigne "Harmónica" y Diego Alberto Bustillos Gordo (13 años) batería. Con este grupo lograron cierta trascendencia. Aparecieron en varios programas

Los Barracudas, Imagen cortesía de Danny Torres

de TV (Canal 2 y TVN-5) y se presentaron en varias urbanizaciones de Caracas. Alcanzaron éxito con el tema "Lo Sé" (1964). el grupo se disuelven en 1967. Sin embargo los Hermanos Lizardo (Ike y PTT) estarían llamados a convertirse en pilares fundamentales del rock en los años 80 como integrantes de una de las bandas más legendarias de la historia del rock venezolano: **La Misma Gente.**

SURF CON LOS SUPERSÓNICOS

"... Ese repentino espectáculo, hizo que las disqueras se fuesen interesando en los grupos que se estaban dando a conocer, habiendo sido nosotros contratados por el sello "Souvenir", aun cuando en años anteriores se habían grabado grupos de música moderna, fue ese año en que comenzó una competencia entre los sellos disqueros por sacar el primer disco en el mercado juvenil de la Venezuela de esa nueva época y que sin saberlo marcaría a una generación, correspondiéndonos la suerte, con "Surf con Los Supersónicos".
- Alexis Hernández-Hidalgo 01/09/2012

El sello Souvenir de los hermanos Antor, se convirtió en uno de los que más apoyo dio a la música joven de Venezuela. Aprovechando la gran popularidad y difusión que **Los Supersónicos** estaban teniendo tanto en radio como en televisión, los contrata para el lanzamiento de su primer disco el cual es publicado el día 20 de mayo con número de serie 1302.

Los personajes que recuerdo de la Carátula son: Ivo bailando con Marina Rosales (en el capó del carro); en la banda (arriba en el techo) Enrique Piñero, Armando Veitia, Nelson Ruiz, Alexis Hernández; seguida por Marisabel Acero; al lado de ella (sobre la maleta del carro) Gilberto Coronel (apodado Catire) y al final Nelson Ruiz; Abajo: con camisa naranja Guillermo Saturno; Carlos Azpurua (El cineasta venezolano), Nene Lander; El Chileno y no recuerdo el nombre de las muchachas... Se me pasó el que está sentado delante de la moto: Manchi Peña."
- Alexis Hernández-Hidalgo 01/09/2012

Imagen cortesía de Danny Torres

"... A mi familia le espantaba que yo bailara en la calle, y hasta me expulsaron del colegio por bailar en la Tele (...) Yo siempre fui una rebelde... Una valiente de mi época"
- Marisabel Acero 30/10/2013

Lado A
01- Vuélvete Beethoven (C. Berry)
02- Paranoico (D.D.)
03- Lucy (Berry/Wilson)
04- Clases De Surf (D.D.)
05- Las Cerezas (Renis/Favilla/Testa)
06- Tango Azul (D.D.)

Lado B
01- Turquía (D.D.)
02- Surf De La Mujer Cruel (D.D.)
03- Surf Del Reloj (B. Wilson)
04- Yo Quiero Ser (Lennon/McCartney)
05- La Historia De Jim (Christian/Berry)
06- Introducción (D.D.)

"De los 12 surcos, el primero fue la canción que comenzaba a identificar al grupo y que terminó siendo favorita "Vuélvete Beethoven". Sin embargo, entre esas también se incluyó "Introducción" con el tema que representaba al grupo para todas las aperturas y cierre de nuestros show; pero que también fue escogido como tema para abrir y cerrar en el "Club Musical".- Otra canción grabada fue el instrumental "El Tango Azul", copiado de un grupo americano, pero que en lo adelante marcaria que todos los LP grabados por el grupo, incluirían al menos una canción instrumental semi-clasica al estilo nuestro.- Otras de las canciones "La Historia de Jim", dejó grabada la magnífica voz de Alfredo José Mena en la parte narrada de esa canción y por último mencionaría "Las Cerezas", que aun cuando era un tema de moda en la época y no especialmente surf, por sugerencias de los Hermanos Antor, fue grabada y en lo adelante también incluimos canciones de gusto general en nuestros repertorios lo que marcó en Los Supersónicos un estilo particular para todo público."
- Alexis Hernández-Hidalgo 01/09/2012

"... En cuanto a la calidad del sonido, es evidente la falta de conocimiento de nuestros técnicos ante el sonido eléctrico de las guitarras, así que el álbum tiene un fuerte sonido a "garaje". Es obvio también el costo que deja el apresuramiento, cosa que en realidad no era un factor muy relevante en ese momento debido a las técnicas de grabación de la época y la poca experiencia de los estudios de ese entonces, además de sus limitados canales de grabación (2 y monoaural) que no daba mucho para pedir (...) "Surf con Los Supersónicos" representó el logro de una contienda generacional en la época. La carátula del disco simbolizaba la imagen en las caravanas de carros de amigos que seguían a "Los Supersónicos", montado sobre los carros al llegar en medio de cualquier calle de caracas "rock y bailar" era un mensaje de rebeldía."
- Alexis Hernández-Hidalgo 24/08/2012

Los Supersónicos en el Club Musica. Imagen cortesía de Danny Torres

"...En los programas del Club Musical, en los que por lo menos una vez a la semana se escogía un lugar como escenario, en esa foto, fue Hawai, para representar y explicar sobre el ritmo de moda "Surf"; Nosotros, vestíamos indumentaria representativa sobre tarimas y decoración hechas para la ocasión; al público se les regalaban guirnaldas y premios y, en el centro de la foto se destaca Alfredo José Mena (Q.E.P.D). La leyenda de la Contra-portada, describe una síntesis de las personas que directa o indirectamente participaron del lanzamiento de ese LP".
- Alexis Hernández-Hidalgo 01/09/2012

EL SELLO VELVET

La competencia fue intensa entre los sellos disqueros por explotar la nueva moda de los grupos juveniles. Es así como el sello Velvet contrata a tres de las mejores agrupaciones del naciente rock venezolano: Los **Dangers, Los Dinámicos y Los Impala**, grabándolos a mediados de ese año y publicando sus discos con un orden correlativo:

- **Los Dangers** - Los Ases del Sourf! (Velvet LPV 1181)
- **Los Dinámicos** - Aquí... Los Dinámicos (Velvet LPV 1183)
- **Los Impala** - Conozca a Los Impala (Velvet LPV 1184)

LOS "PELIGROSOS" ASES DEL SOURF*

El grupo **Los Dangers** se forman en 1963 con los siguientes integrantes:
- Rafael Peñalver (guitarra líder)
- Pedro Perdomo (segunda guitarra, voz)
- Adolfo Moya (bajo)
- Francisco García (piano) y
- José Pérez Barreiro "Peque" (batería).

Comienzan presentandose en la Hermandad Gallega de Caracas, pero al poco tiempo Pedro Perdomo abandona el grupo al igual que el bajista Adolfo Moya, La sustitución la hace Francisco García quien deja el piano para encargarse del bajo. La banda gana notoriedad en la ciudad capital gracias a los toques en diferentes locales de Caracas, especialmente en el Centro Venezolano Americano,

Para 1964, **Rodolfo Márquez Van Stenis "Rudy Márquez"** (voz) se une al grupo, con Rudy como cantante participan y ganan un concurso en el programa televisivo Media Hora Sin Libros, interpretando el tema "Little Sister" que había sido popularizado por **Elvis Presley.**

Integrantes
- Mauro Toledo (Guitarra rítmica)
- Rafael Peñalver (Guitarra Líder)
- Rudy Márquez (Voz)
- José "Peque" Pérez Berreiro (Batería)
- Francisco García (Bajo)
- Músico invitado: Tony Racal

Imagen cortesía de Danny Torres
Nótese el error en la palabra "Surf"

Lado A:	Lado B:
Felicitaciones*	González
Sourf Napolitano	I saw her standing there
Vuélvete Beethoven	Pipa de la paz
Tierra maravillosa	Quiero tomar tu mano
Don´t go away	Medianoche
Nivran	Tú me excitas

Rudy Márquez, Por su parte, es uno de los pioneros del rock venezolano, comenzando su carrera como cantante en 1961 con **Los Demonios del Rock.**, pero es con **los Dangers** con quienes comienza a ganar notoriedad, principalmente por su excelente voz y su estilo. Aprovechando el boom de los nuevos grupos juveniles, el sello Velvet lanza el primer álbum de los Dangers titulado "Los Ases del Sourf*" con lo cual se pretendía mostrarlos como un grupo consolidado en el estilo musical de moda para el momento.

* Felicitaciones" es un tema de Jerry Fuller interpretado originalmente por Ricky Nelson.

"... Mientras era estudiante de medicina, Clemente Vargas Jr., (uno de los más populares disc jockeys del momento), me dijo en los pasillos del canal, que esa tarde estrenaría nuestra canción. Tenía clases de anatomía y a pesar de lo "interesadísimo" que estaba por asistir a clases, me jubilé y, en el carro de un amigo estuve como una hora, con el corazón en la boca, esperando a que sonara "Felicitaciones" Y de repente la anunció y oí los primeros compases de la guitarra de Rafael, el mejicano y luego mi voz..." Gracias te doy, por robar mi amor... etc.". En ese momento supe con certeza que yo jamás sería médico."
- Rudy Márquez s/f.

Tras la grabación de este álbum, **Mauro Toledo** deja la agrupación para formar parte del grupo "Tito Iglesias y sus Ciclones" y **Pedro Perdomo** regresa para encargarse de la segunda guitarra. Cabe destacar que todos estos álbumes también fueron lanzados por el sello Velvet en México con lo cual el rock venezolano comienza a internacionalizarse y a escucharse fuera de nuestro país.

AQUÍ... LOS DINÁMICOS

El año de 1964 es el año triunfal de **Los Dinámicos** con el lanzamiento del álbum "Aquí..." el cual los haría colocarse fuertemente en el hit parade de Venezuela

En junio de ese año el tema *Roberta* se convierte en un éxito a nivel radial impulsado por el locutor Eduardo Morel, de esa manera se lanza un mini EP con el tema *Roberta* cuya edición se se vende en su totalidad, Por tal motivo el sello Velvet otorga a **Los Dinámicos** el premio como "Mejor Grupo Joven" así como un premio por el tema *Roberta*.

Imagen cortesía de Danny Torres

"Para entonces ya habíamos logrado el éxito que buscábamos, teníamos contratos firmados hasta con un año de anticipación, ya no necesitábamos grabar mas discos"
- Augusto Bedetti – 21/02/2011

CONOZCA A LOS IMPALA

Copiando el título álbum "Meet the Beatles" lanzado en los Estados Unidos ese mismo año, el sello Velvet publica el álbum "Conozca a Los Impala" con número de serie LPV-1184.

Imagen cortesía de Danny Torres

- *Edgar Alexander 24/08/2013*

Integrantes
- Henry Stephen: Voz principal
- Nerio Quintero: Bajo
- Edgar Alexander: Guitarra y coros
- Omar Padauy: Batería
- Francisco Belisario: Guitarra
- Pedro Alfonzo: Piano

"... Este disco fue grabado en los estudios Vega que quedaban al lado de Radio Caracas en Barcenas (...) La foto de la carátula también se tomó en Radio Caracas, pero es una foto posada que no pertenece a ningún programa en particular"

Una de las primicias de este álbum es la inclusión del tema: *Introducción al Surf*. Un tema instrumental compuesto por **Edgar Quintero**, lo que marcaría la tendencia de la banda que más adelante abandonaría las versiones y solo grabaría propios temas.

JULIO
La prensa regional registra la información de que en Maracaibo se estrena la película *Sacrifico Sin Gloria,* pero la verdadera noticia fue que en el noticiero antes de dicha película se proyectó el reportaje *Llegaron Los Beatles (The Beatles Come To Town)* en el cual los venezolanos pudieron ver por primera vez **Los Beatles** tocando su música. De la misma manera el mismo reportaje es proyectado en la mayoría de las salas del país.

La beatlemanía se vió entonces amplificada por la promoción no solo radial o de prensa sino por el impacto de ver al fabuloso cuarteto de Liverpool en la pantalla grande y a todo color.

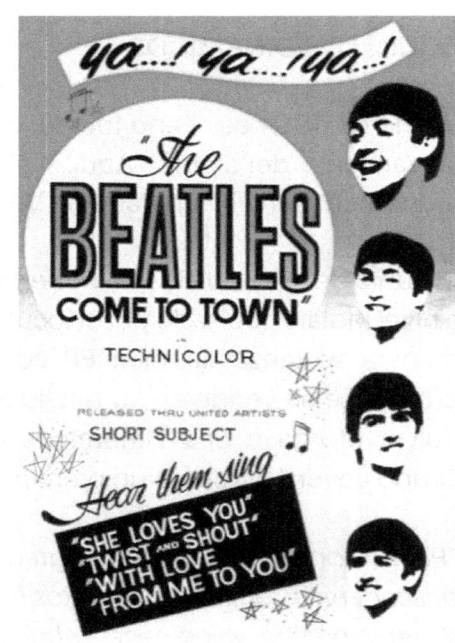

Afiche de la película "Llegaron Los Beatle"

EL HOLANDÉS

El guitarrista **Franklin Van Splunteren** llegó a Venezuela en junio de 1964 proveniente de Holanda donde había formado parte del grupo **The Vulcans**.

" A La semana siguiente de mi llegada a Venezuela fui con mi papá a visitar a mi hermana en Curazao. En Maiquetía me encuentro con otro joven con una guitarra llamado Cesar Sánchez Bello. Nos pusimos de acuerdo para vernos en la tienda de música de su tío en Willemstad. Allá, nos pusimos a tocar temas de los Shadows con las guitarras de la tienda, esto le gusto al tío, quien llamó a la TV de Curazao y un periódico. Así nace el grupo 'Egmond Stars', porque la marca de las guitarras era 'Egmond' (...) Regresando a Caracas, al mes fui con mi padre a Maracaibo,

Las Estrellas Egmond.
Foto cortesia del Dr. Cesar Sanchez Bello

donde me trataron muy bien, y llegue a conocer y tocar con varios de los músicos de allá como Bob Bush (de los Impala) y Tantán (José Batista) de los Blonder."
- Franklin Holland 12/02/2011

Ambos jóvenes (Franklin y Cesar) se convertirían más adelante en protagonistas de nuestra música juvenil.

DESAPARECEN LOS MIGS

Los Migs es una de esas bandas legendarias del naciente movimiento de rock en nuestro país debido a que por sus filas pasaron músicos que posteriormente formarían parte de grandes bandas de los 60´s como Los Claners (Oswaldo de la Rosa, Adib Casta), Ladies WC (Adib Casta), Los 007 (Oswaldo de la Rosa, Germán Suárez). Los Migs llegan a grabar un sencillo (2 temas) para un sello disquero dirigido por el productor alemán Stanley Steinnhouse, pero antes de su lanzamiento el grupo se separa y su única grabación nunca es publicada.

En marzo 2011, El conocido locutor, productor y director de radioemisoras: Alfredo Churión hizo pública una grabación realizada en 1963 titulada "Shangle" de los Migs en el programa de TV "El Club Musical" *"...Oye vale ¡Que vaina tan buena! ¡Casi que lloro!... Si... fue en ese programa, pero me matan y no recuerdo qué canción es esa. Tocábamos muchos instrumentales entonces... se oye el nerviosismo en las voces. Lástima que no hay video... Qué bueno escuchar la voz de Adib... me trae gran recuerdo... no me hubiera imaginado nunca oír eso... hace casi 50 años"*
- Oswaldo de la Rosa. 27/02/2011.

Y APARECE CAR MARTIN

Carlos Martínez Montenegro llega a Venezuela en el año 1963 y comienza a presentarse como solista con el nombre artístico de Car Martin. pronto comienza a buscar músicos para formar su propio conjunto. *"... Eran tantos los comentarios que me llegaron sobre el gran potencial de un guitarrista al que se le decía Johnny Twist, que me sentí intrigado y tuve que buscarlo... Adib estaba ensayando por prados de María con una banda llamada Los Migs y yo le ofrecí formar un grupo profesional".*
- *Carlos Martínez s/f.*

"Cuando Car Martin le hizo la propuesta a Adib para que se fuera a trabajar con él, Adib la aceptó siempre y cuando me fuera yo también, entonces Car aceptó".
- *Oswaldo de la Rosa s/f.*

"...Para mi resultó estupendo porque también buscaba un bajista"
- *Carlos Martínez. s/f.*

De esa manera a mediados de 1964 "Los Migs" dejan de existir para formar un grupo el cual simplemente no tuvo nombre: Integrado por: Car Martin: Guitarra y Voz, Adib Casta: Guitarra Líder, Oswaldo de la Rosa: Bajo y Lucio: Batería

UN HOLANDÉS PELIGROSO

Por un corto tiempo, "El Holandés" Franklin Van Splunteren se une al grupo "Los Dangers" en el momento en que Mauro Toledo abandona la banda para formar parte del grupo de Tito Iglesias y sus Ciclones..."*...No sé si quieres mencionar mi pasantía por "Los Dangers" con "Peque" y Pedro, aunque no me acuerdo de cuánto tiempo fue... No me acuerdo si llegamos a tocar en vivo..."*
- *Franklin Holland 01/10/2012*

EL CLUB DEL CLAN - AGOSTO

Fue un programa de la televisión argentina, que logró crear "franquicias" en varios países de América Latina, En dicho programa se presentaban diversos cantantes y agrupaciones de la "nueva Ola" quienes por lo general cantaban los éxitos de grupos norteamericanos y europeos, pero en español, logrando así un "rating" enorme *"...El Domingo 16 de agosto de 1964 se inauguró el canal "Cadena Venezolana de Televisión CVTV". Richard y yo nos acercamos por allá, teníamos una idea para un programa de TV que se llamaría "Los Brothers", porque así era como nos conocían para entonces, pero cuando comenzamos a plantear nuestras ideas, los ejecutivos del canal nos dijeron que en Argentina ya había un programa así llamado "El Club del Clan". Así que como nosotros éramos productores y el programa era todo un éxito en Argentina, ¿por qué no hacerlo nosotros aquí en Venezuela?"*
- *José Hernández 05/05/2012.*

TITO IGLESIAS Y SUS CICLONES

"... Teníamos como dos meses ensayando con Car Martin cuando Mauro Toledo (de los Dangers) nos ofreció a Adib y a mí, que formáramos parte de un grupo que acompañaría a Tito Iglesias cantante y saxofonista argentino, quien había sido contratado para un programa musical juvenil llamado El Club del Clan.
- Oswaldo de la Rosa 27/02/2011.

"... Ese programa arrancó el 29 de agosto en la CVTV canal 8, nos pagaban un sueldo fijo por seis meses y lo que más nos sedujo, era el hecho de convertirnos "casi" como en profesionales, ya que apareceríamos cada sábado en TV y todo lo demás. Así que le comenzamos a sacar el cuerpo a Car Martin, le inventábamos excusas para no ensayar pero en realidad nos íbamos al canal a ensayar (...) Faltando solo unas semanas para la inauguración del canal, dejaron de llamarnos para los ensayos, cosa que nos extrañó bastante, Así que faltando unos días me fui hasta el canal y me encontré que había una banda compuesta por músicos de la orquesta, yo me senté entre

Tito Iglesias y sus Ciclones. Der. a Izq. Francisco Rosalez (Batería) Tito Iglesias (Cantante) Oswaldo de l Rosa (Bajista) Adib Casta (Guitarra lider) Mauro Toledo (guitarra ritmica). En la foto. También: Rosario Prieto (animadora). Foto cortesía de Oswaldo de la Rosa

el público y me quedé a mirar lo que ocurría pero sucedió que el bajista y el guitarrista se fueron causando un problema en la grabación del programa. Yo me acerqué hasta donde estaba Mauro y le pregunté ¿por qué habían dejado de llamarnos? y él me explicó que era porque nosotros no teníamos equipo, en realidad Adid tocaba con mi guitarra y yo tocaba con un bajo prestado y no teníamos amplificadores; pero siendo que necesitaban un bajista y un guitarrista, Mauro me preguntó si estaría dispuesto a tocar. La verdad es que me porté bastante "sinvergüenza" porque, aunque podría haberlo mandado a "freír monos" lo cierto es que le dije que sí. Mauro habló con Ernesto Arraiz quien era el productor del programa y entonces me dijeron que fuera a buscar a Adib y los instrumentos y al cabo de un rato estábamos grabando. Ese día, El productor del programa, Ernesto Arraiz me dijo que ellos iban a comprarme un bajo pero que no me pagarían por 3 meses para descontar el precio del instrumento y así fue como nos convertimos en Tito Iglesias y sus Ciclones (...) El grupo éramos Adib Casta en la guitarra líder, Mauro Toledo ex guitarrista de "Los Dangers". El baterista era un músico demasiado bueno para nosotros y que era amigo de Tito Iglesias (quien nos contrató para acompañarlo), así conocimos a Francisco Rosales. Más adelante también fue nuestro baterista en "Los Claners", él era un profesional reconocido por todos como un jazzista excelente, que estaba tocando Rock'n'Roll por el dinero, pero que luego le gusto y aun lo recordamos como alguien fuera de serie, no sólo como baterista sino como persona también. (...) el grupo que teníamos en el programa se llamaba Tito Iglesias y sus Ciclones." - Oswaldo de la Rosa. 27/02/2011

LOS HOLIDAY'S

El sello Discomoda, ya había incursionado con artistas de "La Nueva Ola" con el lanzamiento de los

2 EP del grupo **Los Singers**, así que, ante el éxito de las nuevas agrupaciones juveniles, contrata al grupo **Los Holiday's** y publica el primer álbum de la agrupación con título homónimo y número de serie DCM-428.

"...El estilo era del conjunto era instrumental de guitarra, instrumentales tipo The Shadows, The Ventures pura guitarra sin voz, de repente había eventualmente algún cantante, alguien que se atrevía a cantar y entonces se montaba algún rock'n'roll cantado, pero el fuerte eran los instrumentales".
- Rurik Grassi 28/08/2012

Imagen cortesía de Danny Torres

	Lado A	Lado B
Integrantes	01- Me Quieres Más	01- Mi Cacharrito
Rurik Grassi (batería).	02- Honky Tonk	02- Memphis
Frank Kunez (guitarra)	03- Tengo Una Sensación	03- El Perro
Chosbo Steinhart (bajo)	04- Tema Para Jóvenes Enamorados	04- Jambalaya
Richard Coca (voz)	05- Algún Día	05- Harlem Español
Candy Saez (Voz)	06- ¡Fuera Del !	06- Indianápolis

De los 12 temas que componen el álbum 5 de ellos son instrumentales, destacan algunos clásicos del surf como *Fuera de !* la cual es una versión del tema *Wipe out* del grupo **The Surfaris**... de la misma manera aparece el *Tema para jóvenes enamorados* del grupo **The Shadows**, así mismo una versión del tema *Jambalaya*.

"Candy era de esa zona sureña de Estados Unidos, por eso tenía el acento apropiado para cantar "Jambalaya". Spanish Harlem la canta Candy con un gringo... dejame recordar su nombre... ¡Douglas Finley!. Él siempre cantaba escondido porque no quería que su papá se enterara. Tocábamos mucho en las fiestas del "Teen Canteen" y en la academia la castellana que era el colegio americano"
- Rurik Grassi 28/08/2012

Candy Saez.
Foto promocional

Para ocultar la presencia de Douglas Finley, en el disco se acredita a Richard Coca el dúo con Candy Saez. **Los Holiday's** llegan a posicionarse bastante bien dentro del panorama musical venezolano con el tema *Mi Cacharrito*, una versión al español del tema del mismo nombre original del Brasileño **Roberto Carlos**.

LOS SHARKS

Los primeros Sharks los fundé yo junto con otro amigo llamado Jesús Alberto, después conocí al baterista Ulises Guiliano y como yo vivía en la urbanización El Bosque de ahí también estaba Héctor Rufino Blanco Fombona y hacía falta un bajista y entró Eduardo González alias "Filipitrí", poco tiempo después metimos a otro integrante llamado Carlitos, porque el cantaba la canciones movidas y Héctor cantaba las románticas, en ese tiempo también nos acompañó Ivan Loscher que era nuestro presentador, pero algo así como de pana, así tuvimos algunas presentaciones y la verdad no recuerdo qué pasó pero yo me salí y no seguí con la música (...) Después supe que tenían otros integrantes, entre ellos un guitarrista fabuloso que creo que se llamaba Alejandro y un baterista llamado Freddy. (...) Ellos grabaron En El Autocine en donde aparece el tema Detén la noche que yo la había montado con ellos antes de los 007."
- Guillermo Berincua s/f.

Los Sharks. Foto cortesía de Guillermo Berincua

Imagen cortesía de Danny Torres

Los Sharks estuvieron manejados por Iván Losher, quien se convirtió en uno de los mas destacados locutores e impulsor de la música rock en el país. posteriormente se convertiría en uno de los más exitosos locutores de Latinoamérica. El álbum *En el Autocine* fue publicado por el sello fonograma con número de serie FLP-769. Curiosamente esta agrupación experimentó mezclando los sonidos del naciente rock con los ritmos del Caribeños (Chachachá, Bolero, Merengue).

El grupo también lanzó un EP con idéntica carátula, pero con número de serie FEP-3016. El cual solo contiene los temas: *Tren solitario, La raspa, Contento estoy* y *Detén la noche.*

A pesar del aspecto innovador que consistió el experimento de combinar diferentes géneros musicales, el álbum no tuvo mayor éxito, aunque sigue siendo interesante para escuchar.

SEPTIEMBRE

El miércoles 02 de septiembre se presenta el grupo **The Trashmen**, creadores del tema *Surfin' Bird* en el programa *El Club Musical* por RCTV con animación de Alfredo José Mena.

"Cuando los Trashmen se iban de regreso a USA, nosotros le compramos los equipos y así Los Impala pasamos a tener el mejor sonido que había para el momento"
- Edgar Alexander 30/09/2012

"Después que Los Impala le compran los equipos a "The Trashmen", nos fuimos a Caracas a buscar los equipos de Los Blonder que les habíamos prestado, eso fue en septiembre del 64" - José "Tantán" Baptista

The Trashmen
Foto cortesía de Jorge Pizarro Pineda

LOS BARRENDEROS

"... El nombre de Los Barrenderos viene del grupo The Trashmen quienes fueron muy exitosos ese año. A mediados de 1964 nos reuníamos algunos amigos: Luis Ugarte, Pascuale Amendolara, Leonardo Milano, Tito Falsone, Tony Selvaggio y a veces Adib Casta y tocábamos en matrimonios y bautizos, luego en "templetes" en Petare, Chacao, Los Dos Caminos".
- Tony Selvaggio 13/05/2012

Luego de su paso por **Los Dangers**, Franklin ingresa al grupo junto a Tony Selvaggio, (Voz), Marco ¿? (Guitarra), jean-Claude Gosselain (Bajo)., el cual hace apariciones de manera regular en los programas *Ritmo y Juventud*, Canal 13 y el *Club del Clan*, alternado con grupos como **Los Claners** (en VTV) y **Los Impalas** (en RCTV).

"... En el 64 entró Marcos y Franklin, Jean Claude Gosselain, Kiki Gosselain, tocamos en The Teen Canteen en el Bosque, en el Cine La Castellana, en el Faro de los Teques, La Hermandad Gallega, en los Palos Grandes también en el Círculo Militar junto a Los Impala, en el hotel Tamanaco donde conocí a Wofgang Vivas cuando ya cantaba con Los Holiday´s. En el Club Táchira y también en la inauguración del Canal 13 junto a Tito Iglesias del Club del Clan, en el show de Renny Ottolina y estoy seguro que Franklin se recuerde un poco más."
- Tony Selvaggio 13/05/2012

Los Barrenderos Octubre 1964:
Foto cortesía de Franklin Van Splunteren

El grupo **Los Barrenderos** estuvo conformado por
- Luis Ugarte (Batería)
- Franklin Van Splunteren (Guitarra)
- Marco ¿? (Guitarra)
- Tony Selvaggio (voz)
- Jean-Claude (bajo).

UN VÁNDALO LLAMADO CAR MARTIN

Mientras Adib Casta y Oswaldo de la Rosa formaban parte de **Los Ciclones de Tito Iglésias.** Car Martin entabla buena amistad con los miembros del grupo **Los Dangers,** y junto a José "Peque" Pérez Barreiro (Batería) y Adolfo Moya (Bajo) conforma un trío que bautizaron con el nombre de **Los Vándalos** quienes llegaron a grabar un 45 rpm ese mismo año de 1964 para el sello Ronde.

Imagen cortesía de Ricardo Mena

"...Los Vándalos grabaron los covers del tema My Bonnie, dado a conocer internacionalmente por Tony Sheridan con The Beatles y versionado el mismo año por Los Impala y el estándar instrumental Tango Azul (Blue Tango) popularizado por The Ventures en 1961 y también versionado por los venezolanos "Los Supersónicos" en su álbum debut del mismo año 1964".
- Ricardo Mena

LOS IMPALA - LA VI PARADA ALLÍ

Los impalas se apoderan de las carteleras musicales con el tema *La vi parada ahí* una versión en español del tema *I Saw Her Standing There* original de **Los Beatles,** logrando permanecer en la lista de éxitos durante 17 semanas. Convirtiéndose en un himno generacional. Es interesante destacar que que **Los Dangers** también lo grabaron en su primer disco, aunque en inglés, quizás la barrera del idioma haya sido la razón por la cual la suerte terminó favoreciendo al grupo zuliano.

LOS DARTS - DEBUT FRENTE AL PÚBLICO

Mientras **Los Impala** se convierten en dueños de las carteleras éxitos; **Los Darts** dieron sus primeros pasos frente al público

"Recuerdo que un periodista del Diario La Verdad nos contrató para tocar en el Club Táchira".
Carlos Morean s/f.

"Lo del Club Táchira fueron los días 17/09/1964 y 24/09/1964 - Tengo el recorte de prensa"
- Augusto De Lima 08/05/2011

20 DE NOVIEMBRE - SUBASTA DE CANCIONES

Se realiza en el Teatro Municipal, la *Décima Gran Subasta de Canciones* a beneficio de la Lucha Contra el Cáncer. Con la participación (entre otros artistas) de **Los Supersónicos, Los Dangers, Los Impala, Los Jaguar 's, Los Dinámicos, Tito Iglesias** y **Cherry Navarro**. Ese año, el evento contó con la animación de los locutores: Alfredo José Mena, Clemente Vargas Jr. y Armando Palacios.

DICIEMBRE

"...Después nos presentamos en un programa que se llamaba Al compás de lo Nuevo en Tele 13 de Valencia".
- Carlos Morean s/f.

Los Darts se presentaron en el programa cobrando la suma de Bs. 300 alternaron en dicho programa, con los hermanos O'Brien.

Los Darts en el canal 13 de Valencia. Nótese la decoración Navideña. Izq a Der, Carlos Morean (Gt) Rafael Pimentel (Bt) Augusto de Lima (Gt) y Oscar Franco (Bj) Foto cortesía de Augusto de Lima.

LOS HERMANOS O'BRIEN

Se trata de una familia de telentosos hermanos, todos ellos hijos del conocido pianista Pat O`Brien.

Los hermanos O'Brien: Marlene O`Brien (la mayor, Cantante y Bajo), Gary O`Brien (el mayor, Guitarra y coros), Kenny O´Brien (Organo y voz) y Brenda O´ Brien (la menor, Batería), ya desde el año de 1963 habian estado girando en el mundillo artístico de la ciudad capital.

Luego de su presentación en el canal teletrece de valencia consiguen un contrato para viajar a Buenos Aires por 15 días contratados por el Canal 13 de la TV argentina. A pesar de su gran talento, no sería sino hasta finales de la década cuando los hermanos O'brien saltan a la fama a nivel nacional con el nombre de "Las 4 Monedas"

Los Hermanos O´Brien. Foto cortesía de Kenny O´Brien

ÉXITOS DEL JR.

El gran locutor Clemente Vargas Jr. A través del sello Odeon presenta una selección de los éxitos internacionales del momento, lo cual nos permite tener una aproximación bastante acertada de lo que sonó en el país desde otras tierras.

Imagen cortesía de Danny Torres

EL HIT PARADE DE VENEZUELA

Imagen cortesía de Danny Torres

Por su parte el locutor Eduardo Morel presenta una selección de los éxitos de nuestros artistas nacionales de ese mismo año. Vemos que, en este caso, solo el grupo **Los Dinámicos** aparece como representantes de la música moderna, lo cual hace suponer que la selección de los temas obedeció al intento de cubrir el mayor mercado generacional posible, pero al mismo tiempo extraña la ausencia de otros exitosos del mismo sello como **Los Impala** y **Los Dangers.**

ADIÓS AL 64

El año 64 se caracterizó por el Boom de las agrupaciones musicales juveniles y sus discográficos.

A los efectos de estudio o discusión académica, se puede considerar este año como el verdadero inicio del movimiento musical juvenil en el país, ya que a diferencia de las agrupaciones que habían aparecido en años anteriores, estos nuevos grupos estaban integrados por jóvenes más enfocados en interpretar la nueva música que llegaba de los países anglosajones.

Las agrupaciones de bajo, guitarra, batería y voz comenzaron a desplazar a las agrupaciones de música tropical y en la mente de esos jóvenes el sueño de convertirse en estrellas del rock´n´roll comenzó a convertirse en una posibilidad real.

A partir de aquí comenzó una curva ascendente tanto en la aparición de nuevas agrupaciones como en la producción discográfica de estas.

El año 64 no fue el final de un ciclo, fue más bien el inicio de algo completamente nuevo.

Página intencionalmente en blanco

1965

La Era Dorada
del Pop en Venezuela

Página intencionalmente en blanco

LA ERA DORADA

Se puede decir sin duda alguna que el año 1965 representó el comienzo de la *Era Dorada del Pop en Venezuela*. Ya para entonces la música juvenil poseía una fuerte presencia tanto en la radio como en la televisión venezolana. Los medios de comunicación dieron una fuerte y activa promoción a las nuevas agrupaciones juveniles. La Beatlemanía ya había contagiado al mundo entero y Venezuela no fue la excepción. En Caracas se estrena la película *A Hard Day´s Night*, (el primer film de **The Beatles**), con el nombre de *Yeah, yeah, yeah*, dando origen así a la expresión "Ye-Ye". **Los Beatles** se convirtieron en los maestros de la nueva música y todo lo que hacían era inmediatamente aprendido por nuestras agrupaciones.

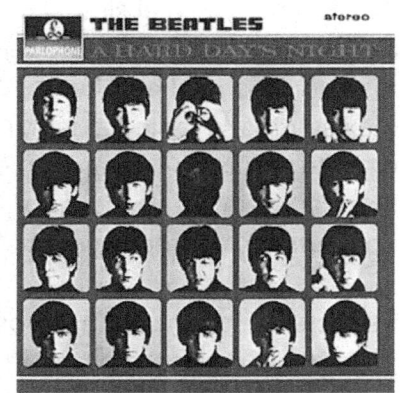

Imagen Cortesía de Discogs.com

Por otra parte, existió una fuerte competencia entre los distintos canales de televisión, cada canal tuvo al menos un programa dirigido al público juvenil: Venevisión transmitió el programa *Ritmo y Juventud,* animado **Franklin Vallenilla** y por el cual también pasó **Gilberto Correa, Edgar Jiménez y Winston Vallenilla** (Padre), este último a su vez conseguiría su propio programa llamado *Al compás de lo nuevo*. En otro canal, Radio Caracas Televisión lanzó *El Club Musical* con *Alfredo José Mena*. La Cadena Venezolana de Televisión CVTV (Hoy en día Venezolana de Televisión VTV canal del Estado), el cual para entonces era un canal de televisión privado, Lanzó la franquicia del programa *El Club del Clan* conducido por los hermanos **José Hernández y Richard Herd**, quienes ya antes habían producido el programa *Media hora sin libros*. Incluso el canal tele trece de Valencia tuvo un programa enlatado llamado *Hollywood a Go Go* el cual venía grabado desde los Estados Unidos y el cual era presentado por **Winston Vallenilla y Capy Donzella** mostrando las agrupaciones y los temas que hacían furor en el país norteño. Radio Caracas Televisión también tuvo un enlatado llamado *Shinding*, en el cual se presentaban los artistas internacionales más importantes del momento. Gracias a estos enlatados, en Venezuela pudimos conocer la actualidad de la música pop internacional. Posiblemente éste fue uno de los mejores momentos para la música juvenil venezolana en cuanto a su presencia en los medios. Todos los canales tuvieron su segmento juvenil y en ese momento el *Rock* (llámese *Nueva Ola, twist, Surf, Ye-Ye o Go-Go*) fue sinónimo de juventud. Incluso el prestigioso Show de Renny presentó en este período histórico al ídolo del Rock español, **Miguel Ríos** y contrató en exclusiva al grupo **Los Claners**.

Las empresas discográficas aprovecharon este boom y comenzaron a producir discos de los principales grupos juveniles de Venezuela; Ya para entonces los productores discográficos había conseguido una fórmula que garantizaba buenas ventas y esta consistía en presentarle la lista de éxitos internacionales a las agrupaciones, estos elegían los temas que más les gustaban y procedían a realizar la correspondiente versión en español y así, guiados por su inocencia y motivados por lo novedoso que resultaba el hecho de grabar un disco, la mayoría de los grupos terminaron convirtiéndose sin darse cuenta en "máquinas de copiar" aportando a los discos tan sólo su entusiasmo, su talento y la frescura de sus interpretaciones. Como estudiantes que faltaron a un día de clases, las agrupaciones se ponían al día incluyendo en sus repertorios temas del viejo rock´n´roll, versionando a **Chuck Berry** y **Little Richard** principalmente.

¿RETROCESO?

Adentrados ya en el siglo 21, los canales de televisión ya no contaban con espacios dedicados al acontecer musical, nuestros grupos y sus fans se enteran principalmente por las redes sociales y los servicios en línea como Youtube, spotify o Apple music. Las disqueras son prácticamente inexistentes, la radio ha dado paso inexorablemente al Podcast y los remanentes de los principales circuitos radiales no parecen estar interesados en la promoción de los artistas y la música parece ser más bien un "accesorio" utilizado para permitir el descanso de los locutores quienes han convertido sus programas en "Talk Shows".

Es increíble cuánto han retrocedido nuestros medios de comunicación en lo que respecta a la promoción musical a pesar de la gran cantidad de nuevos artistas y del inmenso talento nacional.

ENERO - LOS HOLIDAY´S

Luego de la salida de Candy Saez, **Los Holiday´s** ingresan un nuevo cantante quedando conformados de la siguiente manera:

- Voces: Richard Coca y José Fortoul
- Guitarra: Frank Kunez
- Bajo: Chosbo Steinhart
- Batería: Rurik Grassi

Con esta alineación graban su segundo álbum, el cual (al igual que su disco anterior) solo se identifica por el nombre de la agrupación, bajo el sello Discomoda con número de serie DCM 4, lanzado en enero de 1965

Imagen Cortesía de Danny Torres

Lado A
01- Do Wah Diddy Diddy
02- El Día Que Tú Partiste
03- Lucila (Lucille)
04- Caminando El Perro
05- Baila La Yenka
06- Candy Man
07- Hablando De Tí

Lado B
01- No Me Provoques
02- Baila La Yenka
03- Ahí Viene Miss Molly
04- Me Siento Bien
05- El Día Que Tú Partiste
06- Stay
07- Buena, Bella y Dulce

"...En este disco incorporamos algunos rock´n´rolls "clásicos" como Lucille y Good Golly Miss Molly (ambos de Little Richard) ya que comenzamos a descubrir la música que se había hecho antes (...) La disquera nos ayudaba con la selección musical, básicamente nos decían "esto es lo que está sonando en tal sitio" y nosotros veíamos si lo grabamos. El caso de la Yenka fue más bien una imposición directa de la disquera, incluso la colocaron 2 veces en el disco, una de las versiones es acelerada lo cual no nos gustó para nada". - Rurik Grassi 23/09/2012

LOS IMPALA

Después del éxito de *La vi parada allí,* **Los Impala** lanzan en enero de 1965, su segundo álbum. Bajo el sello Velvet con número de serie LPV-1199

- ↓ Voz: Henry Stephen
- ↓ Guitarra & Coros: Edgar Alexander
- ↓ Guitarra & Voz: Francisco Belisario
- ↓ Bajo & Coros: Nerio Quintero
- ↓ Batería: Omar Paduay
- ↓ Piano: Pedro Alfonzo

Imagen Cortesía de Danny Torres

Al igual que en su disco debut, Los impalas repiten la fórmula incorporando temas propios junto a temas de **los Beatles**. De los 12 temas del álbum 5 son propios, 3 de Lennon-McCartney y 4 de otros diversos artistas. El tema *Muevanse Todos (Twist & Shout)* se convirtió en éxito al año siguiente, en 1966, cuando la Beatlemania alcanza su punto más alto en nuestro país.

Lado A
01- Larguirucha Sally (Little Richard/Quintero)
02- De Mi Para Ti (Lennon/McCartney/Quintero/Belisario)
03- Triste (Edgar Quintero)
04- El Caminante (Edgar Quintero/Henry Stephen)
05- El Salto Del Conejo (Edgar Alexander)
06- Quiereme (Edgar Quintero)

Lado B
01- Muévanse Todos (Belisario/Dee)
02- El Niñito (Lennon/McCartney/Quintero)
03- Desafinado (D.R.)
04- Compláceme (Lennon/McCartney/Quintero)
05- El Conejo (Edgar Quintero/Francisco Belisario)
06- La Guitarra que Llora (Ventures/Quintero)

MÁS DE LOS SUPERSÓNICOS

1965 es el gran año del grupo **Los Supersonicos,** quienes lanzan no uno, sino dos álbumes, el primero de ellos titulado *Mas de los Supersónicos* lanzado por el sello Souvenir a principios del año 65 con número de serie SLP-1309

Integrantes:
- Esteban Ruíz: Voz lider
- Pablo Díaz "Ivo": 2da voz
- Armando Veitia: Guitarra líder y coros
- Enrique Piñero: 2da Guitarra
- Alexis Hernández-Hidalgo: Bajo
- Mauro Pérez: Claviolin
- Nelson Ruíz: Batería

Imagen Cortesía de Danny Torres

Lado A
01- La Noche De Un Agitado Día (Lennon/McCartney)
02- Aruba Maravillosa (Mauro Pérez)
03- Debí Haberlo Sabido (Lennon/McCartney/Mauro Pérez)
04- Mejor Que Nada (Mauro Pérez)
05- Dejé Mi Amor En San Francisco (Cory/Cross/A. Hernández)
06- Más (Ortolani/Olivieri)

Lado B
01- Lana (L. Peterson/A. Veitia)
02- Romance En Rusia (Bart)
03- Esa Chica Me Hizo Correr (Wilson/A. Veitía)
04- De Mí Para Tí (Lennon/McCartney/A. Veitía)
05- No Me Esperes Esta Noche (C. Perkins/A. Veitía)
06- Oh Mi Vida (Lennon/McCartney/A. Veitía)

"...En efecto, esos fueron grandes años para Los Supersónicos... Poco después de haberse grabado el primer LP, casi seguido grabamos el segundo "Más con Los Supersónicos" en el cual se nota una gran superación musical del grupo (...) En este disco se incorporó Mauro Pérez como pianista, sin embargo trajo con él un "Claviolin", instrumento de teclas, que pienso fue el predecesor del teclado electrónico, ya que podía reproducir una gran cantidad de sonidos, y en ese disco se resalta en el instrumental "Más".
- Alexis Hernandez-Hidalgo 24/05/2012

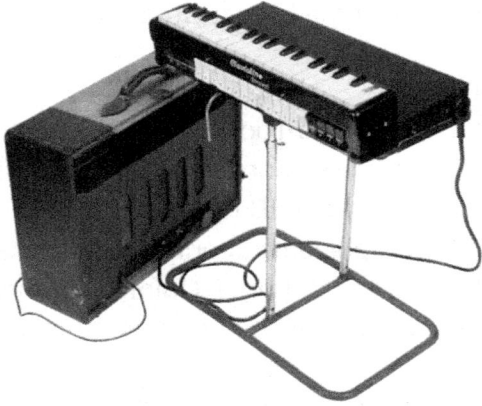

Clavioline de Mauro Perez

De hecho, en la carátula del disco se aprecia al tecladista Mauro Perez con el "clavioline". Es importante destacar que en aquellos días no existían teclados electrónicos como los de hoy y los pianistas dependían de que en el local existiera un piano para poder tocar. El Claviolin poseía 18 interruptores para la selección de los distintos tipos de sonidos, (La empresa Yamaha optaría por un sistema similar para sus primeros organos), sin embargo, al igual que los primeros sintetizadores, el Clavioline era monofonico, así que estaba incapacitado para ejecutar acordes.

"...Estábamos tan fascinados con los nuevos sonidos que se podía extraer del "Claviolin" de Mauro Pérez, como también de su calidad como músico, que además de la pieza "Más" que antes mencioné, en ese mismo LP, también grabamos las instrumentales "Mejor que nada y Aruba Maravillosa" (ambas compuestas por Mauro) y otra llamada "Romance en Rusia", tema de una de las películas de James Bond el agente 007 de ese momento".
- Alexis Hernandez-Hidalgo 24/05/2012

LOS CLANERS

Mientras tanto el programa televisivo *El Club del Clan* experimenta un cambio de piezas que desemboca en una de las más exitosas bandas del *rock* venezolano.

«...A los seis meses se acabó el contrato de Tito Iglesias por lo cual salió del programa. Mauro Toledo también abandonó el programa para seguir sus estudios y dedicarse a la odontología la cual es su profesión hoy en día, posee una gran clínica y aun nos vemos a menudo».
- Oswaldo de la Rosa 27/02/2011

Tito Iglesias ya no estaba en el programa y se requería alguien que supliera la vacante.

«...Entonces como ya sabíamos que Carlos (Car Martin) cantaba, hablamos con el productor y lo recomendamos como solista. Lo llamamos para ser el cantante solista de Los Ciclones de Tito Iglesias, pero ahora sólo acompañaríamos a los cantantes del Club del Clan».
- Oswaldo de la Rosa 27/02/2011

De igual manera, no tenía sentido que el grupo se continuara llamando **Los Ciclones de Tito Iglesias** así que para la segunda temporada el nombre de la banda cambió a **Los Claners**. Este nombre surgió por iniciativa de Ernesto Arraiz, quien era el productor del programa, para demostrar que el grupo formaba parte del programa de televisión.

Para esa época, era costumbre que los grupos musicales se integrasen a partir de las amistades entre sus integrantes, muchas veces sin importar sus potencialidades, pero en el caso de **Los Claners** coincidieron los buenos amigos con el alto desempeño musical y profesional.

LOS DARTS

«...Fue en Radiodifusora Venezuela en la esquina de cipreses donde tocamos y grabamos un "acetato". El locutor era Phidias Danilo Escalona, fue quien nos bautizó como "Los Lentudos de Venezuela", porque todos usábamos lentes».
- Augusto De Lima 08/05/2011

Nota: Phidias Danilo Escalona fue un locutor, a quien se le reconoce por haber popularizado el término «salsa» para definir a la música afrolatina.

«...Grabamos un disco con dos canciones en formato de 78 RPM. Esto se hizo en Radiodifusora Venezuela. Recuerdo que una de esas canciones era MORE (Más) que era un instrumental y otra cuyo nombre no recuerdo que cantaba Carlos».
- Augusto De Lima 31/03/2011

«...El otro tema no era cantado, era instrumental compuesta por mí y le puse el título de Menos para honrar la hermosura de la canción titulada More (Más), que aún me encanta. La grabamos en cinta de 1/4 (2 canales, todos a la vez, sin montajes y luego se pasó a "Acetato", pero existe la posibilidad de que Augusto se refiera a "Quiero decirte algo" que grabamos, ya de manera profesional, en el estudio de La Discoteca y la incluimos en nuestro primer LP... ».
- Carlos Morean 01/04/2011

«...Tengo la duda, creo que era Melodia de Amor de alguno de esos grupos mexicanos»
- Augusto De Lima 08/05/2011

Nota: *Melodía de Amor* fue popularizada por el grupo mexicano **Los Rebeldes del Rock** en 1960.

De allí, **Los Darts** dieron el gran salto al presentarse en el programa *Ritmo y Juventud*, transmitido por el canal 4 (Venevisión) y animado por Franklin Vallenilla.

20 DE FEBRERO

Los Supersónicos actúan junto al famoso actor cómico mexicano Mario Moreno «Cantinflas» en *La Gran Revista del jueves* a través del canal 8 (Cadena Venezolana de Televisión CVTV). Cantinflas sustituye a Ivo en el grupo y usa una peluca para parecer un melenudo.

Mario Moreno "Cantinflas" junto a los supersónicos.
Foto promocional

«... Ese programa tenía una audiencia enorme. sobre todo cuando se supo que Cantinflas aparecería en él, todos estaban pendientes para verlo porque Cantinflas era una estrella internacional (...) como parte de su espectáculo, él actuaría con alguno de los artistas locales que se presentarían en el programa, cuando le preguntaron con cuál artista quería actuar, él eligió a Los Supersónicos (...) Para aquella época las agrupaciones hacíamos una suerte de coreografía al salir a escena y Cantinflas hizo la coreografía al revés como si no supiera lo que estaba haciendo. fue comiquísimo, ese programa lo vió todo el mundo».
- Alexis Hernandez-Hidalgo 10/08/2013

«... Por cierto que el saco que llevó puesto Cantinflas era de Alexis Hernández bajista de la agrupación...».
- Erika Valbuena s/f

«...Para la fecha de ese show, ya nosotros estábamos en los estudios grabando nuestro tercer álbum».
- Alexis Hernandez Hidalgo 24/09/2012

MARZO

SHOW CON LOS SUPERSÓNICOS

Aprovechando el impacto que tuvo la presentación de Cantinflas actuando al lado de la agrupación, el sello Souvenir publica el álbum *Show con los supersonicos* con número de serie SLP 13-20. De esa manera los presenta como la más exitosa y excitante banda juvenil de Venezuela, convirtiéndose así en el disco de música juvenil mejor vendido del momento y el más popular de la agrupación.

Imagen Cortesía de Danny Torres

Lado A
01. Jambalaya
02. La Reina De Las Flores
03. Rosas Rojas Para Una Dama Triste
04. Quiero Hablarte
05. Hay Que Rodar
06. La Oportunidad De Julio

Lado B
07. Candyman
08. Dónde
09. Por Qué Te Vas
10. Go
11. Nunca Lo Tendrás
12. Baja

«...Este fue nuestro disco más exitoso, allí aparece Jambalaya y Rosas rojas para una dama triste las cuales llegaron a competir entre ellas mismas en la cartelera de éxitos de ese año. Sin embargo, la versión de Jambalaya de Los Supersónicos, además de ocupar el primer puesto del Hit Parade y los primeros puestos de la gran mayoría de programas de éxitos de Venezuela, también fue un gran éxito en otros países».
- Alexis Hernández Hidalgo 24/09/2012

Jambalaya es un tema que fue grabado por el cantante de música country norteamericano **Hank Williams** y lanzado en Julio de 1952 alcanzando el puesto N° 1 en la lista de éxitos country americana. El tema ha sido versionado por muchísimos artistas alrededor del mundo, incluso en Venezuela, donde había sido grabado por **Los Holiday's** el año anterior.

LOS DINAMICOS - RITMO Y JUVENTUD

Los dinámicos por su lado continuaron su racha de éxitos, lanzan su tercer Álbum *Ritmo y Juventud* Velvet LPV-1211 y ganan el «Guaicaipuro de oro» como mejor grupo juvenil de ese año. El tercer y último álbum de **Los Dinámicos** contiene una extraña selección de temas populares, algunos éxitos de **The Beatles** e incluso de *surf*. Es necesario entender que la función primordial de la agrupación siempre fue la de animar eventos sociales en lo cual llegaron a comercializarse muy bien, pero la otra cara de la moneda es que las constantes presentaciones hacían muy difícil e innecesarias nuevas grabaciones, por lo que este se convirtió en el último álbum de la agrupación.

Cara A
Plegaria de amor
  (De rodillas ante ti)
La noche de un agitado dia
No puede ser amor
Nada de nada
Changa Rock
La solución del crucigrama

Cara B
Clases de Surfin
Norma
A tí mi amor
Los dos
Hava Naglia
Deberia haberlo sabido

Imagen Cortesía de Danny Torres

«...Con el conjunto conseguimos el éxito como lo estábamos buscando, teníamos contratos en las principales fiestas, no solo de Caracas, incluso llegamos a tener contratos firmados con hasta un año de anticipación, por eso fue que dejamos de presentarnos en TV o de grabar discos, simplemente ya no nos hacía falta».
- Augusto Bedetti 2011

Aunque **Los Dinámicos** salen del foco de atención mediática, continuaron funcionando por un largo tiempo, sobreviviendo no sólo a los años 60, sino también durante los años 70 como uno de grupos los preferidos del circuito de fiestas de la capital. El grupo cesó sus actividades en 1982 debido a problemas de salud de su líder y director Bedetti.

TRINO MORA Y LOS DUENDES

Foto cortesia de Trino Mora

Trino Mora representa uno de los iconos de la música *rock* y de la rebeldía en Venezuela, su nombre es referencia obligada cada vez que se habla de los orígenes del *rock* en nuestro país. Nacido en 1946, a principios de los sesenta va a cursar estudios en Estados Unidos y entra en contacto con la música de **Elvis Presley**, **Little Richard** y otros pioneros del *rock´n´roll*. Al regresar al país se integra como cantante al grupo **Los Duendes** donde comienza a desarrollar su propio estilo.

«... Yo empecé con el grupo Los Duendes, me inicié tocando en las calles, estuve tocando en las calles como año y medio. Empezamos tocando en el callejón Berrizbéitia, en El Paraíso, de allí salíamos a recorrer la zona. Yo iba en Jeep y me rodeaban los patoteros con sus motos para protegerme, yo era el protegido (...) Pasábamos frente a la Iglesia de la Coromoto y por La Fuente, luego seguíamos hacia el este: Santa Mónica, Los Palos Grandes, y siempre con la policía atrás, también hacia la concha acústica del Parque La Paz. Al final regresábamos siempre al callejón. (...) El equipo lo llevábamos en un camión. Yo me montaba en el camión y allí la gente me acompañaba. En las casas de familia nos prestaban la electricidad: de ahí sacábamos la corriente para los amplificadores. Yo empecé a cantar duro porque mi voz estaba conectada a la primera guitarra. ¿Te imaginas? Debo haber cantado durísimo para que la gente me escuchara.

...Cuando la policía me metía en una jaula y me quería llevar, la gente rodeaba la jaula y me tenían que soltar... o la tumbaban. Era una época convulsionada, estaba el tema de las protestas estudiantiles y a la policía cualquier cosa que le sonara a "Yanqui", que fuera en inglés, le parecía peligroso, transculturizante. Veían las motos, nuestra ropa, las chamas en minifalda. Nosotros hacíamos kárate, pesas, éramos totalmente diferentes a la gente que se vestía de "caqui": la palabra que con que se nos describía era "raros"».

«... Richard Herd tenía un programa llamado El Club del Clan. Yo pensé que tenía que hacer conocer lo que hacíamos; la policía no podía seguir persiguiéndonos y que la gente no supiera que era lo que estaba pasando. Empecé a cantar allí y me quedé dos años».
- Trino Mora, conversaciones con Vicente Corostola s/f

«... Este grupo lo iniciamos Trino Mora y yo en la batería. Fue un tiempo maravilloso. ».
- Franklin Pulgar Jordan 08/08/2023

«...Los Duendes era un grupo de la urbanización "El Paraíso", ya para el año de 1965 ellos se habían disuelto, pero en el Club del Clan había un espacio que se llamaba "Trampolín a la Fama" en donde se invitaba a quien quisiera ir a competir para que cantara, los participantes se presentaban cantando sobre pistas y allí se presentó Trino, y como él es un excelente cantante pues a partir de allí se quedó en el Club del Clan».
- Alexis Hernández 23/11/2012

LA CHICA YE-YE

María Teresa Chacin (*La ChicaYe-Ye*) formó parte de «la nueva ola tardía», es decir, los artistas que surgieron luego de la aparición de **Los Beatles** y que estuvieron a medio camino entre la música Ye-ye que hoy conocemos como *beat* y la música popular internacional representada por la canción italiana y el bossa-nova. A pesar de que **María Teresa Chacin** grabó varios álbumes dentro de este género musical no se debe pensar en ella como una proto-reina-del-*rock*, ya que el repertorio seleccionado era mas bien «muy *pop*».

El álbum *María Teresa Canta ParaTi* fue publicado por el sello Palacio con número de serie LP-6155. 5 de los temas fueron

Imagen Cortesía de Danny Torres

compuestos por Chelique Sarabia quien además hace dueto con ella en los Temas *Cuantas Noches* y *Muchacha-Muchacho*. El álbum impone el tema *Y lo quiero* una versión al español del tema *And I Love her* del grupo **The Beatles** contenida en la película Help y en el álbum del mismo nombre.

Para este álbum **María Teresa** contó con el acompañamiento musical del grupo **Los Impala**.

LOS YEAH - YEAH – YEAH

Al igual que **Los Migs**, Los **Yeah-Yeah-Yeah** tienen un puesto en la historia de nuestro *rock* principalmente por ser el semillero de donde surgieron grandes figuras de nuestra musica juvenil.

«Después de 2 años viviendo en La Campiña nos mudamos a Chacao (Caracas), allí te encontrabas con mucha gente que estaba en la onda y que estaban en contacto con lo último del movimiento musical (...) Jorge, mi hermano menor, aprendió a tocar la guitarra. Él le pidió a mi padre que le comprara la guitarra y así nosotros practicábamos y cantábamos en todos lados, en las calles de Caracas, en casa de amigos, en el transporte publico, en cualquier lado.

En aquellos tiempos, los jóvenes siempre iban con la guitarra en el hombro y se reunían para hacer sesiones (descargar) e intercambiar los últimos acordes de moda... como no había videos o DVD o internet para aprender a tocar un instrumento, uno aprendía de cada quien un poco, siempre y cuando te reunieras con ese grupo (...) un día tocando en la calle con Jorge conocimos a Manolo Márquez. Él vivía frente de nosotros y nos dijo que cantaba en una banda, y así nos invito para ir a verla. Ellos vivían bastante lejos, en la parte oeste de la ciudad, en Catia. Teníamos que tomar un bus desde Chacaíto hasta Catia (como una hora de viaje), pero eso no nos preocupaba porque siempre cargamos la guitarra y tocábamos y cantábamos durante el viaje entreteniendo a los pasajeros. Ellos eran nuestro público y aprendíamos de sus comentarios.

(...) Yo fui con Manolo esta vez y conocí la banda, quedé impresionado porque tenían guitarras eléctricas de verdad y amplificadores. El bajo era hecho por ellos, pero para mí sonaba como el cielo. Ellos me preguntaron si quería cantar una canción y canté el rock de la cárcel en inglés. Quedaron bien impresionados porque su cantante Manolo solo cantaba en español y así me ofrecieron unirme a la banda para cantar en inglés. La banda tenía un baterista, una primera guitarra, un bajista, mas un guitarra rítmica y 2 cantantes. Así empecé a ensayar con ellos los fines de semana para completar un repertorio (...) Después de un año mas o menos el guitarrista de ritmo tuvo un accidente que terminó con su vida... fue muy triste para todos en la banda, pero decidimos continuar y yo más o menos pase a ser segunda guitarra. Los Beatles acababan de aparecer con su primer disco publicado en Estados Unidos, decidimos entonces convertir la banda en un cuarteto y aprendimos todas las canciones de Los Beatles».

- Charles Spiteri, conversaciones con Luis Blanco y Ricardo Mena s/f

Los Yeah, yeah, yeah. Foto cortesía de Ginés Garcia

«...Esta es una foto de los "Yeah, Yeah, Yeah", del año 1965. En ella aparecen de izquierda a derecha: Francisco "Paco" Arria (Hermano de Chema), quien tocaba la guitarra líder. Charly Spiteri Voz y guitarra rítmica, José Manuel Arria (Chema) al bajo y Frank Rojas en la batería (...) A los Yeah, Yeah, Yeah. Los vimos tocar por primera vez en La Peña de Los gatos que estaba situado en la parte superior del edificio del Cine Castellana en la Avenida Miranda frente a la entrada a Bello Campo, fue en ese lugar que hablamos con Charly para que fuera nuestro cantante».
- Ginés García 05/04/2011

«... ¡Originalmente el grupo se llamó Los Zombis, pero ese mismo año nos cambiamos el nombre a Los Yeah Yeah Yeah! después de haber visto la primera película de Los Beatles».
- Jose Manuel «Chema» Arria 09/09/2012

El grupo no deja registros discográficos, y eventualmente desaparecen al separarse Frank Rojas y Jose Manuel Chema» Arria, para mas adelante integrarse al grupo **Los Claners** mientras que Charles Spiteri pasaría temporalmente a formar parte del grupo **Los Dangers.**

LOS CLANERS SALEN DEL CLAN

A pesar de lo novedoso que era estar en un programa de televisión, el grupo comenzó a tener problemas con la producción del programa
«... Le pagaban 800 bolívares a cada artista, pero a nosotros nos pagaban 500. Nuestra molestia era porque cada artista se presentaba 2 veces al mes, pero nosotros teníamos que acompañar no a uno sino a todos los artistas, ensayar y tocar varias canciones de distintos artistas en cada programa, es decir, trabajábamos 3 o 4 veces más que cualquiera de los artistas por lo cual la paga era completamente injusta».
- Oswaldo de la Rosa 27/02/2011

«...A nosotros no nos pagaban por actuar, nos pagaban por el trabajo que hacíamos. Muchas veces grabamos las pistas para los cantantes y luego en el programa hacíamos las veces que tocábamos, porque el sonido en vivo siempre era muy malo. Muchas de las cosas se grabaron durante la semana y por ese trabajo era que nos pagaban. Yo no recuerdo que en eso estuviera incluido nuestro show que por lo general era una o dos canciones en el programa que duraba 1 hora y se transmitía los sábados en la tarde y el patrocinante era Coca-Cola (...) Yo no recuerdo cual fue la razón exacta por la cual nos fuimos del show, pero una de las razones era que Renny Ottolina nos quería, bueno no Renny, sino Enzo Morera quién era uno de los socios del Show de Renny.

El Show de Renny traía artistas internacionales pero también tenía artistas nacionales contratados fijos en exclusiva, entonces Enzo Morera consideró que el Show de Renny tenía que tener un grupo de rock-pop, así que habló conmigo y con un manager que teníamos y me preguntó que si queríamos ir a trabajar en el Show de Renny y yo dije que sí (...) además, para entonces ya en El Club Del Clan no estaba Ernesto Arraiz que era alguien con quien yo había hecho migas, pero entre Renny Ottolina y el Club del Clan, era pasar como profesional al lado de Renny y salir del Clan. Radio Caracas nos dio un local donde podíamos ensayar con aire acondicionado y se entraba por una puerta que

quedaba al lado del Bar Rico que era donde se reunían los artistas profesionales, y allí estábamos nosotros».
- Carlos Martínez 26/05/2012

«...Cuando nos fuimos del Club del Clan, Carlos trajo como baterista a Lucio (no recuerdo su apellido) porque decía que era mas rockero que Francisco Rosales y que era con quien siempre había tocado etc, etc, y como en realidad era muy bueno nosotros, Adib y yo, lo aceptamos.
(...) Después empezamos a tocar en el Bar Los Robles el cual no era muy bueno, pero guardábamos todo el dinero que ganamos allí para comprar mejores equipos que era lo que nos faltaba ya que Los Dangers y Los Supersónicos sonaban muy bien, en gran medida, debido a los equipos y guitarras que tenían'».
- Oswaldo de la Rosa 27/02/2011

MI VACA Y YO

«El sitio más cool para actuar era Mi Vaca y Yo cuyo dueño era Henry Charriere, quien escribió el famoso libro Papillon sobre el personaje que se escapó de la prisión francesa en la Isla del Diablo, él nos solía contar historias de sus aventuras, mucho antes de escribir su famoso libro. Este sitio era punto de reunión para la gente que estaba en "la onda", quedaba en la vía a Baruta y para poder entrar tenías que tener más de 18 años e ir acompañado de una dama, ese era el mejor show del domingo.

Los Impala actuaron ahí muchas veces antes de irse a España, también actuaron Los Holiday's, quienes también se fueron a España y regresaron como trío influenciados por la escena europea que habían visto en Barcelona, su guitarrista y cantante Franklin Holland, es uno de los músicos más talentosos que he conocido. Los Claners también actuaron en Mi Vaca y Yo y también fueron en un viaje corto a Nueva York, Adib tuvo la suerte de ver actuar a Eric Clapton en sus días con Cream, Adib fue grandemente influenciado por el concierto y regresó completamente cambiado, otra persona».
- Charles Spiteri, conversaciones con Luis Blanco y Ricardo Mena s/f

LOS DARTS: CAMINO HACIA EL ÉXITO

El bajista Oscar Franco deja el grupo para estudiar veterinaria en Brasil, así que se consideran varias opciones. Miguel Pimentel, hermano de Rafael Pimentel, baterista de la banda, es el candidato ideal para el puesto, sin embargo, quien entra a la agrupación es Richard Aumaitre.

«...Yo tocaba la primera guitarra con un grupo que se llamaba Los Tempest (No confundir con Los Tempest, grupo zuliano disuelto en 1963) y el hermano de Pajarito tocaba bajo en un grupo que se llamaba Los Teenagers, él era la primera opción para ocupar el vació que dejó Franco en Los Darts (...) Miguel Pimentel fue el que me enseñó a tocar el bajo, recuerdo que me prestó su bajo y me dijo apréndete esta vaina y practícalo en todos los trastes. Para mí fue un golpe de suerte porque estaba en el lugar preciso en el momento preciso».
- Richard Aumaitre 06/05/2011

De esta manera Los Darts quedan organizados como un cuarteto integrado por:
- ↓ Augusto De Lima: Guitarra Líder
- ↓ Carlos Morean: Guitarra Rítmica y Voz.
- ↓ Richard Aumaitre: Bajo
- ↓ Rafael Pimentel: Batería

Y mientras tanto, el grupo seguía adquiriendo instrumentos de mayor calidad.

«...*Luego tuve una batería marca Sonor, esta la compramos entre todos*».
- Rafael «Pajarito» Pimentel 04/05/2011

«...*Al principio Los Darts éramos principalmente intérpretes de surf instrumental, teníamos muy pocas canciones cantadas, las cuales las hacía Carlos [Morean] y yo le hacía la segunda voz*».
- Augusto De Lima 05/05/2011

«...*Recuerdo que Víctor era un muchacho que siempre iba a las fiestas en donde tocábamos en Altamira, los Palos Grandes etc, y siempre quería cantar y nos decía que lo dejáramos, aunque fuera una vez cantar una canción*».
- Ricardo Aumaitre 25/04/2011

«...*La primera actuación de Víctor fue en una fiesta en la urbanización Los Cortijos y la primera canción que cantó fue You can´t say goodbye en inglés. El hombre estaba "chorreado" pero salió bien*».
- Augusto De Lima 08/05/2011

«...*Cuando escuchamos a Víctor cantar, esa misma noche pasó a formar parte del grupo, su timbre de voz y falsetes eran únicos*».
- Ricardo Aumaitre 25/04/2011

«...*Yo escuché las voces de Víctor y Carlos en armonía, cantando entre otras Tell my Why de Los Beatles y pensé "Tenemos que tenerlo en el grupo*».
- Augusto de Lima 08/05/2011

Y así, con un nuevo vocalista, el grupo pasa a convertirse en quinteto. **Los Darts** ya eran un grupo de cierto prestigio, contaban con sus propios amplificadores y comenzaron a tocar en Mi Vaca y Yo, lugar que frecuentaba la crema y nata de los grupos musicales de la época. De la misma manera y como ya se habían presentado en la TV, fueron a audicionar para aparecer en *El Club del Clan* logrando entrar al programa, esto les dio la oportunidad de aparecer con cierta continuidad, lo cual a su vez les permitió hacerse más populares.

«… Ya habíamos aparecido un par de veces en el programa Ritmo y Juventud que se transmitía por Radio Caracas TV sin demasiado éxito. Luego aparecimos en El Club del Clan, (para esa época ya estaban Los Claners), allí hicimos una audición y nos aceptaron, eso fue un martes y nos dijeron que el sábado siguiente debíamos estar allí para presentarnos... no se imaginan el nerviosismo y la ilusión de aparecer en ese programa que era lo máximo para la época.

Ese sábado grabamos por la mañana y ya para la tarde le habíamos contado a todo el mundo que íbamos a salir en el programa. En la tarde estábamos todos sentados frente al televisor y cuando aparecimos yo pensaba: ¡qué increíble que estemos ahí!». - Carlos Morean s/f

Los Darts 1965 - Foto cortesía de Augusto de Lima

Pero **Los Darts** habían hecho «la tarea» es decir: habían trabajado duro, con disciplina, esforzándose para superarse a sí mismos como músicos. Para entonces estaban muy bien acoplados y eso se notaba. Su armonización y excelentes voces los llevó a convertirse en uno de los grupos consentidos del *Club del Clan* y a su vez en uno de los 5 grupos emblemáticos de los años 60 conjuntamente con **Los Impala, Los Supersónicos, Los Claners** y **Los 007**. Cuando el grupo **Los Claners** renuncia al *Club del Clan*, son **Los Darts** quienes pasan a convertirse en el grupo del canal.

«… Sí, éramos el conjunto de planta y teníamos que acompañar a todos los artistas del programa, Trino Mora, Nancy Ramos, Andrés Trigo, El Eléctrico Luque, etc. tengo una de las pautas».
- Augusto De Lima 08/05/2011

Los Darts en el Club del Clan. Izq. a Der. Rafael Pimentel (Batería) Richard Aumitre (Bajo) Augusto de Lima (Guitarra) Carlos Morean (Guitarra) Claudio Gamez (Organo) y Victor Gamez (Cantante) Foto cortesía de Augusto de Lima

«… En cuanto a las aventuras por así llamarlo en las noches y madrugadas en el canal 8 te puedo decir que gozábamos un mundo con las travesuras de Víctor Gámez... jugábamos haciendo guerra de clips montados en los carritos de utilería. Inclusive una madrugada echamos a perder una cámara... y al día siguiente... nadie apareció por el canal... nunca nos descubrieron».
- Ricardo Aumaitre 25/04/2011

«... Ya en el Club del Clan, compré una batería más profesional de la marca Rogers, con la cual estuve hasta que salí del grupo».
- Rafael «Pajarito» Pimentel 04/05/2011

Ese mismo año Claudio Gámez (hermano de Víctor) quien estaba estudiando en el college para ingresar en la Facultad de Medicina de Harvard vino a pasar las vacaciones y entre sus cosas trajo un órgano.

«Fue durante las vacaciones de Navidad en 1965 que por casualidad yo traje de los Estados Unidos un órgano Farfisa que para esa época era el que utilizaban grupos como las Cuatro Estaciones, Dave Clark 5, etc. recuerdo que lo puse en la sala de la casa y fue ahí que lo vieron por primera vez, creo que fue Carlos el que tuvo la idea de ver cómo sonaba junto con el grupo y en uno de los ensayos recuerdo que la primera canción que toque con ellos fue Because que llevaba un solo de órgano al principio. Como el sonido era diferente a todo lo que estaban haciendo los otros conjuntos, decidieron incluirme en el grupo».
- Claudio Gámez 25/04/2011

«Ya estábamos en el club del clan, fue a finales del 65, tengo el contrato, hubo problemas con los brothers para agregar un integrante más». Augusto Delima 08/05/2011

LOS DIONYS

Este dúo conformado por Gustavo Pérez Méndez y Dionisio (Diony) López, es relevante para el rock venezolano por la presentación del tema *Jamaica Ska* en el programa *El Club del Clan* el cual representa la introducción de dicho género musical en nuestro país. Es importante aclarar que **Los Dionys** no fueron de ninguna manera un grupo de *rock*, ni siquiera un grupo de Ska jamaiquino, sino uno de los tantos artistas de «la nueva ola tardía» de mediados de los años 60. El dúo se mantuvo activo hasta 1968,

Los Dionys - Foto cortesia de Alberto Parra Acosta

a partir del año 1973 Diony López se dedicó a la producción y dirección del *Show de Popy*, en la cual personificó a un payasito que encantó a los niños por más de dos décadas a través de RCTV y Venevisión. Diony Lopez falleció el 27 de agosto de 2010 en Caracas.

¿QUÉ ES EL SKA?

Es un género musical originado en la isla de Jamaica a finales de los años 50 y que llegó ser popularizado durante la primera mitad de los años 60. El *Ska* es producto de la fusión de la música negra estadounidense (principalmente *rhythm & blues*) con ritmos populares propiamente jamaiquinos. El *Ska* es el precursor directo del *rocksteady* y más tarde del *reggae* cuyo más grande intérprete es el legendario **Bob Marley**.

LOS BLONDER GRABAN SU PRIMER ÁLBUM

«En julio de 1965, una vez llegado a un acuerdo para grabar el primer LP, debimos hacer una exigencia adicional al Sr. Alberto Rubio, solo podríamos tener sesiones de grabación durante las noches para no interrumpir nuestra actividad estudiantil. Sin más objeciones, en agosto del mismo año empezamos y terminamos la grabación de nuestro primer LP en Fonográfica del Zulia para el sello Futurista.

Como nunca se habló de los temas ni del tipo de música a grabar, ni se nos puso limitaciones ni condiciones particulares,

Los Blonder. Foto del primer álbum

el repertorio quedaba absolutamente a nuestra discreción. Nuestra única intención (y suposición) fue que haríamos un LP solamente con música instrumental. O sea, a nuestro entender, serían 12 temas instrumentales.

Alberto Rubio era una persona de baja estatura, un poco rellenito de peso, de cuello corto, siempre vestía con camisa blanca, perfectamente planchada con almidón, pantalón oscuro de talle alto y mocasines limpios y brillantes; un personaje simpático, agradable y sonriente.

Cuando habíamos concluido de grabar las dos primeras pistas, el Sr. Rubio, después de escucharlas complacido nos preguntó feliz y confiado: "¿y quién va a montar la voz?".

Luego de un corto silencio y miradas escépticas de unos y otros, se escuchó la voz neutra y despreocupada de Bob, diciendo: "Aquí nadie canta, esto es un conjunto de música instrumental...".

Hasta ese momento duró la natural sonrisa de Alberto Rubio, tomó aire y dijo con desplante, en tono frio y asertivo:

- "Bueno...si no hay cantante, no hay grabación".

- "OK, no hay grabación" dijimos todos casi al unísono y, de inmediato, comenzamos a recoger nuestros equipos y guitarras para irnos. El promotor, ante la indiferencia y convicción de nuestra respuesta, en un sutil cambio de actitud tratando de ser más reflexivo, insistió en que cantase alguno de los cuatro (Bob, 20 años, Tantán 19, Bernardo 17 y Carlos 16) y dijo, esperando una respuesta afirmativa:

- "Uds. deben haber cantado antes... ¿sí? ¿verdad?"

- "No, nunca lo hemos hecho". Indicó Carlos con tranquilidad.

- "Además, no tenemos piezas cantadas en nuestro repertorio" Repliqué yo, un tanto exasperado.

- "¿Cual es problema con grabar instrumentales?" – Cuestionó Bernardo con aires de temprana prestancia.

Acomodándose el cuello de la camisa y armándose de paciencia, Rubio nos dijo inquisitivamente:

- "A la gente lo que le gusta es escuchar a alguien cantando... aunque no lo hayan hecho antes, ¿Por qué no prueba alguno de Uds?".

Entonces intervino Chepo Alves (Julio González):

- "Bueno, podríamos buscar a Franklin o Juancho, o traernos al negro Henry para hacer el disco, aunque ya no estén con nosotros. Pero después de grabar, ¿quién coño va a cantar las canciones en público?"».

LA DECISIÓN...

«Luego de discusiones, divagaciones y miradas cruzadas nos tranzamos (...mejor dicho aceptamos a regañadientes) para grabar 12 "surcos": 8 piezas cantadas y 4 instrumentales. Ya veríamos cual sería la solución al problema del cantante. Y así fue como después de haber grabado los primeros dos instrumentales suspendimos las sesiones nocturnas de grabación. El Sr. Rubio nos concedió una semana de plazo para "lo que pudiéramos hacer" en relación con la voz cantante, a objeto de retomar las grabaciones. No me pregunten por qué lo aceptamos, en aquel momento, para mí, fue un error acceder ante una circunstancia para la cual no estábamos preparados, pero hoy día, pienso que, al contrario, fue un bonito reto para demostrar nuestra capacidad de producción, una forzada oportunidad para mostrar creatividad y dejar nuestra huella musical, que por pequeña que parezca, hoy nos llena de orgullo.

De esa manera, en un acto "heroico sin precedentes", después de unas rápidas pruebas vocales en privado, Carlos y yo decidimos arriesgarnos a cantar, "pero juntos", dijimos a dúo.

Así se lo hicimos saber al Sr. Rubio, que no habría un "solista" sino un "dúo". ¡Imagínense la situación, solicitamos tiempo muerto en el estudio para definir cómo producir 8 canciones cantadas! sin solista y sin ninguna experiencia previa como cantantes, ni de Carlos ni mía y por si fuera poco, en el lapso de una semana!

Lo primero fue recurrir a las pocas canciones que habíamos probado en algún momento, Juancho no estaba en la ciudad, Chepo llamó a Franklin Molero quien hacía pocos meses había dejado el grupo y le pedimos que nos grabara un par de canciones como solista. Para ese momento ya Enrique (Henry) Stephen había salido de Los Blonder y estaba instalado en Caracas para dedicarse de lleno a la música con los (nuevos) Impala.

La única canción que yo había compuesto para ese momento, en realidad la primera de mis composiciones, fue Si decides ir y tuvimos la oportunidad de ensayarla y tocarla alguna vez con Franklin, dijimos:

- "Ya tenemos una!"

El mismo día que se tomó la decisión de grabar canciones cantadas le quité prestado (por dos días) a nuestro amigo Kenny Pérez un LP de los Dave Clark Five (DC5) que alguna vez me invitó a escuchar y me gustó su estilo. Además, era un grupo más desconocido que, por ejemplo: The Beatles o The Rolling Stones u otro de moda... y así no caeríamos en lugar común.

De dicho LP me gustaron 4 canciones, pero al final escogimos 3 (Tanto sufrir, Porqué y Has de llorar en versión en español), las escuché varias veces, definí los acordes y tonos a usar, yo mismo traduje las letras con la ayuda de mi hermana Vilma y las preparé para compartirlas con Bernardo, Bob y Carlos, me tocó explicarles a ellos las melodías, las pisadas y el arreglo.

Yo en realidad solo tuve la oportunidad de escuchar el LP de DC5 durante 2 días, pero los demás ni siquiera conocieron (en aquel momento, sino después de grabadas y, otros, muchos años después) ni escucharon las versiones originales, ni el disco. Probablemente Bob, por su más cercana amistad con Kenny Pérez, tuvo alguna vez en sus manos o escuchó el disco de DC5. Fue así como para montar los tres temas del susodicho LP confiamos en mi memoria, nos basamos en mi mejor conocimiento para retener en corto tiempo al menos su esencia, así como en la participación en los arreglos de Carlos, Bob y Bernardo, como siempre fue y ha sido costumbre en Blonder.

Carlos y yo, además de cantar por primera vez, tuvimos que aprendernos las melodías, los acordes y trabajar las dos voces del dúo en todas las canciones. Todo esto había que hacerlo en una semana de plazo que nos había dado Fonográfica del Zulia para continuar las grabaciones, después que hubiésemos terminado de grabar las 4 instrumentales, Hiedra venenosa, En la Playa, El Extraño y nuestra versión en rock lento de Nieblas del Riachuelo.

En esa oportunidad, conversando con Carlos le dije: "Escogí las canciones de esa banda porque siempre cantan en 2 o 3 voces, no tienen solista, tú y yo tendremos que cantarlas. Como no tenemos ni experiencia ni talante de cantantes lo haremos siempre en dúo, de manera que podamos, aunque sea someramente, compensar nuestras debilidades vocales".

Así fue. Hicimos los arreglos del caso. Nos fajamos para aprendérnoslas, prácticamente sin referencia porque ya le habíamos regresado el LP a Kenny, quien me lo exigió de vuelta "porque se rayaba muy fácilmente" (lo cual era cierto con los discos de acetato).

En las primeras de cambio, cuando las estábamos ensayando, concluimos que el tema Porqué se ajustaba mejor al estilo de Franklin Molero, así que acordamos que Franklin cantaría 2 y Carlos Tantán, a dúo, las otras 6.

¡Wow! en teoría ya teníamos 4 cantadas ¿y ahora qué hacemos con las otras 4?

- "Muy sencillo, "Las hacemos" Dijo Antonio Cuba con pasiva displicencia

- Me dije, "Bueno, no tenemos mucho tiempo, pero podríamos intentar componer algún otro tema" (para ese momento mi única composición era el tema Si decides ir). Pensé que, además, así le daríamos otro toque de originalidad al disco.

Realmente quien más me animó y ayudó con la tarea de crear y componer canciones fue nuestro gran amigo, hoy médico, Antonio Cuba, que contaba cierta experiencia escribiendo gaitas; de hecho, aunque no participó en todos los temas, ni con igual intensidad, decidimos suscribirlas todas como compuestas entre los dos, con el seudónimo: Baptista-Cuba, simulando así a la extraordinaria y genial pareja de compositores de The Beatles: Lennon-McCartney, salvando por supuesto la inmensa distancia. De esa forma, incorporamos al disco los temas cantados compuestos y arreglados por nosotros:

El día aquel, al fin, tenía que terminar e Igual para los dos ¡las 4 canciones que nos faltaban!

Inmediatamente nos concentramos durante los últimos 2 días de la semana de plazo para ensayar los 8 temas cantados, incluyendo Si decides ir. Igual tuvimos la oportunidad de ensayarlas, repetirlas y corregirlas durante el proceso de grabación, por aquello de que el método exigía tocar el tema completo cada vez que se cometía un error de ejecución».

- José Adolfo Baptista Arrieta s/f

LISTOS PARA TERMINAR DE GRABAR...

Finalmente estuvimos listos para reiniciar las sesiones de grabación en el estudio, una semana después de las discusiones sobre el contenido del disco. Con el repertorio del disco decidido y la incuestionable voluntad de los cuatro para grabar 6 o 7 canciones inéditas, y por primera vez Carlos y yo en calidad de cantantes a dúo, el LP quedó organizado con 12 números distribuidos de la siguiente manera:

4 INSTRUMENTALES:
Un arreglo inédito de Nieblas del Riachuelo (Tango de **Cobian-Cadicamo**, 1937),
Versión de En la Playa (de **Santo & Johnny**),
Versión de Hiedra Venenosa (de **The Ventures**) y
Versión de El Extraño (de **The Shadows**).

8 PIEZAS CANTADAS:
Si decides ir (composición propia)
Al fin (composición propia)
Tenía que terminar (composición propia)
El día aquel (composición propia)
Igual para los dos (composición propia)
Versión de Tanto sufrir (**DC-5**)
Versión de Porqué (**DC-5**)
Versión de Has de llorar (**DC-5**)

AGOSTO - EL GO-GO DE LOS BLONDERS

El primer LP de **Los Blonder** se lanza en agosto de 1965 publicado por el sello Fonográfica del Zulia, promovido por los sellos disqueros Puente y Futurista, titulado *El Go-Go de los Blonders* con el cual logran posicionarse con el tema *Si decides Ir* llevándolos a girar por el occidente del país, la capital, así como por las vecinas islas de Curazao y Aruba.

Integrantes	Lado A	Lado B
	01- Igual Para Los Dos	07- Si Decides Ir
José Baptista: Guitarra líder, Voz	02- Porque	08- El Día Aquel
Carlos Acosta: Guitarra ritmica, Voz	03- Hiedra Venenosa	09- Niebla Del Riachuelo
Bob Bush: Bajo	04- Has De Llorar	10- Tenía Que Terminar
Bernardo Ball: Batería	05- El Extraño	11- Tanto Sufrir
	06- Al Fin	12- En La Playa

¿LA CARÁTULA?

Imagen cortesía de Danny Torres

«Carlos, Bob, Bernardo y yo le restamos importancia a cualquier cosa que no fuera la parte musical del disco. Aunque tampoco le dedicamos mucho tiempo a la grabación, de hecho, el LP se grabó en menos de 20 horas de estudio. La primera sorpresa que nos llevamos al recibir el LP listo para la venta fue al ver la carátula, observar los colores y leer: "EL GO GO DE LOS BLONDERS", nótese la "S" añadida al final. No sabemos de dónde sacó el Sr. Rubio que el rock'n roll era como una tómbola carnavalesca, adornada en color amarillo, con gente festejando cotillón de matrimonio y bailando entre palmeras. Una grabación de un conjunto vallenato hubiera sido más apropiada para la carátula que concibió Fonográfica del Zulia. Supongo que el nombre Go Go, lo adoptó de la expresión que comenzaba a popularizarse en el ambiente de la radio o de la prensa, asumiendo que se refería a la "música moderna". También hubo otros LP's de la época y posteriores que adoptaron la misma coletilla Go Go.

Para ser honestos, creo que tampoco hubo ni un atisbo de mala intención por parte del Sr. Alberto Rubio. Realmente hizo lo que a su mejor entender correspondía para una agrupación de rock and roll. Ni él nos preguntó, ni nosotros le sugerimos nada antes ni después. Fue su mejor entendimiento de la naturaleza y estilo de Blonder... respeto a quien lo merece».
- José Adolfo Baptista Arrieta s/f

SEPTIEMBRE - LAS NEW GIRLS

La formación de grupos musicales integrados exclusivamente por chicas tuvo también su respuesta en el estado Zulia, en donde un grupo de estudiantes del Colegio Americi Academy (una escuela de señoritas) de Maracaibo, se habían organizado para amenizar las fiestas y eventos del colegio, así como fiestas familiares, sin embargo, pronto comenzaron a hacerse notorias en toda la ciudad de Maracaibo.

Las New Girls. Foto cortesía de Puly Rincón

«Las New Girls se forman por iniciativa de Maria Cristina Quiroz y Maritza Machado, ellas fueron las que comenzaron con la idea de formar un grupo de chicas».
- Nelly Machado Castellanos 09/04/2023

El grupo inicialmente estuvo integrado por:

- Linda Romero: Cantante
- Maria Cristina Quiroz = 1ra Guitarra
- Mariam Machado = 2da Guitarra
- Malva Ford, = Bajo y Cantante
- Eglee "Puly" Rincon = Batería

Todas ellas eran apenas unas adolescentes cuyas edades rondaban los 13 años

"Malva Ford es hermana de nuestro bajista Kevin Ford en el Grupo Los Pencil (la Concepción. Estado Zulia)"
Mario Barroso 11/01/2022

Sin embargo, Linda Romero abandona el grupo a tan solo unas semanas de formado, entrando al grupo la joven Nelly Machado prima de Maria Cristina Quiroz.

"Yo comencé desde que se fundó el grupo suplantando a Linda Romero que estuvo apenas unas semanas como cantante..."
Nelly Machado 09/04/2023
Es así como el grupo pasa a tener las siguientes integrantes:

- *Nelly Machado: Cantante*
- *Maria Cristina Quiroz = 1ra Guitarra*
- *Mariam Machado = 2da Guitarra*
- *Malva Ford, = Bajo y Cantante*
- *Eglee "Puly" Rincon = Batería*

Debido a lo curioso de una agrupación integrada solo por chicas, pronto se hicieron conocidas en todo el estado y comenzaron a solicitarlas desde otros lugares del país.

«Hicimos varias giras fuera de Maracaibo, Falcón y Caracas eran nuestros destinos, una vez en Coro tocamos frente a un batallón de soldados, en Caracas tocamos en varios sitios, hicimos presentaciones en el Club del Clan junto a Las Aves Tronadoras y en mi vaca y yo... para entonces teníamos apenas 13 años».
- Puly Rincón 10/04/2012

EL 17 DE SEPTIEMBRE DE 1965

Se realiza el *Primer Festival Artístico Bailable* del Sindicato de Radio y TV por Radio Ondas del Lago de Maracaibo, Edo. Zulia. Entre los múltiples artistas se contó con la participación de **Lila Morillo, Joselo, el Combo Sensacion, Los Imperials, Los Estudiantes, Deysy Espinoza y el Trio Hambay.** y por la parte de las agrupaciones se presentaron **Los Prowlers y las New Girls,"** Felipe Doffiny C 03/04/2011

«De Las New Girls, la Guitarrista líder era una Morena, y usaba una guitarra Gibson 335, recuerdo que en algunas canciones ella usaba un arco de violín a lo Jimmy Page. Imagínate ver eso por Tv en aquella época».
- Miguel Celestino 10/04/2013

EL NACIMIENTO DE UNA BANDA LEGENDARIA

«... Yo acababa de regresar de Estados Unidos con toda esa influencia de la música juvenil que había vivido allá, incluso llegué a formar parte de la banda de la academia militar y cuando regresé, me encuentro con que aquí también había una movida musical interesante y todo eso me gustó. Días después, mientras conversaba con Jorge Chapellin le comenté que me gustaría formar un grupo musical». *- Manolo Álvarez 02/09/2012*

«... Ya José Galpasoro y yo habíamos estado tocando de manera informal, José tocaba la guitarra y yo cantaba en fiestas y reuniones familiares y de amigos, así que cuando ví a José, le dije que tenía un amigo que quería formar un grupo musical y le dije ¿que tal si hablamos con él para formar un grupo?».
- Jorge Chapellin 02/09/2012

«... Esa misma tarde, fuimos a la casa de Manolo y la gran sorpresa fue que era un compañero del mismo liceo donde estudiaba yo. Allí fue que conversamos sobre formar una agrupación y Manolo dijo: "... Quiero hacer un conjunto, un grupo, pero no quiero hacer un grupo cualquiera", ese mismo dia ensayamos y quedamos en volver a ensayar la semana siguiente».
- José Galpasoro 02/09/2012

Los 007. Izq a Der. Jorge Chapellin (voz) Costantino Bertomis (Bajo) Javier Atance (Guitarra) Josè Galpasoro (Guitarra) y Manolo Alvarez (batería). Foto cortesía de Manolo Alvarez

«...Ya en el segundo ensayo, vimos que teníamos potencial, así estábamos claros de que íbamos a continuar con el grupo».
- Jorge Chapellin 02/09/2012

«...Lo de la formación del grupo fue realmente una seguidilla, Yo llevé a Constantino Bertomis (q.e.p.d) para que tocara el bajo, Constantino a su vez llevó a otro muchacho que había conocido en el trabajo de su padre, llamado Javier Atance quien entró como segunda guitarra y así tuvimos el conjunto completo».
- José Galpasoro 02/09/2012

El primer grupo quedó conformado de la siguiente manera:

- Manolo Alvarez: Batería
- Jorge Chapellin: Voz Principal
- José Galpasoro: Guitarra Líder
- Constantino Bertomis: Bajo
- Javier Atance: Guitarra rítmica

«...Empezamos a tocar en las casas de amigos y fiestas, allí fue cuando se iniciaron los problemas, pues al papá de Constantino no le permitía llegar tarde a casa de noche, así que Constantino se tuvo que retirar del grupo y se nos presentó el gran problema, ya que para entonces no era fácil encontrar músicos, así que pasamos como un mes sin poder tocar; no conseguíamos bajista por ningún lado, probamos un gentío, pero no encontramos a nadie que sirviera».
- Jorge Chapellin 02/09/2012

«...Un día llegó a casa de José Galpasoro, un conocido llamado Guillermo Berincua, él no tocaba el bajo, pero sí tocaba guitarra y además tenía una, José y Jorge conversaron y tomaron una decisión: Guillermo entraría en el conjunto tocando guitarra y a Javier pasaría a tocar el bajo».
- Manolo Alvarez 02/09/2012

«...Jorge y yo, fuimos a comprar un bajo Hofner y un amplificador para Javier, pero cuando Javier se enteró de que lo habíamos cambiado para el bajo, se puso bravo, se molestó y se fué».
- Jorge Chapellin 02/09/2012

«...Nosotros seguimos ensayando sin bajista y al poco tiempo llegó Javier, sin decir una sola palabra y con cara de molesto; poco a poco se fue acercando al bajo hasta que, lo tomó en sus manos y comenzó a tocarlo; la verdad es que al rato le estaba dando muy bien y así fue que conseguimos un bajista».
- José Galpasoro 02/09/2012

Los 007. Izq a Der. Javier Atance (Bajo) Guillermo Berincua (Guitarra) Josè Galpasoro (Guitarra) Jorge Chapellin (voz) y Manolo Alvarez (batería). Foto cortesía de Guillermo Berincua

«...Con el tiempo Javier se encariño tanto con el bajo que le dijo a José Benedicto que le gustaba más el bajo que la guitarra y le dio las gracias por el cambio obligado pues "Era el instrumento más bonito que él había tocado en su vida"».
- Jorge Chapellin 02/09/2011

«... Nosotros comenzamos en 1965 en los Palos Grandes en la calle ciega de la 4ta Avenida y cuando nos re-reunimos en 1993 ¡fue en la esquina de esa misma calle! a tres edificios del original y tenemos más tiempo tocando ahora que en los 60's. Y algo para valorar es el trato de la gente donde tocamos

hoy en día que es casi igual al de aquella época, tanto gente de nuestra generación como chamos de 18, 20, 25, 30 etc ¡y se saben las canciones! y luego todo el mundo quiere una foto con nosotros o que le firmemos un afiche o el ticket del espectáculo ¡es mágico! y además que sigas tocando y con tus amigos de siempre... ¡NO TIENE PRECIO!».
- Manolo Alvarez 16/09/2011

LOS DANGERS - PARA LA JUVENTUD

Con el álbum *Para la Juventud* (1966) se finaliza el ciclo discográfico de una de las bandas pioneras del *rock* venezolano y una de las más importantes de la primera mitad de los años 60. Para muchos, **Los Dangers** fueron la mejor banda del país, aunque, sin entrar en juicios de valores, lo que sí es fácilmente demostrable es que **Los Dangers** fueron indiscutiblemente una de las mejores bandas juveniles de los años 60 y su puesto en la historia se lo tienen bien ganado con dos producciones que demuestran la calidad de sus miembros.

Imagen cortesía de Danny Torres

Integrantes	Lado A	Lado B
Rudy Márquez: Voz	01.- No te quiero mas	07.- Ruta a Caurimare
Pedro Perdomo: Guitarra.	02.- Cosas que dijimos hoy	08.- Te dejaré
Rafael Peñalver: Guitarra	03.- Lucila	09.- Puedes ver que eres mía
Francisco García: Bajo	04.- Te conozco	10.- Muy contento
José Pérez Barreiro:	05.- Pienso en ti	11.- En cualquier momento
Batería	06.- Guitarra borracha	12.- Prohibido el paso

Con el nombre de *Ruta a Caurimare*, **Los Dangers** versionan (*Get Your Kicks On) Route 66*, standard del *rhythm and blues* que fue compuesto en 1946 por Bob Troup, interpretado inicialmente por **Nat King Cole** en 1946 y posteriormente por **Chuck Berry** en 1961, **The Rolling Stones** en 1964 y más recientemente en 1987 por **Depeche Mode**.

SAN TOMÉ – ESTADO ANZOÁTEGUI

«...Todos cuantos vivimos aquellos años allá... jamás dejamos de extrañarlo y siempre la añoranza nos invade el corazón cuando alguien de nosotros al encontrarse con otro, Venezolanos o Americanos traemos de nuestra memoria aquella tierra mágica y lo que significó en nuestras vidas vivir y crecer en el San Tomé de aquella época (...) allí estudié entre venezolanos y americanos, allí me enamoré por primera vez, allí construí amigos para siempre, allí escuché por primera vez a Los Beatles y me hipnotizaron... Después de escuchar aquella canción en Radio Netherland, (una emisora de la isla de Montserrat, British West Indies) de la que mi padre era fan cada tarde y cuya señal entraba muy clara por aquellas sabanas... mi vida nunca más sería la misma... Help se llamaba la canción que me estremeció hasta los tuétanos». - Agni Mogollon 26/02/2013

HELP – AUXILIO

Apenas un año antes **Los Beatles** habían estrenado en Venezuela la película *Yeah, Yeah, Yeah*. Nombre que se le dio en nuestro país a la película *A hard Day´s Night*. **Los Beatles** parecían ser una máquina productora de discos y de éxitos. En el mes de febrero se había publicado en venezuela el álbum *Beatles 65* el cual en realidad se trata del extraordinario e influyente álbum *Beatles for Sale* y en septiembre se publicó el álbum *Help*, con el cual el cuarteto de Liverpool alcanza la exorbitante cantidad de 6 álbumes publicados en apenas 2 años. **Los Beatles** simplemente no dejaban de sonar en la radio, cuando un tema salía del *Hit Parade* era porque ya otro lo había sustituido. Para entonces **Los Beatles**

Imagen cortesía de Discogs.com

se habían convertido en un faro que señalaba el rumbo para las nuevas agrupaciones venezolanas que se formaron en la época dorada del *pop* venezolano.

«Mi hermano y yo tocábamos cosas de Elvis y Enrique Guzman en la casa, pero al aparecer Los Beatles todo se Iluminó y nuestras vidas se vieron afectadas positivamente, seríamos músicos y punto. Lo primero que oímos al bajar de un bus frente a la librería Nueva Chacao fue It won´t be Long, nos dió en el alma. Somos de la generación que vió cambiar al mundo con cada disco de Los Beatles, el cual esperábamos con la certeza de que la música tomaría un nuevo rumbo con ese nuevo disco y así se percibía ¡Que bueno fué haber vivido eso así!».
- Jorge Spiteri 22/12/2012

LOS IMPALA 2.1

A mediados de año, **Los Impala** comienzan a tener algunas diferencias con dos de sus integrantes.

«... La verdad es que yo no te voy a decir exactamente el porqué, pero por razones que eran válidas en aquella época y que no vienen al caso ahora; decidimos que ya no íbamos a seguir tocando con Henry (Stephens) ni con Pedro (Alfonzo). Pero como Rudy (Márquez) se la pasaba metido en los ensayos y ya se sabía muchas de las canciones, él me pidió que lo metiera en el grupo como cantante y así fue como entró al grupo».
- Edgar Alexander 30/09/2012

Los Impala, con Rudy Marquez en la voz solista, se meten al estudio para grabar su tercer álbum. *Nuevamente Los Impala* publicado por el sello Velvet con número de serie LPV-1228. Nos presenta a la banda con un mejor acoplamiento de las voces y sobre todo una mayor madurez musical. Como dato curioso, es notoria la presencia de Rudy en las carátulas de los discos de **Los Dangers** y **Los Impala** de ese mismo año.

Imagen cortesía de Danny Torres

Lado A
01- Do Wah Diddy Diddy
02- Ella Es Una Mujer
03- Vengan Todos
04- Ocho Días a La Semana
05- Cuanto Te Quiero
06- Trata de Entender
07- Una Mirada

Lado B
08- Perro Pajarero
09- Puré De Papas
10- Te Acuerdas
11- Quiero Bailar Contigo
12- Me Siento Bien
13- Oportunidad
14- Ana

LOS WILDCATS

Fue un grupo que surge Maracaibo en 1965 luego de la desaparición de la primera camada de grupos zulianos.

«Mi primer grupo fueron Los Wildcats, integrado por:

- *Alejandro Higuera: Director y guitarra líder*
- *Jose Rafael Bermudez: Guitarra rítmica*
- *Carlos Antepara: Bajo*
- *Ciro Montero: Batería*
- *Eli Abbo: Cantante*

... Recuerdo con mucho cariño nuestra actuación en el Colegio "La Presentación" de Maracaibo, con un grupo de alumnas que bailaron con nosotros una de las cuales se convertiría en mi primera novia... De aquel concierto recuerdo el éxito de Los McCoys Hang on Sloopy grabada por Los Claners como Hoy lo Supe, con la cual se armó tremendo alboroto de las no se doscientas o trescientas chicas que asistieron y una de las monjas cogió una campana y a campanazos puros comenzó a calmar a la fuerza a una multitud de chicas que estaban histéricas».
- Ignacio Rodon 23/08/2013

«... A los 13 años cuando me regalaron un disco de Los Beatles y me compraron una guitarra japonesa Teisco de 200 bolívares y empecé a tratar de tocar guitarra por mi cuenta traduciendo a la guitarra los acordes de piano que me sabía (...) una noche en Radio Reloj hubo una presentación de Los Impala y quedé prendado y envenenado, luego vi a Los Blonder una tarde en Bolemara y quedé picado de culebra como decimos vulgarmente...». - Eli Abbo 21/07 2013

«... Corría finales de 1965 y ya estábamos ensayando en casa de Elito (Eli Abbo) en la avenida 22. Todavía no éramos Los Tartans. Creo que Eli escogió el nombre Bed Bugs y así nos presentamos nuestra primera vez en el Club Hebreo de Maracaibo. Solamente tocábamos música instrumental (Bonanza, Apache, etc.), pero sabíamos que necesitábamos una voz..."
- Juan Marcos Colmenares 18/07/2013

Alguien nos invitó a un ensayo de Los Wildcats, creo que en casa de José Rafael Bermúdez, y allí escuchamos al grupo y a Nacho cantando, Elito dijo: "¡WOOAOW! Canta en inglés y se mueve como Elvis Presley, eso es lo que necesitamos».
- Juan Marcos Colmenares 18/07/2013

«... Como no teníamos batería (el instrumento como tal) Ciro estuvo ahorrando para comprarla y se fue para Caracas en vacaciones y se regresó sin batería y sin cobres pues se los gastó en rumba. Así que yo me molesté mucho y acepté una oferta de Elito (Elio Abbo) para cantar para Los Ladillas (Los Bed Bugs) que gracias a Dios se convirtieron en Los Tartans: Elito en la primera guitarra, Román Méndez en la Segunda, Juan Marcos Colmenares en el bajo, Ricardo Alcalá en los teclados, Helizalde Ferrer en la batería y yo (Ignacio Rondon) de lead singer (...) conociendo a Juan Marcos Colmenares que se comprometió a aprender a tocar bajo y a Helizalde Ferrer a aprender batería nos lanzamos a cumplir con nuestra meta, Ricardo Alcala se vino un tiempo con su teclado y Roman Mendez con la segunda Guitarra y a si se formaron Los Tartans».
- Ignacio Rodon 18/07/2013

HOMER AND THE DONT'S

Homer and The Dont's representa la influencia de la industria petrolera en la musica juvenil venezolana, puesto que la mayoría de sus integrantes eran hijos de extranjeros traídos a Venezuela por las compañias petroleras transnacionales. El grupo se forma como un cuarteto en Caracas en el año 1965 integrada por Stephen Shook (guitarra líder y coros), George «App» Wiltzee Jr. (voz y segunda guitarra), Stephen Scott (voz y bajo) y Mario Seijas (batería y coros).

«Stephen Shook nacido en Texas (U.S.A.) y radicado en Caracas desde mediados del año 62, aprendió a tocar la guitarra con uno de los más conocidos profesores de Italia cuando vivió con su familia en ese país; George Wiltzee Jr., oriundo de Ohio (U.S.A.) y con un poco más de un año de residencia en el país ingresa a Homer and The Dont's con una experiencia adquirida mediante la participacion en otras bandas durante su estadia en las Islas Filipinas y Suiza; Stephen Scott, nacido en Caracas aprende la ejecución de la guitarra desde pequeño, escribe e interpreta sus propias composiciones y Mario Seijas, nacido en también en Caracas cursó durantes dos años estudios musicales en la ciudad de Nueva York (U.S.A.).

Nosotros pertenecíamos a un club de golf, éramos tres americanos y teníamos un amigo llamado Mario (Seijas), un día lo llamamos por teléfono y le dije con acento británico «habla Paul...» Claro, como yo soy zurdo (al igual que Paul McCartney), fue natural que terminara tocando el bajo, Paul tocaba el bajo con las cuerdas a lo zurdo, pero yo tocaba el bajo zurdo con las cuerdas puestas al

Imagen cortesía de Danny Torres

derecho. Bueno... así fue como empezamos con el grupo *Homer and the Dont's*. Yo le pregunté a Mario si él quería ser el «Ringo» así que le hicimos una prueba y funcionó».

- Steve Scott s/f.

Homer and the Dont´s se convierten en uno de los grupos de mayor prestigio debido a su excelente acople musical realizando presentaciones en Caracas y en el litoral, principalmente en fiestas y clubes privados, hoteles y presentaciones en programas de televisión de la capital.

El grupo graba dos 45 rpm en 1965; el primero incluye *Midnight teeth, Little latin loopy loop, I can´t see straight, Gloria, Shout,* mientras que el tema *I can´t see straight* más adelante sería re-grabado por Scott y Seijas junto a Adib Casta en el album **Ladies W.C.** El segundo sencillo lo graban para el Sello Verde con los temas *You Wouldn't Leave* (*Tu no te irías*) y *Train Kept A Rollin* (*El ferrocarril continuó rodando*).

Imagen cortesía de Danny Torres

SHINDING

Posteriormente firman para el sello Palacio a través del cual lanzan el álbum *Shindig* con número de serie LP-6162, lanzado el 5 de noviembre de 1965 y en donde se incluyen versiones de temas internacionales sumadas a composiciones propias.

🎸 Stephen Shook: Guitarra
🎸 George Wiltzee Jr.: Guitarra y voz
🎸 Stephen Scott: Bajo y voz
🎸 Mario Seijas: Batería

Imagen cortesía de Danny Torres

Lado A
01- Homer Don't (Perkins)
02- Off The Hook (Jagger/Richards)
03- I Can Cry Little Girl (Scott/Wiltsee/Shook)
04- The Last Time (Jagger/Richards)
05- I Know (Scott/Wiltsee/Shook)
06- Walking The Dog (Thomas)

Lado B
07- Satisfaction (Jagger/Richards)
08- I'm Falling (Shook)
09- Wasting My Time (Shook)
10- Till I Met You (The searchers)
11- Because (Clark)
12- Carol (Berry)

Sin embargo, la banda tenía un problema que simplemente acabaría por terminar con ella, como lo cuenta su bajista Steve Scott.

«...Año tras año nuestros padres eran transferidos de vuelta a Estados Unidos, así que para que las cosas siguieran funcionando entonces metíamos a un hermano, primero para reemplazar a Stephen Shook en la guitarra líder y cuando este también se fue, entonces, finalmente metimos al hermano de Mario».
- Stephen Scott 1998

Debido a este problema de emigración de sus integrantes, la agrupación comienza a desvanecerse hasta desaparecer definitivamente de la escena musical tras una breve vida artística de 3 años.

LOS CLANERS - YEAH YEAH YEAH!

«...Carlos (Car Martin) como es muy hábil para los negocios, ya para mediados de septiembre había conseguido una oportunidad para grabar el primer disco de Los Claners con un sello local llamado VEGA y así fue que comenzamos la grabación, pero tuvimos muchos problemas para grabar ya que no nos daban tiempo suficiente de estudio y se tardaba demasiado entre una grabación y otra, así que cuando todo estaba estaba casi listo nuestro baterista [Lucio] debió regresar a España por problemas familiares (...) Carlos fue al sello Polydor que a su vez era representante del sello Philips y le mostró lo que habíamos grabado y consiguió que nos aceptaran, lo cual era buenísimo porque era un sello internacional de renombre, solo que como el material grabado había sido pagado por Vega y por tanto les pertenecía, tendríamos que grabar todo de nuevo, así es como Carlos habló con Francisco Rosales y él aceptó las condiciones las cuales eran ensayar todos los días para grabar el disco cuanto antes. Francisco trabajaba en el Mon Petit, un club de Jazz y tocaba con el maestro Gerry Weil hasta las tres o cuatro de la mañana y a las 11 a.m. ya estaba ensayando (...) Es así como en noviembre del 65 se terminó de grabar el primer álbum de Los Clanners YEAH YEAH YEAH en donde sale el tema Hoy lo supe».
- Oswaldo de la Rosa 22/02/2011

Hoy lo supe es una versión al español del tema *Hang on Sloopy* de la banda americana **The McCoys**. El tema se convierte en el impacto musical del año y una de las canciones clásicas de la época dorada del *rock* en Venezuela. El álbum lanzado por el sello Phillips con número de serie MONO-1011, contiene versiones de los éxitos del momento incluyendo una versión al español del tema *Satisfaction* de **Los Rolling Stones**.

Los claners se convirtieron en uno de los 5 gruos principales de los años 80 junto a los Impala, Los Supersónicos, los Darts y los 007, Los claners fueron super estrellas de la era dorada del Pop venezolano.

Imagen cortesía de Danny Torres

Lado A

01- Hoy Lo Supe (McCoys/Martin/Lorente)
02- Mi Chica Me Riñó (Carter/Lewis/Pacho)
03- Tus Lágrimas (Versión)
04- Llévate Tu Amor (Welch/Marvin/De La Rosa)
05- Sin Respuesta (Lennon/De La Rosa)
06- Todo Esta Bien (Konrad/Martin)

Lado B

07- Dices Yeah (Marvin/González/Sarabia)
08- Ticket De Viaje (Lennon/De La Rosa)
09- De Nuevo (Richard/De La Rosa)
10- Zambesi (Anton De Waal)
11- Puedes Ver Que Te Amo (Herman/De La Rosa)
12- Satisfacciones (Jagger/De La Rosa)

LOS DARTS - TU LA VAS A PERDER

A finales de 1965 se presenta para **Los Darts** la oportunidad de grabar sus primeros sencillos, ya para entonces José Hernández, uno de los animadores del programa «El Club del Clan» se había convertido en el representante de la agrupación.

«Un día, José Hernández llega y nos dice: "Tienen que ir a un estudio que queda en Los Ruices Sur llamado La Discoteca, vamos a grabar unas pruebas (...) una vez en el estudio grabamos una versión al español de Tu la vas a perder de The Beatles y comenzamos a recoger los instrumentos cuando nos dicen: "¡epa! pero tienen que grabar otra" recuerdo que pensé: "pero nos dijeron que era una prueba y era una sola" ¿y entonces qué hacemos?, ¿qué hacemos?, entonces, empezamos a hacer memoria y tocamos una canción que se llama Four your love (Por tu amor) una canción (de Los Yardbirds) a la cual yo le había hecho la letra. Así que les dije: "bueno, vamos a grabar esta..." En ese momento tal vez hubiera podido haber dicho: "Mira... solo tenemos esta, vamos a suspender por hoy y otro día venimos a grabar la otra" 'pero en ese entonces la actitud era: "Hay que grabar", y grabamos; "hay que tocar" y tocamos. Uno no se paraba por cosas (...) recuerdo clarito que el sábado siguiente, en la mañana, era como a las 8 y lo recuerdo tan claro como hoy porque ese día teníamos que estar a las ocho y media en el departamento de maquillaje porque íbamos a grabar en El Club del Clan. Bueno, yo iba manejando, oyendo la radio cuando de repente suena Tu la vas a perder ni te cuento el frenazo que pegué, de vaina que me chocan por el atravesón, lo que pensé fue "¿qué vaina es esta?", apenas llegue al canal, lo primero que le digo a los muchachos fue: "acabo de escuchar...", y todos me contestaron al mismo tiempo: "sí... acabamos de oír lo que grabamos", "sí, yo también lo oí", "¿y tú?", "¿tú también estabas oyendo Radio Caracas?", "no, yo estaba oyendo Radio Cultura", "y yo lo escuché por La Voz de la Patria", "pero, no puede ser...", "¿y cómo es eso?", "¿y quién mandó esas cintas pa'la radio?, no teníamos ni idea. Ese día nos cambió la vida porque, aún sin entender de qué se trataba la cuestión, ya que nos comenzaron a tratar distinto, empezó aquello de la fama...»
- Carlos Morean 08/05/2011

«...Aquella era una época muy sana, Caracas era una ciudad más pequeña, todo el mundo se conocía, todas las familias, tanto los Gámez, los Moreán, los De lima, los Pimentel, se conocían y había una relación cordial entre las familias y apoyaron todo lo que hicimos, inclusive, cuando grabamos Tú la vas a perder, se sentaban en la mesa del comedor las hermanas y los hermanos, a llamar pa' las emisoras, hasta que mira lo que pasó».
- Ricardo Aumaitre 08/05/2011

El éxito del tema no se hizo esperar, una semana después el tema *Tú la vas a perder* estaba en los primeros lugares en las radios capitalinas.

A raíz del contundente éxito de **Los Darts** en la radio. El sello Sonus se apresura en lanzar el sencillo en formato EP con número de serie EPS-02 con el tema *Tú la vas a perder* acompañado de los temas: *Donde, Donde, Por tu amor* y *Gritos.*

«...A nosotros nos llamaban Los Beatles venezolanos y la gente del medio aprovechó eso, para imitar lo que estaba pasando en los Estados Unidos y Europa en los años 60».
- Carlos Morean 05/05/2011

Imagen cortesía de Danny Torres

EDDIE AND THE SNOBS

Fue una agrupación de corta vida que sin embargo tuvo una gran influencia en las agrupaciones venezolanas que aparecieron en la segunda mitad de los años 60.

«George [Henriquez] es el que se sabe toda la historia, él formó originalmente el grupo. (...)" Le pusimos el nombre de Eddy y los Snobs porque mi viejo nos compró los instrumentos, nada más por eso».
- Eddy Gugliotta 10/05/2011

*«El repertorio de **Los Snobs** se basaba en versiones de temas como Gimme some lovin, Satisfaction, You really got me, A whiter shade of pale y otras que representaban lo máximo de la musica para el momento. Para entonces la alineación de **Los Snobs** fue la siguiente: George Henriquez batería y voz, George y Luis cantaban juntos muy bien, repartiéndose las canciones, Ray Ross Jones: Guitarra, Domingo (Mingo) Otero Bajo, Luis de La Mata voz y Eddy Gugliotta: primera guitarra (...)" El grupo lo formamos para las fiestas de fin de año. El debut de Eddie and the Snobs fue para la fiesta de fin de año el 31 de diciembre del 65 en el Caracas Theater Club».*
- Ray Ross Jones 24/07/2011

Al igual que los **Yeah, Yeah, Yeah, Los Snobs** lograrían un lugar destacado en la historia del *rock* venezolano al ser el grupo del cual salieron personalidades de gran relevancia en la escena musical venezolana en los años siguientes.

Eddie and the Snobs. Der. a Izq. Domingo Otero, Eddy Gugliota (Guitarra) Ray Ross-Jones (Guitarra) y George Henriquez (Batería) Foto cortesía de Ray Ross-Jones

EL CLUB DEL CLAN - LOS ÁLBUMES

El **Club del Clan** se había convertido en el más exitoso programa juvenil de la televisión venezolana, los hermanos Hernandez (**Los Brothers**) lograron moverse muy bien en el mercadeo del programa logrando interesar no sólo a uno sino a dos de los principales sellos disqueros del momento, como lo fueron el sello Velvet de Venezuela y el sello Sonus. Ambos sellos lanzan sendos álbumes con el mismo título *El club del Clan*. El sello Velvet lanza su álbum con número de serie LPV-1248 y el siguiente tracklist:

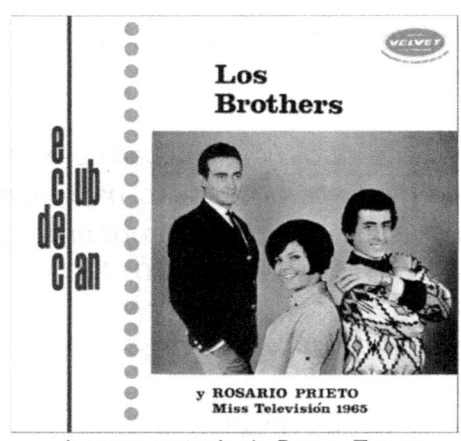

Imagen cortesía de Danny Torres

Lado A
01. Tema de Introducción
02. Catira - Trino Mora
03. Paseando - Nancy Ramos
04. Te quiero a ti - Andrés Trigo
05. La pena del jinete - Trino Mora
06. Yanire - Diego Bolaños
07. Tema de Despedida

Lado B
01. Tema de Presentación
02. Ven - Nancy Ramos
03. Cuando nace el sol - Armando Biart
04. Raulito Soy - Raúl Rivas
05. Pobrecito el Payaso - Tania
06. Conclusión - Los Diones
07. Tan solo tú - Miosotti
08. Tema de despedida

Mientras que el sello Sonus lanza el álbum con número de serie LPS 1130.

Lado A
01. Tema Club del Clan
02. Vacaciones de Verano (**Trino/Nancy/Carlos**)
03. Solo quiero estar contigo (**CarmenAlicia**)
04. Di que no es verdad (**Trino Mora**)
05. Siempre tengo que llorar (**Raúl Rivas**)
06. Tu Voz (**Armando Biart**)

Labo B
07. Tema Club del Clan
08. De Nuevo (**Nancy**)
09. Apártate de mi nube (**Eléctrico Luque**)
10. Lissette (**Los Diones**)
11. Nueva forma de amar (**Los Darts**)
12. Las horas pasan lentamente (**Leonardo Álvarez**)

Imagen cortesía de Danny Torres

Curiosamente con el mismo nombre de *El club del clan* y los mismos artistas en ambos discos, (lo cual evidencia que no poseían contrato de exclusividad con ninguno de los sellos) los arreglos y la dirección musical corrieron por cuenta de José Gay y se grabó en los Estudios Fidelis, con Alejandro Plaza como técnico de sonido.

EXITOS DEL AÑO 65

Los temas más importantes de ese año fueron:

Help - Eight Days A Week – Yesterday. (**Los Beatles**)
Fun Fun - Me Las Traigo - Nos Fugaremos y Surfin Safari (**The Beach Boys**)
Do Wah Diddy Diddy (**Manfred Mann**)
Satisfacción (**Rolling Stones**)

Mientras que los artistas nacionales *pegaron* con los siguientes temas:

Acércate Más, Cerca Del Río y De Mi Para Ti (**Los Impala**)
Jambalaya y Rosas Rojas Para Una Dama Triste (**Los Supersónicos**)
No Te Quiero Más (**Los Dangers**)
De Rodillas Ante Ti (**Los Dinámicos**)
Gotita de Miel (**Maria Teresa Chacin**)

Página intencionalmente en blanco

1966
Vientos de Cambio

Página intencionalmente en blanco

LA MÚSICA DEL FUTURO

Ese año hace su aparición un trío que cambiaría el rumbo del *rock´n´roll*. El grupo británico **Cream** lanza su primer álbum creando un nuevo estilo combinando el *Feeling* del blues con la «libertad» del jazz, obteniendo una música más profunda y rica en sensaciones y sonoridad, si queremos remontarnos al origen del *rock* debemos regresar hasta este disco. Era el sonido de una nueva música, para los jóvenes venezolanos de la época, este disco era «Música del futuro».

Imagen cortesía de Danny Torres

NUEVOS HORIZONTES

Sandra Lebroq, Coreógrafa del *Show de Renny* se convertiría en una pieza clave para la historia del *rock* en nuestro país, debido a la amistad que entabló con los integrantes del grupo **Los Impala**. Para enero de 1966 su contrato con *El Show de Renny* había terminado, con lo cual regresó a su país, España. Ante tal eventualidad y en virtud de su amistad con el grupo, se compromete a hacer las diligencias para presentarlos allá.

ENERO - LAS NEW GIRLS Y SU NUEVA BATERISTA

A finales del año 64, la baterista Puly Rincón había abandonado el grupo por presión de su familia, siendo sustituida por María Consuelo Sánchez, a quien cariñosamente le decían "La Nena".

La nueva alineación pasa a tener las siguientes integrantes:

- Nelly Machado: Cantante
- Maria Cristina Quiroz = 1ra Guitarra
- Mariam Machado = 2da Guitarra
- Malva Ford, = Bajo y Cantante
- Maria del Consuelo Rincón (La Nena) = Batería

Foto cortesía: Mariela Sánchez de Cuervo

Con esta alineación las New Girls desarrollaron la mayor parte de su carrera artística, la cual las llevaría a ser reconocidas en la región occidental del pais, girando incluso por las vecinas antillas neolandesas y presentandose varias veces en los programas de tv a nivel nacional

"vi algunos ensayos de ellas en Santa Lucia (Maracaibo), en ese momento la batería la tocaba, la Nena Sánchez, hermana del también baterista Pepe Sánchez del grupo Los strangers"
- Freddy Bracho Paz 25/10/2021

LOS BLONDER II

"En nuestra opinión este LP tuvo mejor técnica de grabación y tanto los técnicos de sonido como nosotros estábamos más experimentados en la tarea. Lo primero que me viene a la mente es que el productor del primer LP fue quien más insistió en grabar Blonder II antes de los 6 meses de haber lanzado El Go-Go de Los Blonder. El otro comentario viene por la satisfacción de haber incluido 6 temas propios, de los 12 grabados, lo cual no era común por el riesgo de no ser "comerciales" generalmente se incluyen versiones de temas de éxito en otras latitudes. El tercer comentario es haber incluido un gran tema cantado por Henry Stephen (I remember), además, otro interesante detalle, es que Henry tocó las congas en el instrumental Vuelo al Sur y Edgar Quintero tocó los bongoes en Lamento Borincano y Matanza en la 10a Ave"».
- José Baptista 20/05/2022

El álbum fue lanzado por el sello Fonográfica del Zulia con número de serie LP- 1031 a principios del mismo año, con los siguientes integrantes:

- José «Tantan» Baptista: Guitarra Líder, Voz
- Carlos Acosta: Guitarra rítmica, Voz
- Roberto Bush: Bajo
- Bernardo Ball: Batería

Imagen cortesía de Danny Torres

Lado A
01- Sabes Por Qué
02- Lamento Borincano
03- I Remember - canta Henry Stephen
04- Pretendo Que Estás Tú
05- Sólo Una Vez
06- Vuelo Al Sur

Lado B
07- Tu Manera De Ser
08- Atlantis
09- Bueno y ¿Qué?
10- Yo Desespero
11- Si Te Quiero
12- Matanza en La10ª Av.

El poco tiempo transcurrido entre ambas grabaciones, da una idea de su creciente popularidad**Los Blonder** se presentan en *De Fiesta con Venevisión* del Canal 4 y en *El Club Musical* de Radio Caracas TV. Sin embargo, y a pesar de tener ofertas de discográficas importantes como Discomoda y Velvet, estas no se materializan debido a las dificultades del grupo para trasladarse desde Maracaibo a Caracas por su condición de estudiantes.

LOS BLONDER SIN BATERISTA

Debido a que su familia se mudó hacia la ciudad de Caracas, el baterista Bernardo Ball se vio forzado a abandonar al grupo **Los Blonder**.

«Bernardo había salido del bachillerato y no fue problema para él mudarse a Caracas, pero sus

hermanos sí, porque hubo que cambiarlos de colegio, Bernardo estaba trabajando en Dorsay cuando yo me lo encontré en Caracas y casualmente vivía a tan solo una cuadra de allí...».
- José «Tantán» Baptista 03/10/2012

LOS YOUNG STARS

El *rock* zuliano continuaba produciendo agrupaciones durante la segunda mitad de los años 60, muchas de ellas darían origen a personalidades que tendrían gran impacto e influencia en el movimiento musical de la región, tal es el caso de **Los Young Stars**.

"... Desde mi niñez me incliné por la musica, a los 10 años mi madre me enseña a tocar el cuatro y logicamente como buen maracucho terminé tocando gaita, primero en el colegio y luego mas adelante conformé un grupo con unos amigos y mi vecino Daniel Alvarado ∗ *(...) pero sucede que un primo mío que estudiaba en Canadá vino un día cargando un disco de Los Beatles, cuando escuché aquello enloquecí, lo escuchaba una y otra vez, esa noche no dormí.*
∗ *Daniel Alvarado fue un reconocido cantante de Gaita zuliana. reconocido como "El negrito fullero"*

Afortunadamente desde los 7 años hablo inglés y comprendía lo que ellos cantaban ¡me volví loco! pero quizás lo que me prendó y apasionó fue el sonido de la batería. Con los tambores del grupo gaitero fabriqué una batería en la que el pedal del bombo era un patín y los platillos eran bandejas de servir refrescos... comprenderás que sonaba horripilante"».
- Carlos Moreno s/f

The Young Stars estuvo integrado por Carlos Moreno en la Batería (de tambores de gaita y bandejas de refresco) y Fernando Marcano en el Bajo, Alexis Macias y Orlando Carmona en las guitarras.

"... De lo mal que sonaba comprendí que no me daba tantas oportunidades melódicas y decidí volver al cuatro anhelando una guitarra eléctrica que llegó un 25 de diciembre como una bendición que solo mi amada madre podía darme con mucho sacrificio".
- Carlos Moreno, entrevista con Erika Polanco 03/04/2011

UN GRUPO DE AGENTES SECRETOS

"En enero, comenzó la etapa definitiva para la banda que Manolo Álvarez, Jorge Chapellin y José Galpasoro habían formado meses antes. Ya el grupo estaba completo, "...Ensayábamos en casa de José Benedicto Galpasoro, en el cuarto de su casa, también en ensayábamos en el estacionamiento de mi casa y los fines de semana en casa de Manolo, con los equipos completos hacíamos un escándalo tremendo, no sé cómo no nos botaron de todos los sitios".
- Jorge Chapellin 02/09/2012

LOS 007

"... Sucede que un día estaba leyendo el periódico y de pronto vi un anuncio a dos páginas de la película de James Bond Thunderbolt: El Agente 007. El nombre me pareció excelente para la agrupación"».
- Manolo Álvarez 02/09/2012

"... Una tarde Manolo llegó a casa de José Benedicto con el cuero del bombo, donde había pintado el logo 007"».
- Jorge Chapellin 02/09/2012

De allí en adelante el grupo se comenzó a conocer con ese nombre **Los 007**.

Foto cortesía de Manolo Álvarez

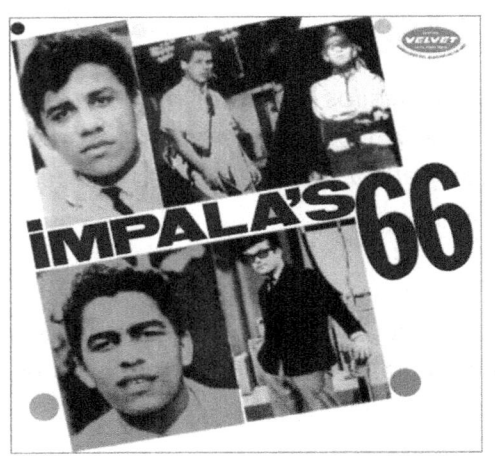
Imagen cortesía de Danny Torres

LOS IMPALA 66

Ese año **Los Impala**, lanzan dos álbumes, el primero de ellos publicado por el sello Velvet con número de serie LPV-1259 y con el título de *Impala´s 66* en el cual se aprecia con mayor fuerza el deseo de sus integrantes de desarrollar su propia música ya que de los 12 temas del álbum 8 son composiciones propias, 3 son composiciones de *Lennon-McCartney* y un solo tema es de una versión no identificada cuya letra en español es de la utoría de Edgar Quintero. El repertorio del álbum está conformado por los siguientes temas:

Lado A
1. Ayer (Lennon/McCartney)
2. En La Playa (Rudy Márquez)
3. Espera (Márquez/ Quintero)
4. Linda Nena (Márquez/ Quintero)
5. Cielo Azul (Edgar Quintero)
6. Tu Eres La Razón (D.R./Edgar Quintero)

Lado B
1. Yo Te Vi (Márquez/ Quintero)
2. Tu (Márquez/ Quintero)
3. La Noche Anterior (Lennon/McCartney)
4. La forma que te quiero (Márquez/ Belisario)
5. Estoy Perdido (Lennon/McCartney)
6. Lloraré (Rudy Márquez/Edgar Quintero)

EL ENROQUE

Por esas cosas del destino, Omar Padauy, quien recientemente se había casado, regresa a Maracaibo en compañía de su esposa, abandonando así a **Los Impala**, mientras que Bernardo Ball quien recientemente había abandonado a **Los Blonders** estaba en Caracas. De esta manera, en un «enroque mágico», las piezas pasaron: Omar Padauy (baterista de **Los Impala**) a tocar con **Los**

Blonder, mientras que Bernardo Ball (baterista de **Los Blonder**) pasa a encargarse de la batería de **Los Impala**, por curioso que parezca, ambas bandas salieron beneficiadas.

FEBRERO - LOS DARTS – EL PRIMER ÁLBUM

Imagen cortesía de Danny Torres

Los Brothers José Hernández y Richard Herd arreglan que **Los Darts** graben su primer álbum en los estudios de La discoteca el cual sigue el esquema de incorporar principalmente éxitos internacionales de moda.

- Víctor Gámez: Voz principal
- Augusto de Lima: Guitarra líder
- Carlos Morean: Guitarra y coros
- Richard Aumaitre: Bajo y coros
- Claudio Gámez: Órgano
- Rafael Pimentel: Batería
- Arreglos: Carlos Morean

Lado A
01.Dónde Dónde (Phillips/Morean)
02.Hasta Que Tú Quieras (C. Morean)
03.Quiero Decirte Algo (C. Morean)
04.Tal Como Yo (McCoys)
05.Ya No (Lennon/McCartney)
06.Tú La Vas A Perder (Lennon/McCartney)

Lado B
07.Siempre Te Recordaré (C. Morean)
08.Nueva Forma De Amar (Clark/Smith)
09.Inclúyeme (D.R.)
10.Cuando Tú No Estás (D.R.)
11.Por Tu Amor (Gouldman)
12.Gritos (D.R.)

Por un golpe de suerte este álbum sale al mercado unos días luego del estreno de la película *Help*, por lo que el tema *Tú la vas a perder* continua en cartelera durante más de 6 meses como favorita del público, llegando a vender la enorme cantidad de 75 mil copias y convirtiendo a **Los Darts** en la nueva sensación musical del país.

LLEGA UNA CARTA

"... A las pocas semanas llegó una carta desde España, Era Sandra Lebroc que nos contaba todas las diligencias que había hecho para llevar a Los Impala a España. De la emoción llamamos a todos nuestros amigos de los otros grupos y se la leímos".
- Rudy Márquez 25/01/2013

MARZO - EL SONIDO DE LOS HOLIDAY´S

Con dos nuevos integrantes y luego de haber montado un repertorio absolutamente novedoso, entran al estudio y graban su tercer álbum titulado *Sounds of the Holiday´s* el cual es publicado a principios de 1966 a través del sello Discomoda y con el número de serie DCM 489.

SOUNDS OF THE HOLIDAY'S

Imagen cortesía de Danny Torres

"... Para ese disco Chosbo Steinhart y Richard Coca salen del grupo y entran Wolfgang Vivas que había estado viviendo en Liverpool y el Holandés Franklin Holland, quien para entonces era ya un reconocido guitarrista (...) José Fortoul que había sido cantante pasó a tocar el bajo tomando el puesto de Chosbo (...), en este disco todas las canciones son cantadas en inglés, porque tanto Wolfgang como Franklin lo hablan muy bien, así que era natural que grabáramos en ese idioma".
- Rurik Grassi 23/09/2012

"...En este álbum hay 5 temas originales de Los Holiday´s con los temas originales no hay precedente ni referencia para arreglar el tema y por consecuencia es más difícil lograr que suene bien(...) el nombre Franklin Holland nace porque mi nombre Franklin van Splunteren no cabía como autor en la carátula".
- Franklin Holland 18/04/2011

- Wolfgang Vivas: Voz
- Franklin Holland: Guitarra líder
- Frank Kunez: Guitarra rítmica
- José Fortoul: Bajo
- Rurik Grassi: Batería

Lado A
01. I've Had My Dose (F. Holland)
02. When I'm Not There (Hollies)
03. You'll Learn This Way (F. Holland)
04. Baby Don't Cry (Hiller/Ford)
05. Whatcha Gonna do 'Bout it (Payne/Carroll)
06. Don't Tell Me (F. Holland)

Lado B
07. It's You Babe (J. Fourtoul)
08. Come On Back (Randsford)
09. Till I Met You (Curtis et.al.)
10. Little Lover (Hollies)
11. What Kind Of Love (Hollies)
12. Till Our Love Will Disappear (Holland)

Los Holiday´s alcanzan un sonido de calidad internacional, muy similar al logrado por el grupo **Los Hollies** principalmente en el acoplamiento de las voces del cual se nota una fuerte influencia.

"...Este álbum fue grabado a principios del 1966 en 2 canales en los estudios de Sonomatrix, ya que Discomoda solamente tenía grabadores estéreo (...) usamos una guitarra 12 cuerdas acústica, que era algo novedoso para la época, en cuanto a las voces, las grabamos combinadas de Wolfgang con la mía, haciendo terceras, cuartas y octavas lo que le daba cierto color a nuestro juicio (...) una buena parte del crédito de este LP es de Rurik Grassi, no solamente por sus contribuciones musicales, sino también por la organización y por mantener el orden y la ética de trabajo necesario entre cinco adolescentes".
- Franklin Holland 18/04/2011

ABRIL
SOCORRO - LA PELICULA

El 6 de abril de 1966 se estrena en Caracas la película *Socorro* (*Help!*) en los teatros Broadway, Imperial y Auto Teatro Paraíso. Con el estreno de esta película y la publicación del álbum *Rubber Soul* a mediados de ese mismo año, La *Beatlemania* se apodera también del público joven venezolano.

"... Con la llegada de Los Beatles, hay un cambio generacional, aparecen nuevos grupos como Los Darts y Los 007 haciendo una música más fresca; ya muchas cosas habían cambiado y otras se habían aceptado, el pelo largo ya no era una cosa del otro mundo, pero el tipo de música era distinto al de los grupos que habíamos comenzado a principios de los años 60".
- Alexis Hernández Hidalgo 23/11/2012

"... Ese era el afiche de la película HELP!... La vi 8 veces seguidas, recuerdo que se lo compré al viejo Pinto del cine de Campo Sur en San Tomé por 20 Bs, un dineral para mí en aquella época. ¡Cuando el disco de la película HELP! llegó a mis manos se convirtió en mi tesoro más preciado".
- Agni Mogollon 2012

Poster de la pelicula HELP

COPETE

Agni Mogollon

·... Recuerdo que, en un acto de fin de curso en nuestra escuela, Luego de ensayar durante un par de meses, con guitarras de anime y pelucas de mopa pintada, el doblaje de aquella canción llamada Help para presentarla en aquella fecha, ¡se fue la energía eléctrica a la mitad de la canción! mi frustración fue tanta, que seguí cantando yo solo, ¡entonces los padres y maestros se levantaron de sus asientos para aplaudir aquel gesto...! Aquel aplauso se me grabó en el alma... y entendí que ese era el camino que quería transitar... y comenzó a gestarse una leyenda de aquella zona y de aquella época: ¡Copete!", ese fue el sobrenombre con el cual me bautizaron los amigos en San Tomé, estado Anzoátegui, porque, decían ellos que por mi nariz grande y el cabello rizado, un poco largo y parado por el viento, me parecía al pájaro paují copete de piedra, así que me quedé con ese apodo para todo el mundo y para toda la vida (...) en

aquellos lares, hablar de Copete era hablar de música, y con la influencia de Los Beatles en el alma, comencé a desarrollar mis aptitudes musicales, así que con mi guitarra al hombro, en cualquier esquina comenzaba a cantarle a los amigos las canciones que me aprendía...

Para entonces, en aquellos montes nadie había roto los esquemas generacionales, hijos, padres y abuelos habían sido criados igual, bajo los mismos parámetros... ¡Yo lo hice!... Yo lo era el melenudo, el ser extraño para la época, del que los padres de las muchachas sentían recelo por no decir precaución, aquel tipo que se presentaba solo con su guitarra al club de la Compañía en Campo Sur cuando había bailes, y cuando la orquesta descansaba (que por lo general era Baldomero y sus Caribbean Boys de Cantaura), se enchufaba en un amplificador y comenzaba a cantar canciones que nadie conocía, a tocar cosas de los artistas que él admiraba, y la gente lo miraba como un ser medio "tocado" y estrafalario, porque también vestía diferente, imagínense a finales de los sesenta, en el medio de ninguna parte, cuando para una fiesta de Navidad o de año nuevo todo el mundo se estrenaba un flux, Copete se aparecía con botines de tacón alto, pantalones rojos, camisa blanca a lo Luis XV, una casaca como la del Libertador y una guitarra eléctrica terciada a la espalda, lo menos que pensaban de él era que estaba loco. En la vida diaria también rompía esquemas con su vestuario, pantalones de jeans súper ceñidos, franelas de colores psicodélicos, suéter cuello de tortuga (a 32° centígrados) ... Así el personaje fue escribiendo poco a poco su historia.

Todo lo reseñado anteriormente ocurría en el Campo Sur, al otro lado de la cerca, es decir, en el Campo Norte, me sentía más libre, la influencia de los americanos en la vida de todos nosotros, permitía más libertades, y mi apariencia se parecía mucho a lo que en USA estaba pasando a los jóvenes, así que allí mi influencia era menos notoria ya que los americanos y muchos venezolanos usábamos cabello largo y escuchábamos la misma música, la diferencia estaba en que yo la tocaba, así que mi guitarra siempre fue el cómplice de nuestras reuniones en las canchas, el club, las fiestas, etc».
- Agni Mogollon, febrero 2013

Agni Mogollon se convertiría en una pieza clave en el rock de los años 70 como bajista del grupo de *rock* progresivo **Estructura** y más adelante uno de los principales compositores y cantautores de la música urbana venezolana.

LOS HOLIDAY´S VAN A EUROPA

"... Fue tanta la emoción entre los grupos Los Claners, Los Holiday´s, Los Darts, que parecía que Sandra se los iba a llevar a todos y no solo a Los Impala. Imagínense como sería, que Los Holiday´s, en el paroxismo de la emoción, se dejaron de tonterías, compraron sus pasajes y se fueron a Barcelona, se fueron a España antes que nosotros y, hasta donde recuerdo, no les fue nada mal"
- Rudy Márquez s/f

"... La verdad es que no te voy a decir mentiras. Eso del viaje de Los Impala hacia España nos dio envidia a todos. Cada uno comenzó a hacer planes de viajar, pero fue Franklin quien se llevó a Los Holiday´s a España antes que nadie". - Carlos Martínez s/f

Aunque el viaje a España era inminente, el bajista José Fortoul abandona el grupo, por lo cual deciden llevarse al guitarrista francés Jean Louis Ajzemberg (apodado Froggie) con ellos. Curiosamente, cada uno de los miembros de la agrupación tenía una nacionalidad distinta.

- Wolfand Vivas (Venezolano) en la voz principal.
- Franklin Holland (Holandés) en la guitarra líder
- Frank Kunez (Húngaro) en la guitarra rítmica
- Rurik Grassi (Italiano) en la batería
- Jean Louis «Froggie» Ajzemberg (Francés) en el bajo

"... Zarpamos el día lunes 22 de junio en el buque Irpinia. Pagamos nuestro pasaje a cambio de actuaciones en el mismo buque. El guitarrista Jean Louis Ajzemberg Froggie se aprendió las canciones en el bajo mientras viajamos hacia España».
- Franklin Holland s/f

Con **Los Holiday´s** una parte de nuestra historia se traslada a Europa, al convertirse en el primer grupo de *rock* venezolano en viajar al viejo continente en busca de la internacionalización. Posteriormente, otros venezolanos también se irían a Europa en post de la fama y fortuna, algunos obviamente, alcanzando más éxito que otros.

MAYO - SÚPER SÚPER SUPERSÓNICOS

Los Supersónicos estaban en el pico de su fama. Ese año repetirían el nivel de producción que habían logrado el año anterior lanzando 2 álbumes, el primero de ellos, curiosamente, el único de su discografía que no posee foto en la carátula, se tituló *Super, super, supersónicos*.

¡En el disco se aprecia tres temas de Los Beatles, cada uno correspondiente con un álbum distinto, Abre con el tema Auxilio tema de la película Help! y sigue directamente a *Sin Contestar* versión al español del tema *No Reply* del álbum *Beatles for Sale* se incluye además el tema *Dime por qué (Tell me Why)* del álbum *A hard day´s night*.

Imagen cortesía de Danny Torres

- Esteban Ruíz: Voz líder
- Pablo Díaz "Ivo": Segunda voz
- Armando Veitia: Guitarra líder
- Enrique Piñero: Guitarra rítmica
- Alexis Hernández Hidalgo: Bajo
- Mauro Pérez: Claviolin
- Nelson Ruíz: Batería

Lado A

01. Help (Lennon/McCartney)
02. Sin Contestar (Lennon/McCartney)
03. Ella Se Aleja (D.D.)
04. Dime Por Qué (Lennon/McCartney)
05. Así Como Tu (D.D.)
06. Piensa En El Amor (D.D.)

Lado B

07. Feliz Cuando A Tu Lado Estoy (D.D.)
08. Quieres Bailar (D.D.)
09. Lissette (D.D.)
10. Satisfacciones (Jagger/Richards)
11. Tierna Es La Noche (D.D.)
12. Kansas City (Lieber/Stoller)

El resto de las canciones tienen una dirección más general, buscando un público más amplio. Se incluyen, además, dos temas que de cierta manera sirven de «escuela» para las nuevas agrupaciones que se estaban formando en las principales ciudades del país. El primero de ellos es *Kansas City* (el cual también viene incluido en el álbum *Beatles for Sale*) siendo este un ejemplo del *Boogie* sureño de los Estados Unidos y uno de los ritmos básicos para la interpretación del *rock´n´roll* y el otro es el tema *Satisfacciones (Satisfaction)* de **Los Rolling Stones,** que ya había sido versionado previamente por **Los Claners** en su primer álbum, al igual que por el grupo de **Homer and the Dont´s** y el cual era un indicativo de hacia dónde se dirigía la vanguardia musical de la época.

EL CANTO DE LAS AVES

Entre 1965 y 1968 **Las Aves Tronadoras** editaron tres 45 rpm entre los cuales se incluyen una versión en español del tema *Tired of waiting for you* del grupo **The Kinks.**

"... Las Aves Tronadoras hicimos varias grabaciones: la primera fue para Discomoda, grabación en cuatro canales, grabamos Day Tripper de Los Beatles y Hang On Sloopy de Los McCoys. Creo que se grabó en 1966. Este 45rpm nunca salió (¡y alguien se robó el único acetato que yo tenía!), luego, grabamos dos 45rpm con los Hermanos Antor, el primero incluía Tired of Waiting de Los Kinks que sonó bastante por varias emisoras de radio y As Tears Go By de Los Rolling Stones. En el segundo 45rpm participó Helma Schwartz al órgano y tendría que preguntarle a Mariantonietta cuáles fueron las canciones. Estos se grabaron en 1967".
- Wendy Hawkinson 12/03/2011

Imagen cortesía de Weny Hawkinson

"...Por lo que recuerdo Egdalia (Lala) se quedó con todo el material discográfico, o sea, los tres 45 que hicimos bajo el sello Serfaty, así que me daría un gusto inmenso volverlos a escuchar".
- Mariantonietta Herrera 12/03/2011

"Además del Club del Clan tuvimos la oportunidad de presentarnos en muchos programas televisivos y, con mucho orgullo, en los programas de Renny Ottolina. A parte de todo ello, tocamos en muchas fiestas y eventos".
- Wendy Hawkinson 12/03/2011

LOS BONNEVILLE

Es una de las bandas legendarias del *rock* venezolano de la segunda mitad de los años 60. **Los Bonneville** forman parte de los nuevos grupos que exploran la nueva música «ácida»de la psicodelia y el *soul*. La agrupación se forma en Caracas a mediados de 1966 siendo sus integrantes Juan José Gómez (voz), Julio César García (guitarra líder), Jesús Enrique «Chuly» Hernández (segunda guitarra), José Eduardo Padrón (bajo) y Lee Saidman en la batería, pero al poco tiempo Lee Saidman deja el grupo y es sustituido por Horacio Hernández, quien para entonces solo contaba con 12 años y aún no había culminado la primaria. El resto del grupo estuvo integrado por Juan José Gómez, voz; Jesús Enrique Hernández El Chuly, segunda guitarra y Julio César Sánchez, guitarra líder.

Horacio Hernández. Foto cortesía de Horacio Hernández

En la revista Ritmo Fans, de agosto del 66 aparece la siguiente reseña:

*"... **Los Bonneville** comenzaron como uno de los tantos grupos de surf en Caracas, pero el tiempo los llevó a convertirse en los mejores versionando a **Jimi Hendrix**, pasando a las filas de la psicodelia venezolana."* Sin embargo, los miembros del grupo rechazan la información de que alguna vez fueran un grupo de surf".

*"... Nosotros jamás fuimos un grupo de surf, no sé porque aparece eso allí, porque cuando comenzamos a tocar estaban **Los Beatles**, pero ya se comenzaba a escuchar esa música ácida que tanto nos gustaba".*
- Horacio Hernández s/f

Poco tiempo después, entró como bajista de **Los Bonneville**, el joven José Eduardo Padrón, de 16 años: *"Con respecto a José Eduardo Padrón, el bajista, recuerdo que era una persona bastante sobria y poco amigo de los desordenes. Le gustaba la puntualidad y la seriedad para el desempeño de sus actividades con el conjunto (...) No podré borrar de mi mente el día en que Napoleón Bravo nos llevó a Mi vaca y yo, recuerdo que fue un primero de agosto del año 1965, para entonces estábamos comenzando, Napoleón era amigo de Chuly y quiso presentarnos en ese local nocturno para ver si nos contrataban. Llegamos e hicimos nuestra presentación, seguidamente subieron a la tarima **Los Claners** y el resultado fue una tremenda paliza que nos dieron. **Los Claners** ya contaban con una profesionalidad impresionante,* dicho incidente nos obligó a perfeccionarnos más cada día; Fue una buena lección, no la olvidamos nunca".
Raúl Rodríguez s/f

Eduardo Padron. Foto Cortsía del Dr. Cesar Sanchez Bello

JUNIO - LAS PATOTAS

Foto cortesía del diario El Nacional

Ese mes comienza a ser notoria otra «actividad» juvenil que aterrorizó a los habitantes de la ciudad capital, se trata de las patotas, un fenómeno importado desde algunas ciudades de Estados Unidos, sin precedentes en el país. Las primeras patotas aparecen en el Este de la ciudad, estos pandilleros motorizados se repartieron su territorio en zonas que comenzaban desde Sabana Grande, El Rosal, el Country Club, Altamira, la Castellana y los Palos Grandes.

El periódico El Nacional publica entre sus titulares del día 2 de junio: "Prosiguió ayer la batida contra las patotas en varios sitios de Caracas en Los Palos Grandes, Vista Alegre y El Paraíso" mientras que el día 5 la revista Momentos reseña "Las PATOTAS: ¿Se acabó la indulgencia policial?".

"Los muchachos de la clase media importaron el fenómeno a Venezuela porque eran los que viajaban. Para esos años se sabía poco de cocaína, lo que acrecentó el deseo de la juventud por rebelarse, mimetizarse... usar el cabello largo, chaquetones, pantalones de blue jeans. Estaba infestado el sentir de los muchachos por la guerra de Vietnam, el Mayo Francés y por una película llamada Rebelde Sin Causa, con James Dean. Fue una manifestación sociocultural (...) Los patoteros, con pintas de hippie y el lema de "amor y paz" con la infaltable señal de victoria, se convirtieron en el furor sesentero. Se caracterizaban por desplazarse en ruidosas motos, exhibiendo rollos de cadenas con las que emprendían ataques contra los vehículos o contra alguna de las discotecas de moda en las que no eran bien recibidos. Todas esas actividades eran delictuales, porque si usted agarra una cadena y se pone un uniforme, una chaqueta con un diseño psicodélico, anda en una moto y se consigue a un tipo por ahí, y le da dos carajazos usted es un malandro".
- Silvio Vargas, Comisario de la Policía Técnica Judicial

AGOSTO - LOS SINGLES

Fue un grupo formado en Maracaibo estado Zulia que mantuvo viva la llama de los primeros grupos zulianos de surf instrumental.
, la banda estaba conformada por

Los Singles en el canal Tele 13 de Maracaibo.
Foto cortesía de Max Salas

⬥ Douglas Antepara: Guitarra líder
⬥ Max Salas: Guitarra rítmica
⬥ Mauricio Matute: Bajo
⬥ Jorge Rodríguez: Batería

"... La mamá del baterista Jorge Rodriguez nos compró los amplificadores y cada quien tenía su instrumento, ensayábamos en su casa por la vía de Ziruma cerca del antiguo Rectorado. En esa época estaban muy de moda algunos grupos que tocaban música instrumental, como The Ventures, además no teníamos un buen cantante por lo que decidimos seguir esta corriente, aprovechando a Douglas que era un guitarrista muy virtuoso, de origen peruano y vivía cerca de mi casa en la calle 82B cerca del Centro Landia. Mauricio, quien todavía vive en Maracaibo, fue un gran bajista y formamos un grupo muy acoplado. Tocábamos constantemente en fiestas privadas, Club Náutico, Bella Vista y Comercio. Tocamos también en el canal 13 del Zulia, de donde proviene la foto que te envié. Como la mayoría de los grupos, éramos todos estudiantes y no pudimos mantenernos juntos más tiempo. Tampoco alcanzamos a grabar nada formalmente".
- Max Salas s/f

LOS HOLIDAY'S EN ESPAÑA

"Los Holiday's se presentaron principalmente en el área de Barcelona/Costa Brava... Discomoda había contratado un manager en Barcelona, que conseguiría las presentaciones. Normalmente tocábamos los viernes y sábados, pero a veces también domingos y miércoles". - Franklin Holland s/f

"En el verano de 1966 Los Holiday's se convierten en el primer grupo de rock venezolano en viajar a España. cubren La Costa Brava, Costa del Sol y los clubs de Barcelona, comparten con algunas de las bandas más populares como Los Sirex, Los Jóvenes, Los Bravos, Tony Ronald, Los Brincos y Los Gatos Negros, que se presentaban en la zona durante el Verano de las Flores".
- Wolfgang Vivas 30/05/2011

Imagen cortesía de Franklin Van Splunteren

Casino de Granollers
Club de Ritmo

Domingo, 28 agosto 1966 - A las 11,30

GRANDIOSA MATINAL DE MUSICA MODERNA

LOS JOVENES
LOS MUSTANGS
LOS GATOS NEGROS

y el conjunto internacional

Los Holyday

En el Patio Jardín, un mano a mano entre los mejores conjuntos españoles

Los Holidays en España. Foto cortesía de Franklin Van Splunteren

28 DE AGOSTO

Los Holiday's se presentan en el Casino de Granollers (Club del Ritmo) en Granollers (España) junto a **Los Jóvenes** (España), **Los Mustangs** (España) y **Los Gatos Salvajes** (Argentina).

LOS IMPALA 2.2

La entrada de Bernardo Ball recargó las baterías de **Los Impala**. Elevando el nivel de la agrupación, **Los Impala** se convertían así en una especie de *dream team*. La nueva alineación estuvo compuesta por:

- Rudy Márquez: Voz Principal
- Edgar Quintero: Guitarra y Voz
- Francisco Belisario: Guitarra y Voz
- Nerio Quintero: Bajo
- Bernardo Ball: Batería

Con esta alineación, **Los Impala** lanzan su cuarto álbum titulado *Los Impala y su Música*, a través del sello Velvet con numero de serie LPV-1289, el cual fué lanzado en 2 versiones, una con todos los temas cantados en español y otra con todos los temas cantados en inglés.

"Este es el primer disco donde todas las composiciones son propias. Para entonces ya teníamos tanta influencia del rock anglosajón que el siguiente paso era obviamente cantar en inglés, así que, en un momento determinado, mientras ensayábamos las nuevas canciones, se nos ocurrió la idea de hacer las letras también en inglés, entonces como ya habíamos grabado la pista de la música y ya teníamos las letras en inglés, pues lo grabamos también en ese idioma".
- Edgar Alexander 24/11/2012

Imagen cortesía de Danny Torres

Lado A
01. Qué Me Importa (Quintero/Márquez/Belisario)
02. La Muchacha Que Yo Quise (Márquez/Belisario)
03. Yo Soy Así (Quintero/Márquez)
04. Veneno De Amor (Quintero/Márquez/Belisario)
05. Mi Corazón comienza a Amar (Quintero/Márquez)
06. Crepúsculo (E. Quintero)

Lado B
07. Cada Vez (Quintero/Márquez/Belisario)
08. Por Fin (Márquez/Belisario)
09. Yo Sé (Quintero/Márquez)
10. Dicen, Creen (Quintero/Márquez)
11. Te Llevaré Al Altar (Márquez/Belisario)
12. Te Quiero Con Locura (Quintero/Márquez)

El álbum en inglés contiene exactamente las mismas canciones y los mismos créditos

Lado A
01. I Don't Care
02. The Girl That I Love
03. So I Am
04. Poison of Love
05. My Heart Started to Fall in Love
06. Sunset

Lado B
01. Everytime that you come to me
02. At Last
03. I Know
04. They Say, They Think
05. Te llevaré al Altar
06. You're my girl

04 DE SEPTIEMBRE

La versión del tema *Tu la vas a perder* a cargo del grupo **Los Darts.** Llega al puesto N°.1 en el *Hit Parade* de Radio Caracas Radio.

LOS PRIMITIVOS

Los Primitivos fue un grupo que surgió en la era dorada del *pop* venezolano, pero con inclinaciones más hacia el *rhythm and blues* que hacia el *pop*.

"...Nos formamos en 1966. Nuestras edades oscilaban entre los 14 y 16 años. En ese año entramos al Club del Clan después de una audición y tuvimos una gran acogida de parte de José Hernández y Richard Herd hasta el punto que nos compraron un equipo completo de amplificadores en la tienda Fender en Sabana Grande. Lo nuestro era Los Rolling Stones y competíamos con Los Darts que versionaban a Los Beatles. Recuerdo cuando Los Darts estrenaron su versión de Monday Monday de Los Mamas and Papas y nosotros tocamos Paint it black lo último de Los Stones".
- Carlos Sposito 09/04/2013

El grupo **Los Primitivos** estuvo integrado por:

- Carlos Sposito: Guitarra líder
- Juan Pablo Sposito: Voz
- Johnny Bernott
- Eduardo Ortiz
- José Ramón «Pupy» Salazar: Bajo
- Emilio Ruiz: Batería

Los Primitivos.
Foto cortesía de Carlos Esposito

THE HORSE BREAKERS

Los Horse Breakers no fue una agrupación que haya tenido impacto alguno sobre el rock venezolano, de hecho, ni siquiera llegaron a realizar una grabación o tener presentaciones en eventos importantes. Sin embargo, en ella comenzó su carrera uno de los guitarristas emblemáticos del rock hispano: Salvador Dominguez.

"El nombre de Horse Breakers estuvo inspirado en los Bluesbreakers de John Mayall, quien para entonces era uno de nuestros idolos referentes».
- Salvador Dominguez s/f

Foto cortesía de Salvador Dominguez

El grupo se forma en Colinas de Bello Monte y estuvo integrado por:

- José María Casas favá: Bajo
- Antonio Sanlo: Batería
- Manuel Golczer: Guitarra líder
- Salvador Domínguez: Guitarra

Posteriormente Salvador Domínguez se mudaría a Colombia y luego a España donde desarrollaría una brillante carrera como guitarrista al frente de agrupaciones de gran prestigio en la década de los 70 y 80 como lo fueron **Banzai** y **Tarzen**, siendo reconocido internacionalmente como uno de los mejores guitarristas de Europa y también como uno de los mejores del mundo.

Foto cortesía de Salvador Dominguez

LOS IMPALA – FECHA DE PARTIDA

"... Las cartas de Sandra siguieron llegando hasta que al fin llegó una en donde nos indican la fecha de salida: 16 de septiembre, Buque Rossini, hora de salida: 4p.m. desde el puerto de La Guaira-vía Santa Cruz de Tenerife-Barcelona".
- Rudy Márquez s/f

14 DE SEPTIEMBRE

UNA FIESTA DE DESPEDIDA

«... La noticia corrió como la pólvora, la prensa y los medios se hicieron eco de inmediato y organizamos una fiesta de despedida en Mi Vaca y Yo».
- Rudy Márquez s/f

«... Varios grupos de la época se reunieron para tocar y cantar en un acto nunca antes visto...Los Impala, Los Claners, Los Darts, Los Supersónicos, Los Dangers, Los Memphis, el Sexteto Juventud, Henry Stephen, Cherry Navarro, Paco Piedrafita, Toco Gómez, Chelique Sarabia, entre otros... todos juntos en un sólo espíritu deseando lo mejor a estos cinco jóvenes en su gran aventura hacia el viejo continente y poner bien en alto el nombre de Venezuela...».
- Bernardo Ball s/f

"... Era la noche del 14 de septiembre de 1966, la fiesta comenzó a las 8 de la noche y nosotros cerramos el show, casi a las 6 de la mañana, dos días después, nos fuimos".
- Rudy Márquez s/f

La fama de **Los Impala** había desbordado las fronteras nacionales y sus actuaciones en Radio Caracas Televisión les abrieron las puertas de Puerto Rico, República Dominicana, Aruba, Colombia y gracias a las diligencias de Sandra Lebroq, parten decididos a conquistar Europa.

LOS DANGERS - FINAL DEL CAMINO

Así como **Los Impala** se despedían del país, esta también sería la última presentación de **Los Dangers**, quienes en ese momento tenían la siguiente alineación:

- Rafael Peñalver: Guitarra líder
- Charlie Spiteri: Voz líder
- Mauro Toledo: Segunda guitarra
- José Manuel Arria "Chema": Bajo
- Cristóbal: Batería

Luego de este evento la agrupación se separa.

VIERNES 24 DE SEPTIEMBRE - LOS 007 – UN GOLPE DE SUERTE

"... Manolo (Álvarez) logró convencer a su padre, quien era gerente general de Radio Caracas Radio El Sr. Oscar Álvarez Delemos, para realizar una grabación para ver cómo sonaríamos en radio. Él nos consiguió un pequeño estudio y ese día grabamos la canción Hoy lo supe que ya era un éxito de Los Claners."
- Jorge Chapellin 02/09/2012

"... Con esa canción, competimos en la tarde nada más y nada menos que con Los Claners"».
- José Galpasoro 02/09/2012

"... Y por increíble que parezca, el público prefirió nuestra versión".
- Manolo Álvarez 02/09/2012

A raíz del éxito logrado en esa presentación radial el Sr. Álvarez conversa con Eduardo Morel, locutor de la misma emisora y acuerdan en que el grupo haga una presentación en la fiesta de cumpleaños de Mariela Capriles y como regalo el grupo actuaría esa noche.

"... Después de vernos actuar, Eduardo Morel nos felicitó. A él le gustó mucho la canción: Ella es un Amor y nos dijo que, ¿si él conseguía un estudio podíamos tocar igual que como lo acabamos de hacer?, nosotros le dijimos que sí y entonces para demostrárselo la tocamos tres veces más esa misma noche".
- José Galpasoro 02/09/2012

EL ÚLTIMO BESO

El lunes siguiente Eduardo Morell les entrega un 45 rpm con la canción *El Último Beso* interpretado por el artista Mexicano **Polo Urias**, El Último Beso es un tema original de **Wayne Cochran**, el cual no debe confundirse con **Eddie Cochran**, autor del tema *Sumertime Blues*.

"... Se trataba de un tema pavosísimo sobre unos novios, un accidente, un muerto y una lloradera, a nosotros no nos gustaba mucho la idea del tema, pero Morell insistió y nos dijo: Si Uds. quieren pegar, graben esto ...".
- Manolo Álvarez s/f
⋆ En Venezuela se solìa definir como *Pavoso* a aquello que representaba mala suerte

"... José Benedicto la sacó en la guitarra, hizo los arreglos y esa misma noche la montamos"».
- Jorge Chapellin 02/09/2012

JUEVES 29 DE SEPTIEMBRE

Los 007 llegan a final de la tarde a los estudios de La Discoteca para grabar dos temas: *Ella es un amor* y *El último beso*. Al finalizar, El técnico Julio Cesar Anides sacó una copia de la cinta con los dos temas la cual fué enviada al locutor Eduardo Morel quien la incluyó en el programa de la tarde de Radio Caracas Radio que se transmitió al siguiente día viernes, ese mismo día **Los 007** reciben una avalancha de llamadas, quedando en primer lugar en su programa *El Traga Diez de los Éxitos*. Al día siguiente sábado 01 de octubre de 1966, ocurre lo mismo en el programa *Hit Parade* de Clemente Vargas Jr. logrando alcanzar el tercer lugar. A partir de entonces se mantuvo durante veinte semanas consecutivas en primer lugar. El contrato con la casa disquera no se hizo esperar, el grupo comenzó a grabar el primer LP y empezaron a llover los contratos y las llamadas telefónicas.

Imagen cortesía de Manolo Alvarrez

LOS CLANERS – PARA LA GENTE JOVEN

"... Francisco era un gran baterista, pero tenía toques fijos con el maestro Gerry Weil, así que solía llegar tarde a los ensayos, cosa que molestaba muchísimo a Carlos, por eso habló con Frank Rojas que venía tocando con el grupo Los Yeah, Yeah, Yeah y entonces por un tiempo tuvimos 2 bateristas, hasta que Carlos simplemente sacó a Francisco del grupo".
- *Oswaldo de la Rosa. 01/04/2011*

Durante la grabación de su segundo álbum, Carlos Martínez comenzó a hablar sobre la posibilidad de viajar a España.

"... A mí la idea de viajar no se me hizo atractiva, así que le dije a Carlos que no viajaría ya que quería continuar mis estudios de electrónica, por eso solo grabé dos temas del segundo Disco"».
- *Oswaldo de la Rosa 27/02/2011*

"... Cuando Oswaldo se fue de Los Claners yo le dije a Frank (Rojas) que le hablara a Carlos para que me metiera como bajista, pero en vez de llamarme a mi buscaron a José Fortoul del grupo Los Holiday´s, lo cual me causó una gran decepción".
- *José Manuel «Chema» Arria 09/09/2012*

José Fortoul, entra a **Los Claners** por muy breve tiempo, llegando a grabar solo uno de los temas del disco que estaba en proceso.

"... Al separarse los Yeah Yeah Yeah yo pasé a tocar con Los Dangers. pero un día me dicen que Carlos Martínez (de Los Claners) me estaba buscando, yo estaba molesto con él, porque habían metido a otro bajista y no a mí; así que me puse duro y no le paré ... un día se apareció Carlos en su limosina (Si, Carlos tenía una Limosina) y me dijo que lo acompañara que íbamos a pasear y a conversar y lo cierto es que pasó toda la tarde convenciéndome para que ingresara al grupo; después que le dimos la vuelta a media Caracas finalmente acepté. Al otro día cuando me tocó ensayar con Los Dangers yo comencé diciendo: " muchachos, no sé cómo decirles esto..." y ellos me atajaron diciendo..." sí... ya nosotros sabemos que te fuiste con Los Claners" ...".
- *José Manuel «Chema» Arria 09/09/2012*

Los Claners eran entonces:
- Car Martin (Carlos Martínez): Guitarra y voz principal
- Adib Casta: Guitarra líder y voz
- Frank Rojas: Baterista
- Chema Arria: Bajo

Con esta alineación graban el álbum *Para la gente joven*, publicado por el sello Phillips con número de serie 11042.

Es evidente el cambio de piezas que había sacudido al grupo, no solo en la carátula sino también en los créditos de las canciones, se observa que el tema *Olvida Ya* es de Oswaldo de la Rosa, mientras que *Abrázame para amarme* es del fugáz José Fortoul. Chema Arria aporta por su lado dos temas: *Debes Cambiar* y *Tarde o Temprano* vendrán co-escrito por Arria y Martinez. Carlos Martinez por su lado presenta una composición propia y dos versiones. El resto de los temas son acreditados a sus respectivos autores. Solo un tema *No debo decir* corresponde a Adib Casta. El álbum posee una producción mucho más limpia que el anterior y un sonido más cercano al *flower power* o *hippie* que estaba comenzando a hacerse sentir para la época.

Lado A

01. Sin Tener Que Mentir (Carter/Lewis/Martin)
02. Tarde o Temprano vendrán (J. M. Arria/Martin)
03. No Debo Decir (Adib Casta)
04. Gitana (R. Nelson)
05. Gente Joven (Carl Martin)
06. Vendrás a Mi (Curtis/Martin)

Lado B

07. Qué Me Has Dado (Raúl Renault/Esther de Bassega)
08. Tu Baby (P. F. Sloan/Steve Barry)
09. Mejor (González/Morales/Arbex/Pardo)
10. Abrázame Para Amarme (José Fortuol)
11. Olvida Ya (O. de La Rosa)
12. Debes Cambiar (J. M. Arria)

Imagen cortesía de José Luis Cedeño
Unamés

"Ivo (de Los Supersónicos) y Car Martin (de Los Claners) eran unos tipos bien atrevidos, en aquella época no era bien visto llevar el pelo largo, si ibas a la universidad había gente que entre varios te agarraban y con una tijera te cortaban el pelo de lo más horrible".
- Ray Ross Jones 09/09/2012

"Para la foto del disco, Frank recién se había cortado el pelo porque iba a entrar a la universidad"».
- José Manuel «Chema» Arria 09/09/2012

LOS IMPALA - Y VIVA ESPAÑA...

El éxito no se hizo esperar para **Los Impala** estos se convierten en uno de los grupos más girados en la península y son ovacionados y admirados desde su misma llegada. El impacto de **Los Impala** en España fue de tal magnitud que acapararon la atención nacional.

Los Impala - Foto cortesía de Rudy Marquez

LOS DARTS – VOL. II

En vista del gran éxito de su primer álbum, el sello Sonus da carta blanca para el segundo LP de **Los Darts**, con número de serie Sonus LPS-1137, logrando incluso mayor éxito que el anterior. El álbum repite exactamente la misma fórmula, nuevamente fue producido por los hermanos José Hernández y Richard Herd con la dirección artística de Arnaldo Medina y con arreglos musicales y versiones al español de Carlos Morean.

Imagen cortesía de Dany Torres

- ↓ Víctor Gámez: Voz líder
- ↓ Augusto Delima: Guitarra líder
- ↓ Carlos Morean: Guitarra y coros
- ↓ Richard Aumaitre: Bajo y coros
- ↓ Claudio Gámez: Órgano
- ↓ Rafael Pimentel: Batería
- ↓ Invitado: Ronald Hobaica (piano en *Ahora Es tarde*)

Lado A
01. Ahora Es Tarde (Goldsboro)
02. Si Estás Triste (Gouldman)
03. Hoy Te Toca A Ti
04. Aquí, Allá y Donde Sea (Lennon/McCartney)
05. No Volveré A Querer (D.R.)
06- Vueltas y Vueltas (D.R)

Lado B
01. Nada Que Explicar (Lennon/McCartney)
02. Te Llamo A Ti (Lennon/McCartney)
03. Sólo Pienso En Tú (Colley/Colley)
04. Tu Nunca Sabrás (C. Morean)
05. Sólo existes Tú (C. Morean)
06. Dime Por Qué (Lennon/McCartney)

"Después que Los Darts se hicieron famosos no solamente en Venezuela sino en otros países, comenzó la entrada de dinero. Nos contrataban en todas partes y como éramos unos muchachos, casi todo el dinero que entraba lo gastábamos. Richard se compró un Mercedes Benz 190SL convertible. Carlos tenía no sé cuántas guitarras, una de ellas con clavijas de oro. Augusto se compró una guitarra Gibson estéreo que hoy en día no tiene precio, compramos el mismo equipo que utilizaban Los Beatles en sus presentaciones, único en Venezuela, yo llegué a viajar por un fin de semana a Nueva York, vivíamos yendo y viniendo. Alquilamos un Pent-House fijo los fines de semana en el Macuto Sheraton y pare Ud. de contar... Si hubiera sido hoy en día, cada uno se hubiera comprado un Jet"». - Claudio Gámez 25/04/2011

15 DE OCTUBRE
LOS HOLIDAY´S

Los Holiday's se presentan el día viernes 15 de octubre en el Club San Carlos y en la matinée del sábado siguiente en el mismo lugar.

Imagen cortesía de Franklin Van Splunteren

"«En España grabamos un disco 45 RPM de Los Holiday´s en los estudios de la RCA en Barcelona, pero nunca fue publicado. Las 4 canciones de ese 45 rpm fueron escritas por Franklin Holland".
- Rurik Grassi 28/08/2012

Viajan también a Bélgica, Francia e Italia. Durante su estadía por el viejo continente **Los Holiday's** realizaron más de 50 presentaciones. Las influencias de la banda todavía se orientaban hacia el *pop*, pero era evidente la influencia que **Cream** y **Hendrix** estaban teniendo sobre su guitarrista Franklin Holland, quien comenzó a introducir improvisación de solos de guitarra en sus presentaciones.

EL ÚLTIMO BESO (EL ÁLBUM)

Luego del éxito de *El último beso* El sello SONUS lanza el primer álbum de **Los 007** con el mismo título y con número de serie LPS-1134, el cual logra vender la extraordinaria cifra de 75 mil copias, todo un récord de ventas para la época, cabe destacar que en 1966 no todas las familias tenían un tocadiscos en su casa y que estos, además de ser una novedad (al igual que la televisión), también era un lujo. **Los 007** debutan discográficamente con la siguiente alineación.

- ↓ Jorge Chapellín: Voz
- ↓ José Galpasoro: Guitarra Líder
- ↓ Guillermo Berincua: Guitarra
- ↓ Javier Atance: Bajo
- ↓ Manolo Álvarez: Batería

Lado A
01. El Último Beso (Eddie Cochran/Omero)
02. Y Tú No Quieres (Lennon-McCartney/M. Álvarez)
03. Operación Géminis (Javier Atance)
04. Carmen (Javier Atance/Manolo Álvarez)
05. Cherry Cherry (Manolo Álvarez)
06. Renacerá (Los Brincos)

Imagen cortesía de Danny Torres

Lado B
07. Tus Ojitos Pardos (Jorge Chapellín)
08. Ella Es Un Amor (D. Sham/ Manolo Álvarez)
09. Operación Trueno (Don Black)
10. Tu Me Dijiste Adiós (Los Brincos)
11. Sorbito De Champagne (Los Brincos)
12. Palabras De Amor (Buddy Holly/Jorge Chapellín)

El debut televisivo fue en *El Club del Clan*, aunque luego firmaron contrato exclusivo con *El Show de Renny*, al presentarse en el más prestigioso programa musical de la televisión venezolana y el éxito de la cancion *El último beso* los convirtió en el grupo más exitoso del momento.

"Recuerdo que cuando viajamos a Curazao, nos estaba esperando un gentío en el aeropuerto, nosotros pensamos que venía alguien importante en el avión y cuando bajamos, entonces se nos viene la gente encima, cuando vimos las pancartas fue que entendimos que la cosa era con nosotros, se formó un despelote y hasta tuvo que venir la policía para que pudiéramos pasar".
- Jorge Chapellin 02/08/2011

Los 007 fue la revelación del año. *El último beso* ha tenido infinidad de versiones, sin embargo, a juicio de muchísimas personas no existe una mejor versión que la interpretada por el grupo venezolano**Los 007**.

HENRY STEPHENS – EL EP

El sello Velvet se prepara para el lanzamiento del primer álbum solista de **Henry Stephens**, lanzando un EP titulado *Lord Henry con Los Impala*, de esa manera el sello se aseguraba de posicionar a Henry como solista utilizando el sello de fábrica del nombre **Los Impala** El EP, contiene los siguientes temas:

01.- *Cansado de esperar*
02.- *Hang on Sloopy*
03.- *Tú me quieres*
04.- *Regresa nuevamente*

Imagen cortesía de Danny Torres

HENRY STEPHEN– LORD HENRY

El abreboca tiene éxito y al poco tiempo el público ve en las tiendas el primer álbum solista del ex-cantante de **Los Impala**. Al igual que el EP anterior, el primer álbum de **Henry Stephen** especificaba que era acompañado por **Los Impala** además de **La Orquesta de Jaime Gay**, con lo que se pretendía convencer al público sobre la calicad musical del álbum. El álbum contiene solo dos de los temas publicados previamente en el EP.

Imagen cortesía de Danny Torres

Lado A	Lado B
01. Mis costumbres	06. Eres de mí
02. Tú me quieres	07. Te llamo a ti
03. En el club	08. Es de noche
04. Yo recuerdo	09. Cansado de esperar
05. Ritmo de la lluvia	10. She´s come again

Los temas *Hang on Sloopy* y *Regresa Nuevamente* aparecidos en el primer EP de **Henry Stephens**, no fueron incluidos en su primer álbum solista.

"Los Impala éramos un grupo con grandes valores... Dejar el grupo fue como abandonar a la familia, pero gracias al apoyo de Renny Ottolina continué en la música, pero como solista".
- Henry Stephens s/f

NOVIEMBRE - LOS HOLIDAY'S – EL REGRESO A CASA

Terminado el verano y de vuelta a Venezuela **Los Holiday's** enfrentan su última transformación. Ya en España Wolfgang Vivas y Frank Kunz había expresado su deseo de no continuar en la banda, así que de vuelta a Caracas y con la salida de Wolfgang y Frank, el quinteto quedó reducido a un trio con Rurik Grassi en la Batería, Froggie en el bajo y Franklin en la guitarra.

NAPOLEÓN BRAVO

Ese mes se comienza a transmitir por Radio Cultura el programa *Gente en Ambiente* conducido por José Ovidio Rodríguez quien comienza a usar su nombre artístico «Napoleon Bravo». El programa de una hora se transmitió cada sábado. Napoleon Bravo comienza así una exitosa carrera como locutor juvenil convirtiéndose en uno de los mayores impulsores de la «música moderna» en el país y uno de los referentes de la nueva generación de locutores venezolanos.

Foto cortesia de Napoleon Bravo

LOS SUPERSÓNICOS

Los Supersónicos lanzan el 5º disco de su carrera, y segundo de ese mismo año.

"En ese disco nosotros grabamos Monday Monday que estaba pegada por The Mamas and the papas, pero Los Darts también la grabaron y ellos fueron quienes la pegaron. La versión de nosotros también sonó e incluso se utilizó la nuestra para muchas identificaciones de radio, para hacerla competir entre las dos, lo cual de alguna manera también movía y promocionaba el disco. Sin embargo, las canciones que más gustaron de ese LP, fueron: Todos aman a un payaso, La Fiesta Va a Empezar y curiosamente, fue muy solicitado el instrumental Los Paraguas De Cherburgo".
- Alexis Hernández-Hidalgo 23/11/2012

Imagen cortesía de Danny Torres

184

Lado A

01. Todos aman a un payaso (Lewis/E. Ruíz)
02. Cuando seas viejo (Lewis/A. Hernández)
03. Monday, Monday (Phillips/A. Veitía)
04. Los paraguas de Cherburgo (Legrand/Demy)
05. Triste Amor (A. Veitía)
06. El Espíritu de San Luis (A. Veitía)

Lado B

07. Día De Descanso (A. Veitía)
08. La fiesta va a empezar (Wilson/A. Veitía)
09. Cuando seas hombre (R. Davies/A. Hernández)
10. Nunca sabrás (Clark/A. Veitía)
11. 16 Toneladas (M. Travis/A. Hernández)
12. Yo sé muy bien (B. Wilson/A. Hernández)

"Con este disco quisimos probar alejándonos de The Beatles y de la música que estaban interpretando los otros grupos del momento... El disco tuvo buena acogida y nos mantuvo bastante bien, incluso durante este mismo tiempo grabamos un álbum con el cantante argentino Johny Tedesco y entonces ambos discos se movieron bastante bien".
- Alexis Hernández-Hidalgo s/f

JOHNY TEDESCO

Johny Tedesco es el nombre artístico de Alberto Felipe Soria, uno de los grandes cantantes de la nueva ola argentina, quien se encontraba de gira (Aun sigue cantando). ¡Durante su paso por Venezuela lanza el álbum Johny! con el acompañamiento musical del grupo **Los Supersónicos**, logrando buenos lugares en la cartelera de éxitos con el tema *Era un muchacho que como yo que gustaba de Los Beatles y los Rolling Stones* original del cantante italiano **Gianni Morandi** y *El último tren de Clarksville* que fue popularizada por el grupo **The Monkees**. **Los Supersónicos** grabaron la base musical para la mitad de las interpretaciones de **Johny Tedesco**, haciendo de este un disco curioso dentro de la discografía latinoamericana.

Imagen cortesía de Danny Torres

En el otoño de 1966, el sello RCA Víctor de los hermanos Antor pública el LP **Johhny Tedesco** con número de serie LPV-7530 el cual incluye las siguientes canciones:

Lado A
1. Un muchacho que gustaba de los Beatles y los Rolling Stones
2. Él nos ayudará
3. El último tren a Clarksville
4. Jamás
5. Lady Jane
6. No quiero verlo

Lado B
1. Noches de Caracas
2. Tiempo de llorar
3. Tu nena
4. Eva de destrucción
5. Vuelvo a ti
6. Ya no estás

"...Yo había comenzado a grabar un álbum en Argentina, pero los compromisos internacionales hicieron que la grabación del álbum se detuviera, así que solo tenía 6 de los 12 temas del álbum. Estando en Caracas para una serie de presentaciones en TV, ví al grupo Los Supersónicos y me pareció un grupo muy bueno y pensé que con ellos podría terminar mi álbum, así que llamé a los productores en Argentina quienes estuvieron de acuerdo, así que realizamos las grabaciones y terminamos el álbum en Caracas".
- Johny Tedesco s/f

LOS DARTS VIAJAN A USA

Ese año viajaron a New York donde durante 15 días se presentaron en noticieros locales y realizaron toques en clubes locales

«El viaje a N.Y. Fue en diciembre del 66 empezando el invierno. Allá grabamos dos piezas inéditas en un estudio en Baltimore».
- Augusto De Lima 26/04/2011

*Los Darts al momento de tomar el vuelo con destino a Nueva York.
Foto cortesía de Augusto de Lima*

"Cuando fuimos a New York y asistimos a discotecas y locales nocturnos de esa época, el Cheetah o el Café a Go-Go en Greenwich Village vimos que nosotros no estábamos a la altura de los grupos que se presentaban allí y de verdad nos impresionaron bastante. En ese momento se empezó a especular entre nosotros que el que menos tocaba era Pajarito (craso error) y entonces, si queríamos llegar a otro nivel, tendríamos que salir de él"».
- Ricardo Aumaitre 28/04/2011

PROFETAS EN SU TIERRA

Mientras estaban en España, **Los Holiday´s** ganan un disco de oro otorgado por la casa disquera Discomoda en virtud del número de copias vendidas. De esta manera **Los Holiday´s** demuestran que el público venezolano gusta de la música sin importar el idioma en que se cantase y segundo, que era posible ser exitoso grabando sus propios temas.

BRENNER´S FOLK

Los Holidays recibiendo su disco de oro por el album "The sound of the Holidays".
Foto cortesía de Franklin Van Splunteren

Mientras todo eso ocurría en Venezuela, en Barcelona, España, los hermanos Brenner: Vytas (Guitarra) y Haakon (bajo) junto a Jordi Sabatés en la batería y a Toti Soler en la segunda guitarra, conformaban un grupo llamado **Vytas Brenner´s Quartet**. Y ensayaban en el sótano de una farmacia en la Vía Laietana. En la pensión donde vivían los hermanos Brenner, tamnién vivía una mujer que les comentó que la hija de una amiga suya sabía tocar la guitarra y había compuesto algunas canciones y que, si era posible que la escucharan cantar, los hermanos accedieron a que fuera a verles y que tocara algunos de sus temas. La chica de nombre Jeanette Anne Dimech fue a verlos ensayar y quedó encantada con lo que oyó. A continuación, tocó algunas de sus propias canciones, una de ellas *Cállate niña*, tema que había compuesto con tan sólo catorce años y provisto unicamente de tres acordes. Hubo buena vibra entre ellos y rápidamente la aceptaron. Puesto que ya no eran un cuarteto, decidieron cambiarse el nombre, y a partir de ese momento pasaron a llamarse **Brenner's Folk**, dejando clara su influencia del folk-pop encabezado por artistas como **Donovan, The Mamas & The Papas**, o **Peter, Paul & Mary**. Bajo el sello Edigsa, lanzan en el verano del 66, su única producción discográfica, un EP con número de serie CM133.

Imagen cortesía de Williams Leon

Integrantes
- Jordi Soler: Guitarra líder, Coros
- Vytas Brenner: Guitarra y coros
- Haakon Brenner: Bajo
- Jordi Barange: Batería
- Jeannette: Voz Solista y coros

Lado A
Daurat oest (V. Brenner)
Clara Lluna (V. Brenner)

Lado B
Ho se (V. Brenner)
Amor Perdut (V. Brenner)

Cuando todo empezaba a funcionar para la agrupación, la familia Brenner se vuelve a Venezuela, los miembros restantes cambian el nombre del grupo a **Los PIC-NIC** logrando éxitos a nivel internacional. Vytas Brenner por su parte fundaría en la siguiente década una de las agrupaciones más importantes del rock venezolano: el grupo **OFRENDA**.

ÉXITOS MUSICALES EN VENEZUELA 1966:

Nacionales

- *Muévanse Todos* (**Los Impala**)
- *Tú La Vas A Perder y Ahora es Tarde* (**Los Darts**)
- *Jambalaya y Rosas Rojas Para Una Dama Triste* (**Los Supersónicos**)
- *Hoy Lo Supe* (**Los Clanners**)
- *El Ultimo Beso* (**Los 007**)
- *Tu Manera De Ser y Sabes Por Qué* (**Los Blonder**)
- *El Patito* (**Los Hermanos O'Brien**)

Internacionales

- *Help, Yesterday, Paperback Writer, Submarino Amarillo, Taxman, Nowhere Man y We Can Work It Out* (**Los Beatles**)
- *Monday Monday y California Dreaming* (**The Mamas and The Papas**)
- *Last Train To Clarsville y I'm A Believer* (**The Monkees**)
- *Cuando Un Hombre Ama A Una Mujer* (**Percy Sledge**)
- *Winchester Catedral* (**Vaudeville Band**)
- *Los Sonidos del Silencio* (**Simon and New Garfunkel**)
- *Tijuana Taxi* (**Herb Alpert**)

1967

La Psicodelia
y el Soul

Página intencionalmente en blanco

¿TIENES EXPERIENCIA?

Ese año aparece uno de los discos trascendentales para la historia del *rock*, Se trata del álbum debut de **Jimi Hendrix** *Are you experienced*. Al igual que el álbum *Fresh Cream* lanzado el año anterior, el álbum *Are you Experienced* estaba destinado a cambiar el mundo de la música con sonidos absolutamente novedosos. El camino de la música estaba ahora claramente definido y los nuevos grupos venezolanos comenzarían a transitar esos nuevos rumbos.

Imagen cortesia de Reprise Records

¿QUÉ ES LA PSICODELIA?

Imagen Psicodelica

Es el nombre con el que se denomina a la experiencia producida por el consumo de sustancias psicotrópicas. La música psicodélica es un género que pretende evocar mediante las letras de las canciones o a través del sonido, la experiencia psicodélica. El título del álbum *Are you experienced* ¿Tienes experiencia? también puede ser traducido como: «¿Ya lo experimentaste?», o mejor aún «¿Ya la probaste?», en referencia al consumo de sustancias estupefacientes. La palabra «psicodélica» fue utilizada por vez primera en el *rock* a mediados de los años sesenta, principalmente por el movimiento *hippie*. Para entonces se propiciaba que las drogas expandían la mente y que a través de ellas se llegaría a un mayor entendimiento entre los habitantes del planeta. La realidad resultó ser totalmente distinta, ya que las drogas se convirtieron en factor de adicción llevando a la autodestrucción e incluso a la muerte de grandes figuras de la música.

ÁCIDOS Y GALLEGOS

Es importante aclarar que para entonces a la música juvenil no se le llamaba *rock* ni *pop* como lo hacemos hoy en día; como ya sabemos, antes de 1967 a la música juvenil se le llamó «música de nueva ola» pero a partir de 1967 comenzó la separación entre los grupos venezolanos, por un lado, los que tomaron el camino del *pop* a quienes se les llamaba «gallegos» y los que tomaron el camino del *rock* a la cual llamaban «música ácida». Sin embargo, a ambos géneros (*pop* y *rock*) se le llamaba simplemente «música moderna» para diferenciarla de la música tropical. Es así como la música juvenil pasó de ser «música de nueva ola» a ser conocida como «música moderna» y dentro de ella encontrábamos indistintamente a los grupos de música «ácida» y los grupos «gallegos». El término *pop* comenzó a usarse en Venezuela a partir de 1967, mientras, el término *rock* no sería utilizado en el país sino hasta principios de los años 70, sin embargo, el término «música moderna» para definir a la música juvenil se siguió usando hasta mediados de los años 70.

ENERO - 22 DE ENERO DE 1967

The Monkees. Foto: WME

El canal 8 de la Cadena Venezolana de Televisión CVTV comienza a transmitir la serie de TV *Los Monkees* una serie de televisión estadounidense que se emitió durante los años 1966 y 1968. La serie presentaba a **The Monkees**, una agrupación conformada por cuatro jóvenes músicos que trataban de hacerse famosos entre las bandas de rock. La serie ganó dos premios Emmy en 1967, incluyendo la categoría mejor serie de comedia. A mediados de la década de 1980 la serie volvió a ser emitida por la cadena MTV.

El grupo **The Monkees** fue creado para la comedia televisiva del mismo nombre. Alcanzando inmenso éxito. Sus integrantes fueron:

- Michael Nesmith: Guitarra y coros
- Davy Jones: Coros
- Peter Tork: Teclado, bajo y voz
- Micky Dolenz: Voz y batería

La serie influyò en la juventud venezolana dando como resultado que muchos jóvenes se animaran a fomar sus propias agrupaciones

LOS DARTS – RACHA DE ÉXITOS

Para ese año **Los Darts** era el grupo más exitoso de Venezuela

Los Darts con su premio Guaicaipuro de Oro. Foto cortesía de Augusto de Lima

"La foto corresponde a la entrega del Guaicaipuro 1966. (La entrega del premio fue en el 67). El disco es una recopilación de los artistas que ganaron. Esa noche habíamos firmado un contrato con el Club Hebraica sin darnos cuenta, y tuvimos que ir y venir entre cada set (de San Bernardino al Tamanaco). Por cierto, que en ese club nos escuchó, pegado de pegado de la tarima, Roberto Rimeris, quien ahora es el guitarrista de Los Bellos Públicos, obviamente es mas "chamo" que nosotros".

- Augusto Delima 26/04/2011

LOS DARTS: UNA VEZ MÁS

Imagen cortesía de Danny Torres

Los Darts lanzaron ese año 3 álbumes, el primero de ellos titulado *Una vez más* a principios de año y publicado por el sello Sonus con número de serie LPS-1143. Este álbum sería también un éxito de ventas al incluir 3 de las versiones más exitosas grabadas por **Los Darts:** *Ahora es Tarde, Si Estás Triste* y *Aquí, allá y donde sea.*

Lado A
01. Ahora Es Tarde (Goldsboro/Morean)
02. Si Estás Triste (Gouldman/Morean)
03. Hoy Te Toca A Ti Morean)
04. Aquí, Allá y En Donde Sea (Lennon/McCartney/Morean)
05. No Volveré A Querer (D.R./Morean)
06. Vueltas y Vueltas (D.R./Morean)

Lado B
07. No Tienes Nada Que Explicar (Lennon/McCartney/Morean)
08. Te Llamo A Ti (Lennon/McCartney/Morean)
09. Sólo Pienso En Ti (Colley/Colley/Morean)
10. Tú Nunca Sabrás (C. Morean)
11. Sólo Existes Tú (C. Morean)
12. Dime Por Qué (Lennon/McCartney/Morean)

"En 1967 estábamos en RCTV, actuando en los programas de Renny Ottolina. Estimo que RCTV, para sacarnos más provecho, nos incluye en una novela juvenil Amores de Juventud donde estuvimos con varios personajes de novelas muy conocidas, entre ellos, Doris Wells, América Barrios, Edmundo Arias y Raquel Castaño, entre otros".
- *Rafael Pimentel 14/05/2011*

Imagen cortesìa de Rafael Pimientel

"El recuerdo que yo tengo de ese tiempo no es solamente del éxito que tuvimos sino de que yo me sentía entre amigos... éramos como hermanos, íbamos juntos para todas partes y nunca tuvimos ningún tipo de problemas entre nosotros. Lo que aconteció después fue por influencias externas, terceras personas, que por algún motivo u otro sembraron la cizaña dentro del grupo de hermanos y, como éramos unos pendejos, caímos en la trampa y acabamos con todo".
- *Claudio Gámez 25/04/2011*

"Lo cierto de esto es que cuando regresamos a Venezuela, comenzaron a incrementarse los problemas en los ensayos porque estábamos influenciados por lo que habíamos visto y oído cuando estábamos fuera"».
- Ricardo Aumaitre 28/04/2011

MARZO - PA´ MARACAIBO ME VOY

Los Darts viajan a Maracaibo como parte de la serie de compromisos que la agrupación tenía en toda Venezuela. En el evento titulado Baile Post-Carnaval, **Los Darts** alternan con **Los Larkings**, quienes para ese momento eran uno de los grupos juveniles más populares de la capital zuliana.

Es interesante notar que la publicidad los anuncia como "Conjunto Nueva Ola"con lo cual se puede comprobar que el término aún se utilizaba en el año 1967 para definir a las agrupaciones juveniles.

Imagen cortesía de Augusto de Lima

LOS LARKINS

Fue el grupo zuliano más popular de finales de los años 60

*«... En el año 67 mis hermanos y yo formamos un conjunto que de inmediato se convirtió en uno de los favoritos de Maracaibo, Los **Larkins** éramos: Alberto (primera guitarra), Jorge (bajo) y yo, José Luis (batería). Teníamos un cantante llamado Freddy Meléndez y al principio un guitarrista cuyo nombre no recuerdo y después entró Max Salas.*
- Jose Luis García s/f

«... Los señores García apoyaron siempre al grupo profesionalmente, ensayábamos muy formalmente en su casa de la esquina de la calle 82B con Av. 3Y (San Martín), a tres cuadras de mi casa. Éramos muy apasionados de la música, y estábamos hasta la madrugada, a pesar de que yo estudiaba en la Universidad del Zulia de noche y trabajaba en el día. José Luis estudió teoría, solfeo y violín, luego estudió teclados, aunque en el grupo era el baterista, hoy en día es director y pianista del grupo Carángano. Recuerdo que teníamos muy buenos instrumentos. Alberto tenía una guitarra stereo Gibson con aplicaciones de oro, yo tuve una Fender Stratocaster que

Los Larkins 1967. Cortesía de Max Salas

194

todavía hoy en día los músicos la buscan por su sonido, Jorge tenía un bajo Fender Grand bass, con un sonido espectacular. Los amplificadores eran Fender y llegamos a tener algunos VOX (como los usados por The Beatles,

Los Larkins ganaron varios premios Mara de Oro y Guaicaipuro, tocamos en innumerables clubes, fiestas privadas emisoras de radio en Maracaibo y fuera de la ciudad y tuvimos actuaciones en TV en CVTV y en El Show de Renny, una gran experiencia».
- Max Salas 12/08/2013

¿QUÉ ES EL SOUL?

Al igual que el *rock'n'roll*, el soul es un género músical que surgió de la comunidad afroamericana de los Estados Unidos. A finales de los años cincuenta, el *rhythm and blues* comienza a ser aceptado por la población blanca, desapareciendo la infame etiqueta de *Race Music* (música racial) que identificaba los discos destinados a la población negra. **Sam Cooke**, **Ray Charles** y **James Brown** son considerados como los pioneros del género.

Ray Charles - Getty Images

En Memphis, el sello Stax comenzó a grabar a artistas como **Otis Redding**, **Wilson Pickett** y **Don Covay**. Otro gran centro de grabación y creación del *soul* fue la ciudad de Florence (Alabama), donde estaban los estudios Fame; allí graban **Percy Sledge**, **Arthur Alexander** y **Jimmy Hughes**. En estos estudios obtuvo gran fama la banda denominada **Muscle Shoals** la cual acompañaba a todos los artistas durante sus grabaciones y que mantenía también una estrecha relación con Stax Records. Otra importante discográfica que trabajó en Memphis fue Goldwax Records, quienes grababan a **James Carr** y **O.V. Wright.**

A principios de la década de los 60 en los Estados Unidos había comenzado la lucha por los derechos civiles, liderada por Martin Luther King, en la que estaba floreciendo la conciencia racial, pero también estaban a la orden del día los motines callejeros. La música *soul* adquiere entonces un valor como símbolo dentro de ese contexto. El *soul* se convierte en la banda sonora de los movimientos por los derechos raciales. Brillan los sellos Stax Records y Motown. Artistas como **The Supremes, Gladys Knight & The Pips, The Temptations, Stevie Wonder** o **Marvin Gaye** eran lo máximo.; mientras tanto Atlantic Records seguía manteniendo en lo más alto a artistas como **Ray Charles o Aretha Franklin.**

Aretha Franklin

La llegada del *soul* aportó a la música popular un elemento enriquecedor en cuanto al sentimiento en la interpretación, así como el elemento de conciencia social e igualdad que fue asumido por el movimiento *hippie* y con ellos asumido también por la mayor parte de la juventud de la segunda mitad de los años 60.

LOS HOOVER

"... Los Impala, un grupo de maracuchos igual que yo, de carne y hueso que estaban triunfando en Caracas, despertó la pasión por hacer música, sabiendo que yo también podía hacerlo, pero no tenía los recursos para avanzar, pero como Dios no me ha abandonado, puso en mi camino al señor Macias, que compró todos los instrumentos para formar un grupo en el que su hijo tocaba la guitarra y así se forma el grupo Los Hoovers con Carlos Moreno en la guitarra lider y voz, Freddy Macias en la guitarra Rítmica y Ender Martinez en la batería, ese año se presentaron en el mismo escenario que Los Darts, en un club de la costa Oriental del lago".
- Carlos Moreno (entrevista con Erika Polanco, Revista Katarsis -Merida, Domingo 3 de abril 2011)

Adelante Juventud. Foto cortesía de Franklin Van Splunteren

MAYO - ADELANTE JUVENTUD

Se trata de la organización sin fines de lucro *Up With the People* cuya misión es construir puentes entre las barreras culturales y fomentar el entendimiento a través del servicio público y de un espectáculo musical. *Up with the People* tiene su sede principal en Denver, Colorado, Estados Unidos, con oficinas en Bélgica y México. *Up with the People* tiene su origen en una agrupación denominada «Re-Armamento Moral» o MRA por sus siglas en inglés, la cual funcionó hasta mediados de los años 60. Dicha agrupación había estado presentando espectáculos teatrales con música para transmitir un mensaje de «amor, honestidad y generosidad». Con la aparición en 1967 de *Up with the People* liderada por J. Blanton Belk, se eliminan los elementos teatrales. La organización comienza a formar grupos llamados «elencos», cada elenco (o *cast*) viaja a dos o tres continentes durante un semestre pasando una semana en cada comunidad, alojándose en casas de familias locales, participando en proyectos de servicio público, aprendiendo sobre diversas culturas mediante talleres educativos y presentando el musical *Viva la Gente*.

El grupo **Adelante Juventud** (*Swing out Venezuela*) debuta el 20 de mayo en la Concha Acústica José Ángel Lamas de Bello Monte. Entre los integrantes estaban: Lidya Alonso, La Nena Betancourt, Gustavo Santaella, Claudio Henríquez, Beatriz De Majo, Gustavo Santana, Augusto Camejo, Marianella Maduro, Susana Galañi, Omar Caires, Mario Caires, Eduvigis Congedo, Rolando Pérez, Ileane Carless, Tania Aldana Abrams, Raiza Aldana, El Pollo Farías, Niurka Miquilena, Elionora Curiel, Karel Niemtschik, Magaly García, Franklin Van Splunteren, José Agustín Raverón, y un largo etc.

29 DE JUNIO - EL TERREMOTO

A las 8:02 p.m. del 29 de Julio, la ciudad de Caracas y parte del litoral central se estremecieron producto del terremoto de magnitud 6.5, el más fuerte registrado en nuestra historia. El desastre dejó más de 301 muertos (236 muertos registrados), más de 2.000 heridos, 80 mil personas sin vivienda y una pérdida material de 450.000.000 de bolívares (10.465.116 USD en la época)

NUMERO 8.589 - AÑO XXIV Lunes a Sábado, Zona Metropolitana y vía Terrestre: Bs. 0,50; Domingo Bs. 0,75 - Vía Aérea y Mixta (Pag. C-2)   **CARACAS: DOMINGO 30 DE JULIO DE 1967**

MAS DE 1.200 VICTIMAS DEL TERREMOTO EN CARACAS

DE ELLAS, DOCE HABIAN INGRESADO MUERTAS EN LOS PUESTOS DE EMERGENCIA A MEDIANOCHE
ADEMAS SE TEME QUE MUCHAS PERSONAS ESTEN SEPULTADAS EN VARIOS EDIFICIOS DERRUMBADOS EN ALTAMIRA Y LOS PALOS GRANDES

Titular del diario "El Nacional.

«... Cuando el terremoto salimos a la calle porque era el sitio más seguro, desde la colina en que vivimos recuerdo haber visto unas bolas de fuego que se elevaban hacia el cielo, aparentemente eran bolas de gas que se incendiaban, pero el espectáculo fue realmente aterrador, parecía que había llegado el fin del mundo».
- *José Ignacio Lares 11/07/2012*

UNA MALA DECISIÓN

"... Tal vez fue el exceso de trabajo y el estar juntos todos los días y sucedió él "¿y por qué tú tienes que ser el director y yo no?" la cosa es que cuando grabamos el tercer LP, no quedamos satisfechos con el sonido y le echamos la culpa a Rafael Pimentel porque lo que sonaba mal era su batería... Ahora me doy cuenta que fue un error, porque la culpa no era de él, sino de de la cantidad de variantes que se pueden dar en un estudio de grabación.".
- *Carlos Morean s/f*

"... Recuerdo que una noche nos reunimos todos menos el pajarito en el CADA de los palos grandes (casi siempre íbamos allí de noche cuando salíamos del canal) y esa noche se decidió por votación la salida de Rafael... ese fue el verdadero principio del fin de Los Darts, no nos habíamos dado cuenta que Rafael que aún y cuando no era muy estrepitoso y rimbombante con la batería, era un reloj y llevaba el tiempo perfecto siempre (...) En cuanto a la notificación, me acuerdo que el pájaro fue a mi casa y estando en mi cuarto me armé de valor y le dije lo que se había hecho y la decisión que habíamos tomado por mayoría.... ese día fue muy triste para mí (no me imagino cómo habrá sido para Rafael...) se fue de mi casa sin decir nada... Hoy en día puedo decir lo arrepentido que estoy de haber formado parte de esa maquiavélica votación y en la forma como se hizo todo".
- *Ricardo Aumaitre 28/04/2011*

JULIO - LOS DARTS – DE ETIQUETA

Bajo el sello Sonus y con numero de serie, **Los Darts** lanzan su cuarto album, el cual fue publicado en dos formatos, en monofónico con numero de serial LPS-1150 y en el «novedoso sonido estéreo» con número de serie LPS-S-115. Para entonces el sexteto se había convertido en quinteto:

«... En este álbum comenzamos a incorporar temas de soul en el repertorio y aunque es un buen disco, el resultado no nos dejó contentos».
- Carlos Morean s/f

- ↓ Víctor Gámez: Voz principal
- ↓ Augusto De Lima: Guitarra Líder
- ↓ Carlos Morean: Guitarra Rítmica y coros
- ↓ Richard Aumaitre: Bajo y coros
- ↓ Claudio Gámez: Órgano

«En ese disco, ya no está pajarito en la carátula, aunque grabó algunas piezas».
- Augusto De Lima 28/04/2011

Imagen cortesía de Danny Torres

Lado A

01. Con La Ayuda De Mis Amigos (Lennon/McCartney/V: Gámez/Aumaitre)
02. Un Pedacito De Alma (D.R./Versión: C. Morean)
03. Necesito Tu Amor (Cordell/James/Versión: C. Morean)
04. Mustang Sally (Rice/Versión: C. Morean)
05. Felices Juntos (G. Bunner/A. Gordon/Versión: C. Morean)
06. Mercy Mercy (Zawinul/Versión: C. Morean)

Lado B

07. Yo (C. Morean)
08. Si Quieres Bailar (Freeman/Versión: C. Morean)
09. Olvídala (Douglas/Farthing/Hattelid/Versión: C. Morean)
10. No Te Importa (Biesver/Holvay/Guercio/Versión: C. Morean)
11. Desde Que Se Fue (Pucetti/Shapiro/Versión: C. Morean)
12. Windy (Friedman/Versión: C. Morean)

«... Después del tercer LP el cual a mi no me gustó para nada, la culpa poco a poco fue dirigida hacia Pajarito, pero cuando escuché la sugerencia de eliminarlo del grupo estuve totalmente en contra, ya que estaban tratando de cambiar el estilo de Los Darts y yo no estaba de acuerdo, personalmente pienso que no era el momento, no me parecía buena la idea de hacer lo mismo que estaban haciendo otros conjuntos imitando grupos más ácidos, pero la decisión fue tomada y Los Darts nunca más fueron los mismos...».
- Claudio Gámez 29/04/2011

EL SONIDO ESTÉREO

Antes de la adopción del sonido estereofónico, los discos se publicaban con sonido monofónico, que, como su nombre lo indica, poseía una sola pista de sonido, la cual era reproducida por un único altavoz. El sonido estereofónico permite grabar dos pistas de sonidos diferentes logrando así un efecto más realista y de mayor fidelidad. Hoy en día el estereo es el estándar de grabación y aunque existen otros formatos como Dolby 4:1 y hasta Dolby Atmos 9:1; sin embargo, el sonido estéreo, sigue siendo el estándar de reproducción musical.

3 DE JULIO DE 1967

Sale al aire *TV Hollywood A Go-Go* por el Canal 11 en Valencia, Edo. Carabobo, conducido por Winston Vallenilla y Cappy Donzella.

AGOSTO - LOS CRICKETS

Fue una agrupación primigenia del *rock* zuliano, su primera alineación fué la siguiente:
- Edgardo Carroz: Bateria
- Eduardo Morales: Guitarra líder
- Frank Osorio: Segunda guitarra),
- Joe Simmer: Cantante
- Mauricio Matute: Bajo

A mediados del 67, el guitarrista Eduardo Morales abandona el grupo entrando en sustitución el guitarrista Carlos Moreno quien venía del grupo **Los Hoovers**. Posteriormente se retira Frank Osorio e ingresa Leopoldo Bohorquez para hacerse cargo del Bajo, mientras Mauricio Matute pasa a ejecutar las segunda Guitarra, pero Ricardo Alcalá también se retira ingresando Nestor Bermudez en el organo y Jorge Bermudez como panderetero, la nueva alineación de **Los Crickets** es la siguiente:

- Carlos Moreno: Guitarra líder
- Mauricio Matute: Segunda guitarra
- Leopoldo Bohorquez: Bajo
- Nestor Bermudez: Órgano
- Joe Simmer: Cantante
- Edgardo Carroz: Batería
- Jorge Bermudez: Pandereta

Pero los cambios en el grupo continúan sucediéndose, luego son Jorge Bermudez, Joe Simmer y Mauricio Mature quienes abandonan el grupo, ingresando Rafael Bermudez para hacerse cargo de la segunda guitarra, todo eso en un lapso menor a 6 meses. Es entonces cuando cambian su nombre a **Los Hippies** ya que de **Los Crickets** originales solo quedaba el baterista Edgardo Carroz.

La importancia de **Los Crickets** para la historia del *rock* venezolano se fundamenta en que estos se convirtieron en una de las más exitosas bandas zulianas de la transición 60-70, **Los Hippies**, quienes harían sus primeras presentaciones a partir del año 68 y permanecerían activos hasta principios de los años 70.

AL OTRO LADO DEL LAGO: LOS TARTANS

Los Tartans. Foto cortesía de Juan Marcos Colmenares

«... *Para 1967 Los Tartans eran muy famosos en Maracaibo, teníamos ya copados todos los fines de semanas del verano con contratos muy buenos para la época y de pronto se aparece mi hermano del alma Ricardo Alcala y nos dice "muchachos debo informarles que decidí irme para Bogotá a pasar las vacaciones con mi novia" y yo le conteste "me imagino que vas por unos tres días" y tembloroso me contesta "no, Nacho, me voy por unos tres meses", que mollejero se armó, no lo matamos porque Ricardo Alcala era cinta negra en karate y nos podía salir cara la vaina, así que salimos a buscar un segundo guitarrista de manera urgente. Entrevistamos como a 10 y probamos como a cuatro y ninguno nos gustó pues nosotros éramos muy exigentes pues no solo aspiramos a calidad musical, sino excelente presencia y educación. De repente a las dos semanas de la noticia de Ricardo me dice Elito: "Nacho, aprende a tocar guitarra y nos olvidamos del asunto". Dios mío, que, si lo pensé, ¡qué tortura china! al fin me compré una guitarra española acústica marca Tatay en La Casa del Cuatro que quedaba cerca de la Plaza Baralt y comencé a practicar más de 10 horas diarias y cuando salimos del colegio en Julio casi 16 horas diarias. Eli me enseñó las pisadas de las canciones que tocábamos y asi aprendí a tocar ese bello instrumento. Cuando Ricardo regreso de Colombia regresó a los teclados pues yo era la segunda guitarra oficial y lead singer de Los Tartans».*
- *Ignacio Rondo, 22/08/2013*

LOS TRAMPS

Fue una banda cuya importancia radica en haber sido el semillero del cual surgieron músicos que más adelante escribirían magníficas páginas en la historia de nuestra música joven. **Los Tramps** fue un grupo de compañeros del Colegio Moral y Luces de San Bernardino, que solían tocar en las fiestas de la comunidad judía, así como en fiestas colegiales y bodas. En agosto de ese año consiguen contrato para tocar en el crucero Santa María por el Caribe para lo cual falsifican sus documentos de identidad ya que todos ellos eran menores de edad (tenían 15 años).

Integrantes:
- Ariel Toledano: Cantante
- Roberto Rimeris: Guitarra líder
- Roberto Slimak: Bajo
- Irvin Grauer: Batería
- Alberto Slezynger: Guitarra rítmica, cantante
- Ilan Czenstochowski: Órgano

Los Tramps en el crucero Santa Maria. Imagen cortesía de Alberto Slezynger

«El primer cantante de Los Tramps fue Ariel Toledano (67-68), luego canté yo y luego entró Ilan Chester tocando un órgano Farfisa. Una noche en un toque en una fiesta yo estaba con gripe y se me dificultaba cantar. Así que le pedí a Ilan que me reemplazara esa noche. Cuando comenzó a cantar todos nos miramos de lo bien que lo hizo y desde ese día decidimos que él cantara la mayoría de las canciones. Yo tocaba segunda guitarra (una Hofner de 3 Micrófonos), Roberto Rimeris primera guitarra (Eko), Roberto Slimak batería (Sonor) e Irving Grauer bajo (Hofner). Además, tocamos un tiempo acompañando al grupo Adelante Juventud-Viva la Gente en sus conciertos».
- Alberto Slezynger 28/05/2011

Aunque **Los Tramps** no realizaron ninguna grabación, su importancia no debe ser subestimada, ya que en ella comenzaron carrera varios músicos importantes de nuestra historia. Su organista y cantante Ilan Czentochowsky pasaría a formar parte de una de las agrupaciones más emblemáticas de los años 70, el grupo **Azúcar Cacaoy Leche** (1970-71), mientras que Roberto Rimeris, Roberto Slimak e Irvin Grauer formaría el **Grupo Way** (1971-72), del cual, Ilan Chester también formaría parte de manera simultánea durante un año (1971-72) para posteriormente desarrollar una carrera como solista, Alberto Slezynger formaría parte del **Grupo Experimental La Salle** (Banda de Larry Fenyes), para luego pasar a ser cantante y tecladista del grupo **Sietecuero** (1978-80) y finalmente liderar el grupo **Daiquiri** (1983-89). Mientras que Roberto Rimeris luego de un periodo alejado de la música, regresaría a encargarse de la guitarra en la agrupación **Los Bellos Públicos**.

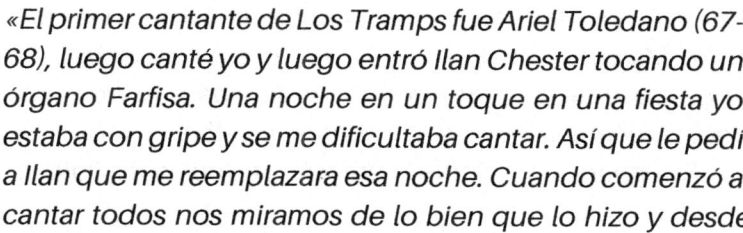

Ilan Chester

ILAN CHESTER

Ilan es uno de nuestros más grandes cantautores, comenzó su carrera desde niño cantando en el programa infantil *Babylandia*, luego forma un grupo llamado **Los Rítmicos** quienes llegaron a tener presentaciones en el canal 5 de la Televisora Nacional. A finales de los años 60 y luego de su paso por el grupo **Los Tramps**, pasó a vivir solo, trabajando de noche aun siendo menor de edad. Como todos los jóvenes de la época escuchaba música inglesa, *soul* y sobre todo **The Beatles**.

ÁLVARO FALCÓN

Alvaro Falcon
Foto cortesía de Alvao Falcon

Nacido en Washington el 27 de mayo de 1950, es uno de los guitarristas más emblemáticos de nuestra historia y cuya carrera ha sido también una de las más prolíficas, ya sea como guitarrista o productor, ha estado activo desde 1967 hasta el presente dejando su huella en más de 40 álbumes de distintos artistas.

«En el verano del 67, Yo estaba en la tienda Fender en Sabana Grande, allí conocí a Iván Marcano, quién me dijo "mira están buscando un guitarrista, un grupo que es muy bueno". Audicioné y entré a ese grupo, con ellos tocábamos jueves, viernes y sábado todas las semanas... se llamaban Los Snobs, era un grupo del Colegio Americano».
- Álvaro Falcón 26/02/2011

EL PROBLEMA

El problema era que **Los Snobs** ya tenían un guitarrista así que tomaron una determinación drástica: sacarían a Eddy Gugliotta y meterían en el grupo a Álvaro Falcón. El encargado para anunciar tal decisión fue George Henríquez.

«Creo que estuve con Los Snobs originales bien adentrado el 67, ya que me gradué del Colegio Americano en Julio del 67 (...) Yo era bien maluco con la guitarra y por malo me botaron y pusieron a Álvaro Falcon.»
- Eddy Gugliotta 10/05/2011

«... Nunca más toque con Los Snobs originales. Quedé medio arrecho con George Henríquez porque yo formé el grupo, le puse nombre, instrumentos y de todas formas me botaron».
- Eddy Gugliotta 04/07/2011

A partir de allí el grupo deja de llamarse **Eddy and the Snobs** para llamarse solo **Los Snobs**. Los Snobs con Álvaro Falcón, llegan a grabar un tema en el cual se nota el estilo más pesado que estaba teniendo la música para ese entonces.

Luego de su separación de **Los Snobs** Eddy Gugliotta hace un breve paso por **Los Bonneville**, pero su estancia en la banda no se concreta ya que estos buscaban alguien con mayor destreza técnica.

«... Después que me echaron de Los Snobs, pasé por un grupo llamado Los Bonneville. pero ellos estaban buscando un guitarrista mejor y tampoco me aceptaron».
- Eddy Gugliotta 04/07/2011

SE BUSCA UN GUITARRISTA

Meses después de su ingreso a **Los Bonneville**, el guitarrista líder, Julio César García, deja la banda para continuar su formación como Oficial en la Marina Mercante Venezolana. De esta manera **Los Bonneville** vieron desfilar en sus ensayos (y en algunas de sus presentaciones) a diferentes músicos incluyendo a Eddy Gugliotta ex guitarrista de **Eddy and the Snobs**.

CESAR SÁNCHEZ BELLO

Cesar Sanchez Bello

«Hasta que, por último, conocimos a César Sánchez Bello, quien en ese entonces estudiaba medicina y estaba ya bastante adelantado en esos estudios, con él por fin pudimos llenar la ausencia del compañero Julio César García».

Ciertamente Cesar Sánchez Bello era ya para entonces un experimentado músico que había comenzado su carrera nada más y nada menos que junto al Holandés Franklin Holland en el grupo **Estrellas Egmont** en 1964. Posteriormente formó parte de **Los Five Kings** (1965-1966) y las bandas **We Assembly** (1966) y **Los Tracks** (1966).

INGRESO A LOS BONNEVILLE

Es con Cesar Sánchez Bello con quien **Los Bonneville** comienzan a desarrollar el sonido más importante de su corta carrera. Sus presentaciones, tanto en televisión como en diferentes locales de Caracas, hacen de la banda una de las más importantes del momento a pesar de no contar con ninguna grabación propia.

«... La verdad es que para entonces había muchas agrupaciones y conjuntos y entre todas había una competencia sobre quién estaba tocando lo último, para entonces era como un "honor" tener en el repertorio lo más novedoso del momento, así que estábamos pendientes de los últimos discos».
- Cesar Sánchez Bello s/f

Los Bonnevilles. Der a Izq. Jesus Hernández. Eduardo PAdrón. Juán José Gómez, Cesar Sanchez Bello y Horacio Hernández.
Foto Cortesía de Cesar Sánchez Bello

LOS BLONDER - DEBUT Y DESPEDIDA

Ese año de 1967 **Los Blonder** logran lo que para cualquier grupo musical de esos tiempos significaba su consagración artística a nivel nacional: presentarse en *El Show de Renny*, programa musical de mayor jerarquía de la televisión venezolana durante los años 60 y 70. Sin embargo, el destino quiso que fuera *El Show de Renny* el último escenario artístico del grupo, quienes se disolvieron de forma amistosa en septiembre de 1967.

Los Blonder en el Show de Renny 1967.
Foto cortesía de José Baptista

«Esta foto fue tomada el primer día, lunes. De izq. a der. Bob con su bajo Gibson SG, Tantán con la Gibson ES 345 TD Cherry, Omar Padauy con su batería Tama y Carlos con su guitarra Gibson SG. Detrás toda la amplificación FENDER: 3 Super Reverb, un speaker adicional Bandmaster, un Bassman con dos cajas de speakers y un Echo Chamber que no se ve (...) El último día de presentación vivo de Los Blonder en El Show de Renny, viernes, al entrar a RCTV y preguntar por nuestros equipos, nos enteramos que habíamos sido objeto de robo de todos nuestros amplificadores y la batería. Simplemente fueron solicitados por un grupo de personas que se identificaron como Los Blonder, los vigilantes de la empresa les permitieron entrar y llevárselos en sus narices. Al comentárselo a Renny, en vivo durante el Show, nos dijo que si no aparecían podríamos contar con el respaldo económico de RCTV para reponer lo robado. Les entregamos una lista del inventario a RCTV e hicimos unas declaraciones en la policía.

En 4 días las autoridades policiales descubrieron a los ladrones (¡en Maracaibo!) y recuperaron todo el equipo. Nosotros aprovechamos la situación para acordar amistosamente la disolución de la banda. Sin embargo, una semana después de la presentación en El Show de Renny, tal como mencione anteriormente, el Director Artístico de Renny, Enzo Morera, llamo a mi casa para ofrecernos un contrato de exclusividad con Renny por 4 años, que nosotros, nuevamente, declinamos... (¡cáspita!)».
- José Baptista s/f

Los Blonder dejaban tras de sí el hecho de ser una de las agrupaciones pioneras del *rock* venezolano, y el haber sido la escuela donde se formó el baterista Bernardo Ball quien además de una carrera con **Los Blonder**, pasó a formar en la etapa más brillante de **Los Impala**. En la década siguiente también continuaría haciendo importantes contribuciones al *rock* venezolano. Su guitarrista y líder José «Tantán» Baptista sería una pieza fundamental en la evolución de la gaita zuliana debido a sus colaboraciones con el grupo **Guaco**. Sin embargo, el último capítulo de **Los Blonder** aún no se había escrito, tal como lo demostraría la historia décadas más adelante...

11 DE SEPTIEMBRE - LOS BEATLES EN DIBUJOS ANIMADOS

A través de la señal de venevisión canal 4, se comienza a transmitir la serie *Los Beatles* en dibujos animados, todos los días a las 4:55 de la tarde convirtiéndose en una de las series màs populares de la televisiòn. La serie de 39 capitulos se trasmitió durante varios años, con una repetición a finales de los años 70.

Los Beatles en dibujos animados.
Imdb.com

LOS IMPALA EN EUROPA

Los Impala fueron ese año, una de las grandes sensaciones en España. Se presentaron en las mejores salas de espectáculos de ese país como el gigantesco escenario de El Palacio de los Deportes ganando por votación popular, junto a otros grupos famosos, el derecho a participar en El Festival de Los Ídolos. Ese año alternaron en la misma tarima **Los Bravos, Los Hollies, Los Brincos, Los Rolling Stones** y **Los Pekenikes.**

LA LEYENDA DE BILL WYMAN

William George Perks; nacido el 24 octubre de 1936, es un músico inglés mejor conocido por haber sido bajista del grupo **The Rolling Stones** desde 1962 hasta 1992. A partir de 1997, ha grabado y viajado con su propia agrupación: **Bill Wyman's Rhythm Kings.** ¿Qué tiene que ver Bill Wyman en esta historia? Pues lo siguiente:

Bill Wyman. Spotify.com

«... Sandra Lebroc era la compañera del director musical en aquellos años del sello Sonoplay: Adolfo Waitzman y amiga de la infancia de Bill Wyman. Wyman llegó con Glynn Jones quien era ingeniero de sonido en Abbey Road y había grabado varios álbumes de The Beatles, ambos se quedaron en un apartamento muy pequeño que yo tenía en Madrid».
- Miguel Ríos 25/05/2004

«... Resulta que Sandra Lebroc, un día nos dice que vendrá a España Bill Wyman, el bajista de Los Rolling Stones. En efecto, a los pocos días llega Bill, acompañado de Glynn Jones ingeniero de The Beatles. A la tarde siguiente Sandra nos reúne en la compañía disquera. (...) Difícil describir la emoción y el nerviosismo ante la posibilidad de ver y conocer en persona a tamaño personaje y de repente entró, trajeado con un pantalón de bota acampanada, una camisa satinada y una chaqueta a rayas, sonriente y simpático, nos estrechamos las manos y comenzamos a conversar como viejos amigos. Sandra le había hablado del grupo y llegó un momento en que parecían ellos más interesados en nosotros, que nosotros en ellos (...) Al día siguiente tocábamos en el Niccas y les invitamos, no nos dieron ninguna seguridad de que irían por lo que no nos hicimos muchas ilusiones. Al día siguiente en el Niccas, en pleno show, vemos que entra Sandra con Bill y Glynn y se sientan en la única mesa vacía que había al fondo del local. Después supimos que la había reservado en secreto para darnos la sorpresa.

Creo que comenzamos a tocar Route 66 o uno de esos rock que a nosotros se nos daban muy bien, cuando vemos que Bill Wyman gira la mirada hacia el grupo, ¿cuál no sería nuestra sorpresa cuando vemos que se pone de pié y viene hacia la tarima y me dice, "Would you mind if I play a little?" (¿les importaría si toco un poco?), el corazón se me salía por la boca y le dije a todos: "Quiere tocar con nosotros". Nerio se quitó el bajo y se lo extendió. Él lo tomó, pidió un taburete y preguntó: "What are we going to play?" (¿Que vamos a tocar?) Y empezamos a nombrar canciones de Los Rolling, de Los Beatles y decidió que tocáramos It's all over, now, luego vino The last time, Roll Over Beethoven y creo que dos más, hasta que le pedimos que tocara Satisfaction y no quiso por no tener el sonido en el bajo que a él le gustaba».
- Rudy Márquez s/f

«... La verdad es que estábamos bien acoplados, cuando uno de **Los Rolling Stones** quiso tocar con nosotros por algo sería. Había mucho *swing* o un "swing trancao" como dirían en Maracaibo (...) Aunque creo que el mejor sonido lo sacamos en una discoteca llamada Picadilly en Madrid, todos nos mirábamos como diciendo ¿De dónde está saliendo todo esto? y Edgar decía "vergación, tremendo *swing*"».
- Bernardo Ball 12/01/2011

ESTOS SON LOS IMPALA

Este *swing* se puede escuchar en el disco **Los Impala** lanzado en España por el sello Mafer con número de serie 30.056, el cual fue re-editado en el año 2008 por el sello español Electro Harmonix con número de Serie EH-40.

Imagen cortesía de Danny Torres

Lado A	Lado B
01. Vida Normal	07. Una Terrible Enfermedad
02. Todo Gira	08. Dime
03. No Hago Más Que Llorar	09. Estoy Bien
04. Viejos Barrotes	10. Las Nubes
05. Mejor Será Que Me Creas	11. El Banquero
06. Flores	12. Con Su Blanca Palidez

«... *Posiblemente el soul más abrasador grabado en España en los años 60 está incluido en este álbum a cargo de una banda... ¡venezolana! (...) Los Impala eran un grupo que a finales de 1966 emigraron a España en busca de fama y fortuna en el continente europeo tras dominar totalmente la escena pop de su país de origen... la conjunción de bajo y batería es de las más engrasadas del pop originado en este país en el período, ¡seguro! atacaban de forma poderosa y sin complejos versiones de temas soul como el You'd Better Believe Me y el Show Me de Joe Tex, esta última de las mejores interpretaciones que he oído de la misma, así como una de las raras versiones en castellano de un Big Time Operator deZoot Money & the Big Roll Band.*

Además, se beneficiaron de una estupenda producción, cosa poco común en el pop español de ese momento; nunca unos vientos sonaron tan bien en un disco grabado y publicado en España. Pero no era un grupo que se limitase a versiones, no; tenían una pareja de compositores (Rudy Márquez y Edgar Alexander) que dejaron constancia de su talento en cañonazos soul como Vida Normal, Todo Gira, No Hago Más Que Llorar... y también demostraron que habían estado escuchando a Los Beatles circa Revolver, no hay más que escuchar Una Terrible Enfermedad, con guitarrazos de regusto al Taxman.

También prestaron atención a otra referencia, en este caso hispana: Los Brincos. El tema Flores es una bonita composición pop que podemos colocar sin ningún problema al lado de los discos de los creadores de Mejor, un tema con interesantes efectos de guitarra wah wah al igual que en otro de sus ejemplos de pop levemente psicodélicos, Las Nubes. Extrañamente, esta reedición no incluye dos canciones (la prueba, en la portada original del LP), Viejos Barrotes y Con Su Blanca Palidez».
- Notas de la reedición del álbum Los Impala

LOS IMPALA EN EUROPA

Al poco tiempo (21 de enero 1968) se publica en Venezuela el álbum *Los Impala en Europa* lanzado por el sello Velvet con número de serie LPV-1394 se trata del mismo álbum Estos son los Impala, pero con una carátula y orden de las canciones diferente, además, el álbum cuenta con un de los mejores temas de la banda como lo es la canción *Taxi*, aunque para ello hubo de eliminar la versión en español del popular tema del grupo **Procol Harum** *Con su blanca palidez.*

Imagen cortesía de Danny Torres

«... Los Impala en Europa marca un punto de partida, donde el Idioma español se integra al sonido que todos esperábamos que lograra algún grupo de habla hispana. Todo Gira con su swing a la stax y motown con arreglos de vientos con fraseo de mambo y su conga dándole ese son, se adelantaron a la movida del rock latino. Los Impala lograron esta magia».
- Jorge Spiteri 09/04/2011

«... En estos temas el arreglo de los metales pertenece a Ernesto Duarte, un famoso compositor cubano autor del clásico ¿Cómo fue?»
- Alfredo Churión 30/03/2011

Lado A

01. Todo Gira (R. Márquez/E. Quintero) 2:55
02. No Hago Más Que Llorar (R. Márquez/E. Quintero) 2:20
03. Viejos Barrotes (R. Márquez/F. Belisario) 2:10
04. Mejor Será Que Me Creas (Joe Tex) 3:17
05. Vida Normal (R. Márquez/E. Quintero) 3:18
06. Flores (R. Márquez/F. Belisario) 2:47

Lado B

07. Una Terrible Enfermedad (Márquez/Quintero) 2:08
08. Dime (Joe Tex/Version: R. Márquez) 3:01
09. Estoy Bien (James Brown/Version: R. Márquez) 3:20
10. El Banquero (Versión: R. Márquez) 2:22
11. Las Nubes (Rudy Márquez/Edgar Quintero) 2:45
12. Taxi (E. Quintero/R. Márquez/F. Belisario) 2:16

El «bestial» sonido de este disco aumentó el éxito y reputación de la agrupación, sin embargo, las giras constantes, además de triunfos y satisfacciones, hizo que **Los Impala** redujeran el número de grabaciones produciendo tan solo dos álbumes durante su estadía en España.

LOS SUPERSÓNICOS - MÁS JUVENIL

«... Después del disco anterior, ocurrieron una serie de cambios: Esteban se había ido a probar suerte como solista e incluso, pegó una canción, antes de irse a España, donde se radicó y continuó su carrera artística. Recién terminamos un contrato de exclusividad con Ritmo y Juventud en Venevisión y decidimos no extenderlo, porque ya nos habíamos apartado un poco de la televisión. Estábamos en un proceso en el que queríamos renovarnos. Conseguimos a Andrés Trigo, quien era un excelente cantante, ya conocido por sus éxitos como solista en el El Club del Clan y junto con él, también incorporamos a Luis Medina en el teclado, en sustitución de Mauro Pérez».
- Alexis Hernández-Hidalgo 23/11/2012

Imagen cortesía de Danny Torres

Lado A

01. Cuando Más Te Veo (W. Gordon/A. Trigo)
02. Regresare (Holland/Dozier/Ivo)
03. Por Eso (Clark/Andrés Trigo)
04. Un Poquito De Ti (Diamond/A. Hernández)
05. Si (B. Hart/A, Hernández)
06. No Me Niegues Tu Amor (B. Hart/A. Veitía)

Lado B

01. Tu Eres La Culpable (Clark/A. Trigo)
02. Hoy La Volví A Ver (Phillips/A. Hernández)
03. Déjame En Mi Mundo (D. D.)
04. Perdón (Clark/A. Hernández)
05. Cosas Estúpidas (D. D.)
06. Hoy Tenemos Que Salir De Aquí

La última alineación de **Los Supersónicos** fué así:

- Andrés Trigo: Cantante
- Armando Veitia: Guitarra Líder y coros
- Pablo Díaz «Ivo»: Guitarra y coros
- Alexis Hernández Hidalgo: Bajo
- Luis Medina: Teclado
- Nelson Ruíz: Batería

«... Para la carátula del disco, habíamos planificado algo al estilo invernal y preparamos ir a la colonia Tovar para tomar una foto más o menos como se había hecho con la carátula del disco anterior; por eso vestimos esa ropa pesada y abrigos, pero cuando llegamos a la colonia Tovar, lo que había era un sol de playa, así que nos regresamos y terminamos tomando la foto con la misma ropa, pero en el frente de mi casa en la Avenida F de la urbanización El Paraíso (...) Poco después del lanzamiento del álbum, salimos de gira por casi todos los estados y sus principales ciudades del occidente de país. Fue un gran éxito; sin embargo, al regresar a Caracas, Ivo se lanza como cantante solista y es contratado por El Show de Renny. Luego de la partida de Ivo, Andrés Trigo y Luis Medina también deciden separarse. Realmente, no existieron problemas dentro del grupo, pero sí mucho cansancio. El último disco lo grabamos en un intento de renovarnos, pero realmente ya los tiempos habían cambiado, era otra música la que se estaba haciendo y eran otros grupos los que estaban de moda».
- *Alexis Hernández-Hidalgo 23/11/20*

Los Supersónicos dejan como legado seis álbumes, además de uno como acompañamiento del ídolo de la Nueva Ola: **Johnny Tedesco** y son, junto al grupo **Los Impala**, una de las bandas venezolana de mayor producción discográfica de los años sesenta. La influencia de **Los Supersónicos** en nuestra música joven es innegable, al motivar a nuestros jóvenes a conformar grupos musicales, exploraron e interpretaron los éxitos del momento sirviendo de escuela para las agrupaciones que vinieron después. **Los Supersónicos** se ganan por justo derecho un puesto privilegiado en *La Historia del Rock en Venezuela*.

LOS CLANERS - VOL. 3

El último álbum de **Los Claners** titulado *Vol 3* publicado a través del sello Phillips con número de serie 11042. Nos muestra a la agrupación con un mayor dominio de los arreglos musicales y excelentes armonizaciones vocales con influencias de agrupaciones como **The Hollies, The Turtles** o **Spanky & Our Gang. Los Claners** demuestran en este álbum, el sonido clásico de la segunda mitad de los años 60 en la cual predomina la influencia *hippie* y la naciente psicodelia. **Los Claners** habían encontrado un punto de equilibrio entre las corrientes de moda logrando un álbum coherente en sonido con lo que ya habían grabado previamente, pero al mismo tiempo novedoso en cuanto a las nuevas tendencias musicales del momento.

Imagen cortesía de Danny Torres

Lado A

01. El Amor Llegará (Car Martin)
02. Todo Se Puede Lograr (J. M. Arria)
03. Se Ha ido Ya (J. M. Arria)
04. Vergüenza (Harman/Rojas)
05. Te Perdí En Un Mercado Persa (Casta)
06. Eres Parte De Mí (J. M. Arria)

Lado B

07. Ya No Veo A Nadie (B.R Gibb/C. Martin)
08. Me Voy (Everly/De La Rosa)
09. No Queremos Luchar (J. M. Arria)
10. Guantanamera (Marti/Angulo/Seeger)
11. Nunca un Domingo será igual
12. Pronto Te Arrepentirás (Cuba/Baptista)

«... En la grabación de este disco de **Los Claners**, *por primera vez en Venezuela un grupo pop grababa con violines, violas y cellos y los arreglos fueron de Pepe Bello, un trabajo bien interesante para ese momento. Carlitos fué el de la idea y estuvo como un mes en la logística, todos los días cambiaba esto, aquello y lo otro, así era Carlitos Montenegro».*
- Julio Cesar Anidez 20/05/2013

Este sería el último álbum con el guitarrista Adib Casta. Más adelante **Los Claners** viajaron a España buscando el mismo éxito obtenido por **Los Impala** y allá lanzaron su obra póstuma: Un álbum simplemente titulado: *Sangre*.

28 DE SEPTIEMBRE

Cherry Navarro había comenzado a sufrir de sangramiento por la nariz, una condición médica conocida como Epistaxis, así como problemas de cicatrización a los cuales prestó poca atención, pero tras una actuación en *El show de Renny*, Cherry Navarro tuvo una hemorragia nasal severa que requirió su traslado al Hospital José María Vargas de Caracas, donde luego de diversos exámenes, los médicos le diagnosticaron aplasia medular, la cual es una desaparición de las células encargadas en la médula ósea de la producción de la sangre. Determinando la necesidad de realizar un trasplante de médula

Cherry Navarro

ósea, procedimiento que era una auténtica novedad médica para entonces, pero que no garantizaba ningún éxito como efectivamente y lamentablemente ocurrió. El cuerpo de Cherry Navarro rechazó el trasplante y murió el 28 de septiembre de 1967. Apagándose así, la vida del más exitoso y querido de los cantantes de la nueva ola venezolana.

Aunque Cherry Navarro no fue un cantante de rock. Pasa a la historia por el apoyo que siempre le dio a las agrupaciones juveniles donde hizo grandes amigos. Seguramente de no ser por su ayufa muchas de las agrupaciones que se dieron a conocer en los años 60, jamás abrían sido vistas en televisión.

Los Memphis. Izq. a Der. Ginés García (Guitarra) Cristobal (Batería) Vicente Jorge (Guitarra) Vicenzo de Angelis (Bajo) y Pablo Manavello (Guitarra Lider) Foto cortesía de Ginés García

LOS MEMPHIS

Para 1965, Ginés García, de 17 años conoce a Pablo Manavello, quien estaba recién llegado de Italia; ambos vivían en la urbanización Chacao en Caracas, donde comenzaron a tocar juntos. Posteriormente, a Gines se ocurrió la idea de formar un grupo musical al cual bautizó con el nombre de **Los Memphis** (quizá por ser la ciudad natal de **Elvis**).

«... Yo nací en Barcelona, España el 16 de abril de 1947, llegué a Venezuela por el puerto de La Guaira en un viejo barco llamado Virginia de Churruca como inmigrante el 20 de septiembre del 1961, fui a vivir a Chacao en Caracas, tenía 14 años en esa época. Chacao era una zona que estaba llena de italianos y españoles, todos inmigrantes como yo. Tiempo después conocí a Pablo Manavello, y comencé a enseñarle a tocar los primeros acordes de guitarra, al poco tiempo se nos unió el Albino Vicente De Angelis, que tocaba el bajo, también Vicente Jorge que fue nuestro primer cantante y cosa curiosa nuestro primer baterista fue Plácido Garrido, quien más adelante hizo una notable carrera en la radiodifusión venezolana, fue algo fugaz. A posteriori se incorpora el gallego Cristóbal, que también duró muy poco.
- Gines García 02/03/2011

... Luego de la salida de Cristóbal, entró Luis Ugarte para hacerse cargo de la batería. Luego fue Vicente Jorge quien se va y en sustitución entra Joe Harrison y es con esta formación que el grupo empezó a consolidarse (...) Pero Luis Ugarte y Joe Harrison también se marchan del grupo y es así como finalmente entran Mauro Scavroni (bajo) y Charlie Spiteri (cantante), y comenzamos a tocar en clubs para gente joven, recuerdo Mi Vaca y Yo, La Peña de los Gatos (como dato curioso en ese lugar vimos por primera vez a Charlie cantando con su grupo Los Yeah Yeah Yeah), también en las Torres del Silencio una tienda de ropa juvenil llamada Pimentel tocábamos casi a nivel de la calle con gran afluencia de gente joven, en ese lugar antes que nosotros habían tocado Los Claners. Llega nuestra gran oportunidad y comenzamos a tocar todas las noches en un Night Club llamado el Hipocampo, para ese momento el lugar nocturno más elegante y distinguido de Caracas. Hacíamos conciertos por el interior del país y en Caracas tocamos en el Festival de Rock del Nuevo Circo, en el Aula Magna de la Universidad Central de Venezuela, en el Teatro Caracas donde se realizaron las Experiencias Psicotomiméticas

Los Memphis. 2da formación. Al frente: Ginés García. A la Izq. Mauro Scavroni. A la Der. Pablo Manavello. Encima: Luis Ugarte y arriba Jose Harrison.
Foto cortesía de Ginés García

211

de las cuales se grabaron dos LP's (...) Recuerdo que entre todos reunimos dinero para pagar la primera grabación».
- Ginés García 02/03/2011

Bajo el sello Polydor, **Los Memphis** lanzan su primer álbum con número de serie 046. En donde presentan una combinación de temas propios junto a versiones de bandas de moda para la época tales como **The Beatles**, **The Four Seasons**, **The Hollies** y **Paul Simon** que representan plenamente el sonido del *rock* en Venezuela en la segunda mitad de los años 60... Su sonido se notaba fuertemente influenciado por el ritmo beat de la época.

Para este álbum el grupo estaba integrado por:
- Pablo Manavello: Guitarra y voz
- Ginés García: Guitarra y voz
- Charlie Spiteri: Voz principal
- Mauro Scavroni: Bajo
- Luis Ugarte: Batería.

Imagen cortesía de Danny Torres

Lado A
01. Llora Por Mí (Mogol/Shapiro/Manavello)
02. Trataré Que Seas Feliz (Lennon/McCartney/Spiteri)
03. Por Una Razón (Manavello/Ugarte)
04. Como La Puedo Dejar (Paul Simon/Spiteri)
05. Mujer Olvidada (Charlie Spiteri)
06. Corre Corre (J. Edwards/Spiteri)

Lado B
07. Que Alguien Me Ayude (J. Edwards/Spiteri)
08. Cielo (Manavello/Ugarte)
09. Carrie Anne (Nash/Clark/Hicks/Spiteri)
10. Divertido Mundo (D.R.)
11. No Me Mientas (D.R.)
12. Joven Mujer (Sebastian/Spiteri)

«... Un dato curioso es que en los cortes de los temas estamos fuera de tiempo, hasta que no fuimos músicos de verdad no nos dimos cuenta, pero lo increíble del caso es que lo hacíamos a la perfección, el baterista fue Luis Ugarte al que por desgracia nunca se le dio su lugar en la historia del rock venezolano».
- Ginés García 02/03/2011

Los Memphis se convierten en una banda legendaria por el hecho de que por sus filas pasaron simultáneamente Charlie Spiteri, Ginés García y Pablo Manavello. Todos ellos talentosísimos artistas que más adelante tendrían una importante influencia en el *rock* venezolano.

CHARLIE SPITERI

Comenzó su carrera musical con el grupo los **Yeah, Yeah, Yeah**. Charlie Spiteri es una de las figuras legendarias del *rock* venezolano, gracias a su trabajo con **Los Memphis** en los años 60 y más adelante con el grupo *Spiteri* en los años 70.

Hoy, cuando escuchamos sus discos nos encontramos con un artista que en muchos casos estuvo adelantado para su época.

Charlie Spiteri

LOS NOGGERS - MI DISCOTHEQUE

El litoral central también haría su aporte al *rock* venezolano de los años 60, con la aparición del álbum *Mi Discothe* que del grupo **Los Nogger´s** publicado por el sello Discomoda con número de serie POP-3003. De **Los Noggers** se conoce muy poco, solo que su formación se remonta a 1965 formando parte del «surf tardío» debido a que su repertorio se basaba en el *rock´n´roll* instrumental y en los primeros temas de **The Beatles**. Tocaban en un prestigioso local del litoral llamado Las 15 Letras y debido a los estudios de sus integrantes, estos van perdiendo el interés en la agrupación y poco a poco cada quien toma caminos separados.

- Rubén Vargas «Sirit»: Voz
- Marcos Piñero: Voz
- Noel Díaz: Guitarra líder
- Oswaldo Delgado: Segunda guitarra
- Nelson «Guaramato» Zea: Bajo
- Y Gilberto González: Batería

Lado A
01. Cuando el amor llame a tu Puerta (N. Sedaka/C. Bayer)
02. Fuiste Tu (J. A. Pérez)
03. Vuelve a Casa (D. Clark/Vers. Piñero)
04. Hasta Que Estabas Tu (Lennon/McCartney/Vers. Zea)
05. La Playa (Van Walter)
06. La Casa Del Sol Naciente (Price)

Lado B
07. Llegaremos Tarde (Holidays/Vers. Zea)
08. Poema Dos (Zea/Sirit)
09. Soñé Contigo (J. A. Pérez)
10. Te Diré La Verdad (G. Goffin/R. Titezman/Vers. Zea)
11. Medianoche (Shadows)
12. Debes Decir Que Me Quieres (Hermann/Vers. Sirit)

Imagen cortesìa de Danny Torres

TRINO MORA

Imagen cortesía de Danny Torres

Ese mismo año también vio el lanzamiento del primer álbum de uno de los artistas más emblemáticos de la música juvenil venezolana: **Trino Mora** es uno de los artistas de más larga permanencia en nuestra movida rock ya que desde sus inicios con el grupo **Los Duendes** a mediados del año 66, hasta nuestros días, nunca ha dejado de actuar y grabar. Su carrera como solista comienza con su participación en *El Club del Clan*, donde demostró claramente su talento como cantante. Su carrera discográfica comienza con la publicación del álbum *El sol no brillará nunca más* bajo el sello SONUS el cual fue lanzado en dos versiones: Una en monofónico (usual para la época) con número de serie LP-1152 y otra en el «novedoso» sonido estéreo con serial LPS-1152.

«... Yo grababa lo que estaba de moda en los Estados Unidos en español. Por eso es que las pegué todas. Llegó Happy Heart, de Andy Williams y ahí mismo la grababa y la pegaba. Eso fue durante los primeros cuatro años de mi carrera. Después empecé a escribir mi propio material, como Sé Tu mismo o Libera Tu Mente».
- Trino Mora, conversaciones con Vicente Corostola s/f

Lado A
01. El Sol No Brillará Nunca Más (B. Crewe/Versión: De La Rosa)
02. Hay Un Silencio (Reed/Versión: De La Rosa)
03. Lo Que Me Gusta A Mi (Trino Mora)
04. Corazón De Papel (Sergio Reis/Versión: J. Quiroz)
05. No Es Preciso Llorar (Edson Ribeiro/Versión: J. Anidez)
06. La Pulguita (Julius Wechter/Versión: Trino Mora)

Lado B
07. Una Vez (Marty Robins/Versión: De La Rosa)
08. Un domingo (D.R.)
09. Quédate (M. Williams/Versión: Trino Mora)
10. Noches De Amor (Jobin/Versión: De La Rosa)
11. Día Tras Día (D.R.)
12. Di Que No Es Verdad (Irving Berlin/Versión: Trino Mora)

LOS RANGERS

A pesar de haber sido una de las agrupaciones más resaltantes de la transición 60-70, existe muy poca información sobre la misma.

«Los Rangers fue formada por Pablo Vicentini y Freddy Thiele, ¿cómo llegamos a ellos? Creo que fue por medio de Mario Carabeo, si mal no recuerdo».
- Durban Laverde 03/06/2011

La alineación de la agrupación en sus inicios fue la siguiente:
- Freddy Thiele: Vocalista
- Pablo Vicentini: Guitarra líder
- Jorge Montealegre: Guitarra rítmica y coros
- Mario Carabeo: Batería
- Durban Laverde: Bajo

En noviembre de ese año debutan en el programa de TV *El Club del Clan*.

«Mario Carabeo tocó conmigo en mis inicios y luego se lució con ese grupo tan bueno llamado Los Rangers, segunda guitarra y coros Jorge Montealegre quién estuvo con nosotros en Londres al inicio de todo, Freddy era un magnífico vocalista, lo recuerdo cantando Stormy y The Poor Side of Town, buen grupo, buenos coros, los vi en una de las "Zanahorias" en el Rosal».
- Jorge Spiteri 01/05/2011

Posteriormente, Durban Laverde abandona el grupo y se marcha a Inglaterra donde desarrolla una destacada actividad durante los años 70 como músico de estudio.

NOVIEMBRE - EL JUNIOR SQUAD

«El Junior Squad se formó gracias a Valere Díaz y a mí. Valere me convenció para fundar un grupo. Confieso que dudé, pues tocaba la batería en un grupo (Los Castro) y me sentía apenado al tener que decirles a mis amigos, que abandonaba el grupo, pero al final, lo hice. Los primeros en pertenecer a un grupo, fuimos Néstor, Gilberto Oscar Enrique (a quien llamábamos cariñosamente El Brujo, y yo, Simón Madriz (...) Ya Néstor y Gilberto estaban muy adelantados, musicalmente hablando. Yo les convencí para formar parte del grupo. A Valere ya le había hablado de Néstor y Gilberto. Estuve muy interesado en formar el grupo y Néstor y Gilberto para mí, eran y fueron primordiales.

El Junior Sqad
Foto cortesía de Simón Madriz

Todo el tino y performance del grupo, se les debe a estos dos maestros de la guitarra y piano. Néstor, siempre le consideré el mejor guitarrista de Venezuela. Me quedaba extasiado verle tocar la guitarra Líder y contrapuntear, era el mejor, me sentía orgulloso de su trayectoria; de Gilberto igual, muy polifacético, bohemio y hombre apacible, maestro musical, pues gracias a él, las instrumentaciones y arreglos musicales fueron la punta de lanza del grupo junto a Néstor, quien también hacía los arreglos (...) Ambos fueron muy preocupados y se merecen buena parte del crédito. Siempre tuve en mente formar el grupo con la integración de un amigo quien tocaba muy bien y ya trabajaba profesional en otros grupos, me refiero a José Velázquez.

Además de este amigo entrañable, quería igualmente la integración de Juan Castro, quien me gustaba mucho como tocaba la guitarra, tenía un estilo muy parecido al de George Harrison. Néstor en la Guitarra Líder, Juan Castro en la segunda guitarra, Gilberto Rebolledo en el piano, José Velázquez en el bajo, Valere y Teresita cantando y yo en la percusión, esa era mi fórmula, si yo hubiese logrado esa fórmula, hubiésemos sido una fuerza incontenible capaz de destronar a grupos como Los Brincos de España, Los Impala de Venezuela por decir algunos.

Teresita y Valere, quienes gracias a su simpatía lograron encauzar el grupo, fueron la etiqueta del grupo, la portada y poco a poco fueron escalando en lo profesional (...) Valere siempre dio todo su interés y demostró que tenía talento, siempre fue muy preocupado por el grupo y ponía todo su fervor, su voz cada vez mejoraba. Valere aún no tocaba el bajo, en lo tocante a mi (...) amoldaba la letra al español, sin olvidar el sonido inglés, para que la esencia del verbo, no chocara con el idioma, algo muy difícil de lograr sin perder de vista el título de la canción y el sentido de la traducción al inglés. Fui el primer baterista del Junior Squad y fundador junto a Valere».
- Simón Madriz 17/07/2010

Integrantes:
- ♪ Valere Díaz - Cantante
- ♪ Néstor Ramírez - Guitarra
- ♪ Gilberto Rebolledo - Piano
- ♪ Simón Madriz - Batería
- ♪ José Velásquez - Bajo (invitado)

«... Nuestro primer disco, fue hecho de una manera muy empírica. Recuerdo que acudimos un sábado en la mañana a casa de un señor muy cerca de casa, pues tenía un equipo de grabar acetato. Lo grababa de una manera muy empírica, repito, algo así como un disco 78 de aquellos tiempos de los años 40. Un sábado en la mañana fuimos muy entusiasmados a esa casa, a tocar y grabar nuestra primera canción. ¡Cuánto entusiasmo! El resultado de ese disco fue pasado unos 2 días. Lo escuchamos con todo y su mal sonido, la batería se escuchaba muy ruidosa, la guitarra casi no se podía escuchar. Bueno, pero estábamos entusiasmados y fue nuestra primera experiencia hasta que llegó un buen día y pudimos grabar en una disquera de verdad, por supuesto, ya habiendo obtenido algunos triunfos, como el haber ocupado el tercer lugar en un concurso para grupos de rock pasado por TV, llamado El Club del Clan.
- Simón Madriz - 17 de julio de 2010

«... Yo entré al grupo de casualidad ya que Néstor que era uno de los que cantaba se quedó afónico y no podía cantar y tenían una presentación en televisión para un concurso. Así que José Velásquez, músico muy conocido y vecino nuestro, que tocaba el bajo (en esa época todavía Valere no era el bajista) dijo que mientras ellos ensayaban me había escuchado cantar la canción y que tenía una voz muy bonita (...) la verdad que cuando me lo propusieron puse el grito en el cielo (...) al final me convencieron y ensayé ese día con ellos, los ensayos siempre se hicieron en mi casa, ya que era muy grande y con espacio suficiente; pues yo me encerré en mi habitación con el micrófono y canté la canción, a todos les gustó, pero ahora venía lo más difícil, hacerme salir de la habitación y ponerme a cantar ante una cámara de televisión.

(...) Luego entre ellos y mis padres lograron convencerme, actué y todo fue muy bien. En el canal nos dijeron que nos contrataban, pero cuando dijeron que yo no era del grupo, ellos dijeron que si yo no estaba no había contrato, así que tuve que aceptar y a partir de ese momento fui integrante del grupo. Ganamos el concurso del canal y el premio era una grabación, la cual la escuchó el Sello Discomoda, les gustamos mucho y decidieron grabar nuestro primer LP».
- Teresa Díaz 2011

El sello Discomoda lanza a finales de ese año el álbum *New Pop Group* del **Junior Squad** con número de serie DMC-571

Sus integrantes:

Imagen cortesia de Danny Torres

- Simón Madriz: Batería
- Valere Díaz: Cantante y Bajista
- Gilberto Rebolledo: Guitarrista
- Néstor Ramírez: Teclados

Lado A
01. El Silencio Es Oro
02. Mi Corazón Nunca Mintió
03. Siempre Hay Una Primera Vez
04. Todo Un Mundo Para Los Dos
05. Que No Llueva En Domingo
06. En El Barco

Lado B
07. Escribiendo En Celofán
08. De Una Nueva Vida
09. No Te Preocupes Nena
10. Los Dos Tan Felices
11. Nunca Es Tarde Para Perdonar
12. Georgina

El Junior Squad son una muestra clara del *pop* venezolano de finales de los años 60. Con su primer álbum el grupo se posiciona rápidamente como favorito de la juventud combinando algunos temas propios con versiones de otros artistas internacionales.

«Tiempo después fuimos invitados a un programa conducido por Capy Doncella. En TV era el canal 13 y estaba en sus inicios. Recuerdo nuestra interpretación con coreografía muy a la época de Elvis Presley, tubos, andamios y muchos adornos estrafalarios y psicodélicos, también actuamos en TV en el canal 4 de Venevisión. Hicimos una parodia, es decir, una actuación, sin interpretar nuestra

música. La música estaba en una pista y eso para mí, no me pareció una buena idea. El Junior Squad daba así sus pasos, entre tropiezos, aciertos y desaciertos, como todo grupo a su comienzo».
- Simón Madriz 2010

Ese año fueron nominados a diversos premios juveniles ganando la mayoría de ellos. Sin embargo, quien fuera su primer impulsor, Simón Madriz, posteriormente se marcha e ingresa Fernando Cohen como baterista.

CAMINAR EN SABANA GRANDE

A partir del 11 de noviembre de 1967, se realizan una serie de conciertos en el marco del evento *Sabana Grande Para La Juventud,* en el Mini-Boulevard de la calle real de Sabana Grande, en el cual se realizaron las siguientes presentaciones musicales:

Viernes 11: **Adelante Juventud**
Sábado 12: **Los Memphis**
Viernes 17: **Los Delta**
Sábado 18: **Al Ramos y su Orquesta**
Viernes 24: **Los Honda**

Dichos eventos estuvieron dirigidos a incentivar la activación comercial de la zona y presentarla como zona de esparcimiento familiar.

Imagen cortesía de José Luís Pérez

LOS DELTA

«Los Delta éramos todos estudiantes de liceo y dedicamos tiempo a ensayos y presentaciones con regularidad. Esta banda tuvo muchísimas presentaciones en vivo en cantidad de lugares y clubes, además de fiestas privadas. Como las fiestas del sábado por la noche en la Hermandad Gallega y en Sabana Grande cerca del Gran Café cuando la Alcaldía del Recreo empezó a promocionar eventos para incrementar el paseo público por esta zona de Caracas».
- José Luis Perez Nahon 03/10/2012

Los Delta grabando para el programa "Ritmo y Juventud". Foto cortesía de José Luís Pérez

En cuanto al hecho de que ya había existido un grupo con el mismo nombre: *«Nosotros no sabíamos de ningún grupo llamado Los Delta antes de nosotros».*
- José Luis Perez Nahon 03/10/2012

Los Delta estuvieron conformados de la siguiente manera:

- Alberto Jimenez: Cantante
- Oscar Salas: Guitarra líder
- Jose Luis Perez: Guitarra rítmica
- Claudio Froment: Bajo
- Vitto la Mamna: Bateria y Voz

«Lo más destacable es que tuvimos una serie bastante seguida de presentaciones en Venevisión en el programa Ritmo y Juventud que se grababa en video tape y era transmitido los domingos en la tarde. Íbamos a grabar prácticamente dos sábados al mes en exteriores y en el estudio principal de Venevisión en esa época».
- José Luis Perez Nahon 03/10/2012

LOS HONDA

El grupo curazoleño **Los Honda** llegó a Venezuela en noviembre de 1967 y se quedaron en nuestro país durante un año. Sus integrantes fueron:

- Freddy Sadek: Batería
- Arturo Hensen: Guitarra líder
- Henry Hensen: Bajo
- Pierre Lanffer: Guitarra rítmica
- Roberto Koch: Voz

Los Honda tuvieron muy buena suerte en nuestro país, tal vez debido al hecho de ser una agrupación extranjera, unido a su excelente nivel artístico. Esa misma semana debutaron en la Torre de la Prensa obteniendo favorables comentarios y consiguen presentarse en varios eventos entre ellos: *Es grato caminar en Sabana Grande* y el *Primer festival Pop de Venezuela*.

LOS GÉMINIS 5

«...Es una banda de La Guaira, integrada por Roberto Melean, Carlos Gómez, Eduardo Pérez, José Pérez y Edgar Ramírez. Con un estilo orientado hacia sonidos pop y ritmos beat, hacen apariciones en algunos espacios televisivos y ganan el Primer Festival de Música Moderna (1967) organizado por Cadena Venezolana de Televisión (CVTV) con el tema Cuando digo que te amo.
Debutan con el 45 rpm Es tuyo mi corazón/Tus 16 años (1967) al cual sigue el LP Geminis 5. A pesar del éxito obtenido, la banda no mantiene continuidad discográfica y se separa a principios de la década de los 70».
- Fuente: http://www.rockhechovenezuela.com/geminis5.htm

Imagen cortesía de Danny Torres

SU NUEVO ESTILO

A pesar de la «casi» disolución de la agrupación, Guillermo Berincua y José Galpasoro continúan con la agrupación a fin de honrar los compromisos contraídos con el sello Sonus y varias presentaciones firmadas con anticipación. Para ello llenan las vacantes en el grupo, incorporando a Manolo Reyes como vocalista, Oswaldo de la Rosa es el nuevo bajista y Germán Suárez se encarga de la batería (Curiosamente estos dos últimos habían sido compañeros en el grupo **Los Migs** de 1964.

Imagen cortesia de Danny Torres

Con esta formación, **Los 007** graban su último álbum (hasta la fecha), con número de serie LPS-1146.

Lado A
01. Mucho Esperé (Margot/Stegel/De La Rosa)
02. Llegaste Tú (C. Porter/De La Rosa)
03. Te Doy Mi Amor (J. Manuel Ganem)
04. La Vi Otra Vez
05. Nieblas (M. Reyes)
06. Si Algún Día La Ves (C. Hillman/De La Rosa)

Lado B
01. Voy a extrañarla (L. Russell/De La Rosa)
02. El Primer Beso (E. Ribeiro/De La Rosa)
03. Juego De Llorar (Stephens/Atila)
04. Lágrimas Solitarias
05. No Puedo Esperarte (Sandro)
06. Mi Chica Mala (Sedaka/Greenfield)

Aunque la agrupación perdió su magia inicial, logran colocar el tema "Nieblas" con moderado éxito en la radio.

«Tuve el placer de trabajar al lado de Oswaldo de la Rosa, un caballero a carta cabal y un músico extraordinario, una de las mejores personas que me ha tocado conocer en la vida, él nos ayudó a sacar a Los 007 adelante, realmente fue una suerte contar con su apoyo y su talento».
- Guillermo Berincua 02/05/2013

DICIEMBRE - PRIMER FESTIVAL POP

«... En los años 60, en la concepción de la escuela de Sojo, le estaba vedado a los jóvenes dirigir una orquesta y ese precisamente era mi sueño. Así fue que tomé la decisión de crear mi propia orquesta. Era la época en que estaba de moda la música de orquestas populares como Paul Muriat o Frank Pourcel. Yo me hice el planteamiento de crear algo similar pero incluyendo grupos, esa era la época en que Los 007 estaban pegadísimos, yo había conocido a Nancy Ramos, quien andaba con Trino Mora, Carlos Morán me consiguió a Los Darts y a Los Snobs (que era un grupo nuevo) y a Wendy, incluimos a Los Honda que llegaron de Curazao, también a Los Memphis y Tony Racal y entonces, el 9 de diciembre de 1967 a las 8 de la noche en la Concha Acústica de Bello Monte realizar el Primer Festival Pop de Venezuela, donde debuta mi orquesta Venezuela Pop, acompañando a los distintos grupos y cantantes. A partir de allí la orquesta comenzó a consolidarse y a reunir éxitos y reconocimientos».
- Jesús Ignacio Pérez Perazzo 2011

«Esa noche, la orquesta contó con el respaldo de un modesto cuerpo juvenil de baile que estuvo coordinado por Ángel Españoleto; actuaron Los Darts, Los Snobs, Tony Racal, Trino Mora, Nancy Ramos, Wendy, Los 007, Los Memphis y como grupo invitado de Curazao: Los Honda. La animación del acto estuvo a cargo de un buen amigo de aquella época: Víctor Hugo Cairos...como curiosidad, el valor de la entrada fue de Bs. 5».
- *Jesús Ignacio Pérez Perazzo 2011*

Imagen cortesìa de Jesus Ignacio Pérez Perazzo

LA ORQUESTA VENEZUELA POP

Fue uno de los primeros intentos venezolanos de popularizar la música de orquesta entre la juventud, este concepto fue esbozado por primera vez por Jesus Ignacio Pérez Perazzo y José Antonio Abreu a mediados de los 60.

Orquesta Venezuela Pop en el canal 8. Foto cortesía de Jesus Ignacio Perez Perazzo

«... El debut de nuestra orquesta tuvo como solista en el piano a Nelson Espinoza, quien abrió con Concierto para Enamorados, una obra inspirada en un minueto del libro de Ana Magdalena Bach, convertida en balada rock por aquel famoso pianista llamado Roger Williams. Otras actuaciones estelares fueron: la presentación como solista de trompeta, de ese también excelente pianista jazzista, Dr. Alberto Espinoza, con la obra Tierra Maravillosa (Wonderland by Night) y un dueto de solistas trompetistas con respaldo de la Orquesta, integrado por Alberto y el hoy destacado trompetista venezolano «José Cheíto» Rodríguez, quienes interpretaron una pieza popularizada por Herb Alpert, Casino Royale. Bueno, esa vez sucedieron cosas muy divertidas y tuvimos que superar varios obstáculos como secuestrar un piano, contando con la complicidad de un buen amigo: Elio Torres, para poder comenzar el espectáculo y lograr que el público no se enterara de la razón del retraso etc, etc. De ese evento obtuvimos la cuantiosa suma de 800 bolívares, la cual repartimos y lo que sobró, algo así como 100 Bs. nos alcanzó para compartir unas "tostadas alemanas" en una tradicional esquina de la Avenida Principal de Santa Mónica».
- *Jesús Ignacio Pérez Perazzo 2011*

«... Los Snobs participamos en el Primer Festival Pop de Venezuela (...) Allí tocamos una versión de Con su blanca Palidez de Procol Harum y también Purple Haze de Jimi Hendrix».
- Ray Ross Jones 24/07/2011

LOS DARTS: EL FINAL DE UNA ÉPOCA

«... Lo del Festival Pop es interesante, Allí escuchamos por primera vez el sonido Hendrix en la guitarra de Álvaro Falcón, el cual emergió detrás del improvisado telón de la Concha Acústica de Bello Monte. Me costó identificar que provenía de una guitarra eléctrica. Terminaba una época y surgía otra (...) Ese evento fue nuestra última presentación en vivo en Venezuela. Poco después tocamos en Aruba y creo que allí terminó esa etapa del grupo, considero que marca el fin de una época y el final de una manera de hacer música».
- Augusto De Lima 26/04/2011

EL SONIDO «HENDRIX»

La llegada de Jimi Hendrix marca un antes y después en la historia del rock, ya que no solo era una nueva manera de entender la guitarra como instrumento, sino también un sonido distinto, ese nuevo sonido venía determinado por el uso de pedales como el Wha-Wha y más aún, el *fuzz o distorsionador. Estos son* pedales que se conectan entre la guitarra y el amplificador. Una anécdota ejemplifica claramente del problema que esto representó para los músicos venezolanos, ya que durante la grabación del álbum *Un toque psicodélico*, el guitarrista Franklin Van Splunteren tuvo problemas con el técnico del estudio por el uso de un pedal *fuzz Face*. La historia cuenta que cuando activó el pedal y la guitarra comenzó a sonar con el característico sonido «granoso», el técnico del

estudio entró a la cabina y preguntó: ¿qué aparato es ese? luego que le dijera que el aparato era un «distorsionador», el técnico

Pedales de Hendrix. (1) Wha Wha Vox (2) Octavia Fuzz (3) Fuzz Face (4) Univibe

se negó a grabarlo mientras usará dicho aparato, alegando que durante toda su carrera él había trabajado evitando la distorsión y que por ningún motivo no iba a permitir que se utilizara un distorsionador en el estudio. Aunque hoy nos pueda parecer

Pedal de Wha Wha

risible y hasta comica la anécdota lo cierto es que esta es fue de las razones por la cual muy pocas bandas en Venezuela grabaron usando distorsión. La gran mayoría de los guitarristas venezolanos de la época grababan sus guitarras limpias o con apenas un poco de saturación del amplificador. Esta tendencia (salvo sus excepciones) se mantuvo hasta bien entrado los años 70.

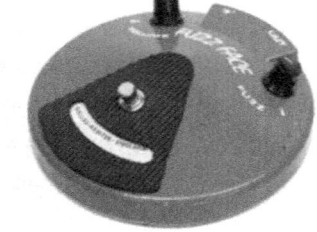

Fuzz Face Pedal

El uso del distorsionador representaba una auténtica pesadilla para los técnicos de grabación y productores de la época, quienes generalmente quedaban en alguna de las siguientes condiciones:

1. No conocían el sonido del *rock* o...
2. No les gustaba el *rock* en lo más mínimo.

Así que los grupos de *rock* no lo tuvieron nada fácil a la hora de grabar sus discos, generalmente se les obligaba a grabar de una manera más «convencional» haciendo así que los discos de los grupos venezolanos de *rock* venezolanos no sonaran de ninguna manera a sus contrapartes de los países anglosajones.

UN DURO DESPERTAR

«...A partir de allí, Víctor y yo, junto con Manolo Álvarez y nuestro querido amigo Simón Urbina, trágicamente fallecido años después, "intentamos" seguir esa corriente, Richard se fue con Álvaro Falcón y Jesús Toro fundaron el grupo The Love Depression, Claudio se fue a Estados Unidos y Carlos Morean se lanzó como solista. Pajarito ya no estaba desde mediados del 67».
- Augusto De Lima 26/04/2011

THE NASTY PILLOWS

The Nasty Pillows. Izq. a Der. Jorge Spiteri. Ivan Marcano. Filo Valera. Ernesto Guzmán. Foto cortesía de Jorge Spiteri

«... Yo vivía en la urbanización Coche, toda mi adolescencia la pasé allá y de allí nos mudamos a Santa Mónica donde me había hecho amigo de algunas personas que por unos vecinos (los famosos cubanos) habíamos contactado por la música. Iván Marcano, el famoso Gordo Iván era un eje entre la gente nueva que se conocía y que teníamos esa inquietud. Él fue quién contactó a la gente quizás, aunque no lo recuerdo con exactitud, tal vez porque la tienda donde él trabajaba se convirtió en cierta forma en el sitio de encuentro de todos (...) Luego apareció en escena "Filo", el hijo del gobernador de Caracas en esa época, venía de Londres, músico por naturaleza quien traía una técnica nunca vista en la ejecución de su instrumento: el bajo. Al parecer era la pieza que faltaba para organizar una banda de rock naciente que emergía con un nuevo elemento innovador: El Soul. (...) era Nasty Pillows cuyo nombre se debe a Iván. Nos enamoró el Soul y Filo ya venía seducido por el género y, además, su técnica de tocar sin uña y con los 4 dedos de la mano derecha en posición vertical le daba el carisma y el sonido perfecto, tal cual se oía en los discos de The four tops, Temptations, Sam and Dave, Supremes y muchísimos otros, así que arrancamos con eso».
- Jesús «Torito» Toro 08/05/2011

223

«Nuestro debut fue el 9 de diciembre de 1967 en la Concha Acústica de Colinas de Bello Monte, donde participaron Los Memphis, Los Snobs, entre otros. Jesús Ignacio Pérez Perazzo fue el organizador (...) Con Ernesto Guzmán hicimos unas presentaciones viernes, sábado y domingo en sabana grande, donde conocí al gran amigo Jorge Spiteri, que nos vino a ver. Luego de ese fin de semana me hospitalizaron, una úlcera duodenal de origen nervioso hizo sus estragos debido quizás al tremendo stress que todas esas eventualidades me causaron y que hoy en día a Dios gracias nada que ver».
- Jesús Toro 02/06/2011

Integrantes
- Iván Marcano: Batería
- Jesús Toro: Cantante
- Filo Valera: Bajo
- Ernesto Guzmán: Segunda guitarra
- Felipe Arias: Guitarra Líder

JESÚS R. TORO Z.

Mejor conocido como Torito nació el 8 de Junio de 1948, es uno de los cantantes y bateristas más reconocidos del rock venezolano, desde los años 60 hasta el presente, su carrera en el *rock* nacional es impresionante **The Nasty Pillows** (1967-69), **The Love Depression** (1968-69), **The Naked Truth** (1969-70), **Tsee Mud** (1970-71), **Los Darts** (1973-74), **Toro & Los Terkos** (1988), **La Banda 30 Años de Rock´n´Roll** (1988), **La Banda Casablanca** (1989-91), **Grupo Toro** (1990) y **Power Trio** (1996) En el 2008 participa en el Concierto "Prohibido Prohibir 1968-2008" junto a Jorge Spiteri, Álvaro Falcón y Durban Laverde en el Goethe Institute de San Bernardino. En el 2009 participa en un Tributo a **Jimi Hendrix** junto a Álvaro Falcón y Jorge Spiteri.

JORGE CHAPELLIN - OTRA VEZ SOÑÉ

Luego de anunciar su separación de **Los 007**, Jorge Chapellin recibió una proposición del maestro Billo Frómeta, para incluirlo en su orquesta con pago de la cantidad de cinco mil bolívares mensuales (un jugoso contrato para la época), sin embargo, la oferta de cantar con la **Billo´s** no fué aceptada y Jorge solo tendría una última cita con la música en los años 60.

«... Los 007 tenían un contrato de grabación de tres discos y solo se habían grabado dos y yo no quise grabar el tercero por razones que ya había tomado. Entonces surgió la idea de que yo grabara un disco como solista y así cubría mi responsabilidad por el contrato y que el resto de los integrantes del grupo, con excepción de Manolo que ya se había ido del grupo, hicieran lo mismo (...) Este disco Otra Vez Soñé se realizó en menos de 5 días, escogencia de canciones, grabación de pistas y montaje de voces. No tenía tiempo para hacerlo de otra forma. Se contrataron músicos, los coros lo hicieron Las 4 Monedas y se grabó mi voz en una noche (...) De este disco salieron algo así como 100 ejemplares. Más que nada fue un compromiso que ni siquiera se promocionó en la radio. ¡El que lo tenga que lo guarde porque puede considerarse un Rarity!».
- Jorge Chapellin 25/11/2012

De esa manera el sello SONUS lanza el álbum solista de Jorge Chapellin, publicado en diciembre de ese año con número de serie LPS-1154. El álbum cuenta con arreglos musicales de Raúl Fortunato y versiones en español de Oswaldo De La Rosa.

Lado A	Lado B
01. Otra vez soñé	07. Ahí va mi modo
02. Porque existo	08. Lavé mis manos
03. Buen muchacho	09. Aquel sitio
04. Y de pronto	10. Mañana
05. Cosas que quiero	11. Parecía quemar
06. Alguna vez	12. Diez guitarras

Imagen cortesía de Danny Torres

«Este disco se hizo en el tiempo en que Los 007 prácticamente estaban disueltos, Ricken, el alemán, dueño del sello Sonus, convenció a Jorge para hacer un disco como el solista (ya que él no quería seguir con Los 007) y yo hice las veces de productor, me encargué de seleccionar las canciones y de hacer las versiones al español. El disco se hizo con orquesta, cuerdas y metales y demás, los arreglos los hizo Raúl Fortunato a quien considero mi padre musical, fue quien nos inició a los jóvenes de aquella época y nos dio a conocer a los otros arreglistas y se nos abrió un campo que perdura hasta el día de hoy; también Julio Anidez, el ingeniero de sonido más cotizado de entonces, nos ayudó mucho».
- Oswaldo de la Rosa 27/11/2012

Junior Squad.
Foto cortesía de Teresa Díaz

NAVIDAD EN SABANA GRANDE

Los Junior Squad hacen una presentación pública en la calle real de Sabana Grande los días viernes 22, sábado 23 y día de Navidad domingo 24 de diciembre 1967, en el marco de los eventos *Es Grato Caminar en Sabana Grande.*

SE CIERRA UNA ETAPA

El año de 1967 fue el fin de una etapa para el naciente *rock* venezolano. Los grupos pioneros habían desaparecido o estaban a punto de desaparecer. Para algunos los cambios se habían sucedido demasiado rápido: El *twist*, el *surf*, el beat ya habían pasado y ahora el soul junto a la extraña música psicodélica hacían casi imposible que grupo alguno pudiera mantenerse a flote encima de tantos géneros.

La última parte de los años 60 sería vertiginosa, demasiados cambios en tan poco tiempo. Era evidente que el mundo se estaba acelerando y mantenerse al día en ese mundo tan cambiante representaba de por sí un reto. Musicalmente hablando, las agrupaciones aparecían como respuesta a una inquietud temporal y propia del momento en que les tocó surgir, pero la diversificación de estilos y géneros hizo que los grupos tuvieran en sus repertorios extrañas y hasta bizarras combinaciones musicales. Al mismo tiempo cada vez más aparecían agrupaciones con repertorio propio, lo cual no era del agrado de las disqueras que preferían que los artistas nacionales grabaron temas de comprobado éxito en el exterior y no correr el riesgo de producir discos que pudieran no ser tan exitosos en cuanto al volumen de ventas.

Lo cierto es que con el año 67 se fue también parte de la inocencia, la niñez de la música juvenil venezolana había llegado a su fin. Ahora venía una etapa de mayor rebeldía y esa se vería reflejada en los nuevos estilos que ya habían comenzando a popularizarse: El *soul*, pero, sobre todo, la música *psicodélica* y el *rock* pesado.

1968

La Transición

Página intencionalmente en blanco

EL SARGENTO PIMIENTA

El año 68 es el gran año de la música psicodélica. El año anterior, **Los Beatles** habían lanzado el álbum *Sargeant Pepper´s Lonely Hearts Club Band* cambiando el panorama de la música. Un album innovador en muchos sentidos, desde la estructura hasta las técnicas de grabación, se convirtió en una sensación popular, influyendo en casi todos los trabajos de los géneros *pop* y *rock* que se hicieron después. En 1968 ganó el Premio Grammy al Mejor Álbum del año y está considerado el mejor álbum por un grupo de *rock* de la década de los 60. Los músicos venezolanos no se quedan atrás con los nuevos sonidos y las nuevas agrupaciones venezolanas se harían eco de la nueva música.

Album Sargeant Pepper de Los Beatles

LOS HOLIDAY´S - UN TOQUE PSICODÉLICO

El 26 de enero de 1968 aparece el cuarto álbum del grupo **Los Holiday´s**, publicado por el sello Discomoda con número de serie POP-3014, el cual sería el último disco de la agrupación. **Los Holidays** se convierten en el primer *power trio* venezolano con un sonido *heavy* y experimental al estilo de **Cream** y el de **Jimi HendrixExperience**, mostrando las influencias de grupos psicodelicos ingleses como **The Kinks** y **The Yardbirds**, sin dejar de mostrar algún remanente del romanticismo del *pop-beat* venezolano. Para este álbum **Los Holiday´s** estuvieron conformados por: Jean Louis Ajzenberg (Voz, bajo), Franklin Holland (Voz, Guitarra), Rurik Grassi (Batería).

Imagen cortesía de Danny Torres

Lado A
01. ¿Dónde Están Las Flores?
02. Me Vuelvo Loco
03. Tema Sicodélico
04. El Mensaje Final
05. Sha La La La Li
06. Mi Muñeca

Lado B
07. A Tu Alrededor
08. Que Alguien Me Ayude
09. Situación Peculiar
10. Con Flores y Jamón
11. El Sol No Brillara Nunca Más
12. Sentado En Mi Sofá

Con este nuevo sonido los Holidays hacen varias actuaciones tanto en vivo como en televisión presentándose como uno de los grupos más modernos e innovadores de Venezuela gracias al uso que Franklin hace de novedosas técnicas en el modo de tocar la guitarra y nuevos efectos electrónicos.

¿QUIÉNES FUERON LOS HIPPIES?

Flower Power. Foto de Bernnie Boston

El movimiento *hippie* fue una manisfetación contracultural, libertaria y pacifista, propia de finales de los años 60. Los *hippies* escuchaban música psicodélica, *soul* y *folk* contestatario y creían en el amor libre. Hacían uso de la marihuana y alucinógenos como el LSD con la intención de alcanzar estados alterados de conciencia como una forma de rebelarse contra el sistema. También buscaron formas de experiencia poco usuales en esos tiempos, como la meditación. Debido a su rechazo al consumismo solían optar por la simplicidad voluntaria, ya sea por motivaciones espirituales-religiosas, artísticas, políticas, y/o ecologistas.

FEBRERO
LOS HIPPIES

Los Hippies. Izq. a Der. Nestor Bermudez. (Organo) Leopoldo Bohorquez (Bajo) Rafael Bermudez (Guitarra) Carlos Moreno (Guitarra) y EDgardo Carroz (Batería) Foto cortesìa de Juan Marcos Colmenares

Los Hippies es el grupo zuliano más exitoso de la transición 60-70. El proveniente de una agrupación llamada **The Crickets.** Sus integrantes fueron Carlos Moreno (guitarra, voz), Leopoldo Bohorque (bajo), Néstor Bermúdez (teclados, coros) José Rafael Bermudez (Guitarra y voz) y Edgardo Carroz (batería). **Los Hippies** logran convertirse en una de las agrupaciones juveniles mayor renombre en la ciudad de Maracaibo a finales de los 60.

JORGE SPITERI

Luego de su debut en el *Primer Festival Pop de Venezuela*, Jesús Toro Torito abandona el grupo **The Nasty Pillow** y es así como en sustitución entra al grupo un músico destinado a hacer historia en la música venezolana: Jorge Spiteri.

Jorge Spiteri

«*... Cuando Torito, sale del grupo The Nasty Pillow para tocar con Álvaro Falcón en The Love Depresion, el gordo Iván me invitó para cantar en el grupo*».
- Jorge Spiteri 10/05/2011

Jorge Spiteri nació el 2 de mayo de 1951 en Caracas. Junto a su hermano Charles se le considera pionero de la música *pop* y *rock* en Venezuela. Cantante, arreglista, compositor y productor de numerosas grabaciones, se inició en bandas locales como **The Nasty Pillow, Fantastic Guasacaca** y **The Juniors**, en las que trabajó junto a otros venezolanos que se destacaron en la música, como Ilan Chester, Jesús Chinchilla y Pablo Manavello. El grupo que pasó por una serie de cambios, estuvo conformado por verdaderos protomusicos que se encargarían de hacer un trabajo respetable en el ambiente musical venezolano.

«*... Mi hermano Henrique en la flauta, Jesús Chinchilla en la percusión quién luego grabó con Vytas en su primer álbum, Alejandro Blanco Uribe creo que también participó al piano a veces... y el talentoso Eduardo Esposito también al piano, junto a Filo e Iván y yo que quedábamos de los Pillow*».
- Jorge Spiteri 10/05/2011

«*... The Nasty Pillow fue una banda de corta vida, lo importante con esa banda es que de allí salimos muchos que nos dedicamos durante toda nuestra vida a hacer música*».
- Iván «Gordo» Marcano 01/12/2012

MARZO - CARLOS MOREAN

Carlos Roberto Morean Corthie nació en México el 28 de julio de 1947, tras dejar al grupo donde se dio a conocer, inició su carrera como solista debutando el 21 de marzo de 1968 en «La Gran Revista del jueves» por el Canal 8 de CVTV en el cual interpreta varios temas de su álbum homónimo publicado por el sello Souvenir con número de serie SLP-1343. Al igual que la mayoría de las producciones de la época, este disco es un resumen de éxitos internacionales versionados al español, un reflejo de los temas que estaban teniendo impacto en ese momento en Venezuela.

Imagen cortesía de Danny Torres

De este álbum serían incluidos en las *Experiencias Psicotomiméticas*, los siguientes temas:

Experiencia 1: *Medley: Everything's Alright - Since you have gone- I got the Feeling* (Un mosaico de musica *soul* con temas de **Stevie Wonder**, **Aretha Franklin** y **James Brown**).
Experiencia 2: *Woman Woman* (*Mujer Mujer*) original de **Gary Pucket & the Union Gap**.

Lado A
01. Regresa a mi (Come on Back to Me)
02. Ahora que te encontré (Baby, Now That I've Found You) (Macleod / Macaulay)
03. Al maestro con cariño (To Sir with Love) (D. Black / M. London)
04. Mujer Mujer (Woman Woman) (J. Glaser / J. Payne)
05. Every Thing's Al Right - Since You´ve Gone- I Got the Feeling (D.D)

Lado B
01. Sigue de largo (Walk On By) (D.D)
02. Muy joven aún (Young Girl) (J. Fuller)
03. Cuando estas cerca de Phoenix (By the Time I Get to Phoenix) (Johnny Rivers)
04. Antes y después (Before and after) (Chad & Jeremy)
05. Cómo puedo estar seguro (How Can I Be Sure) (Felix Cavalieri / Eddie Brigatti)
06. Dana (Jesús Ignacio Pérez Perazzo)

Ese año **Carlos Morean** recibe el premio Escenario Juvenil como Promesa Juvenil, pero a pesar del innegable talento de **Carlos Morean**, su actividad como solista se caracteriza por producciones musicales espaciadas en el tiempo, lo cual le impidió convertirse en un ídolo del *pop* como si lo llegaron a ser en su momento otros solistas como **Trino Mora** y el ex-integrante de **Los Supersónicos: Ivo**.

29 DE MARZO - LAS CUATRO MONEDAS A GO-GO

Bajo la producción de Hugo Blanco, se lanza el primer álbum de *Las Cuatro monedas* titulado *Monedas a Go-Go* a través del sello Palacio con número de serie LPS-66.229. Inicialmente conocidos como **Los Hermanos O´Brian**, es con este álbum que comienzan a ser conocidos como **Las 4 Monedas**. El grupo logra éxito inmediato posicionándose de manera privilegiada en el gusto de la juventud. A **Las Cuatro Monedas** se les reconoce hoy como introductores del ritmo *ska* en Venezuela por el hecho de ser quienes lograron imponer de este álbum el tema *Ritmo del Alma* (*Soul Ska*) original de **Ken Lazarus** en las carteleras venezolanas, aunque en realidad en el álbum hay una gran variedad de géneros musicales distintos.

Imagen cortesía de Danny Torres

Integrantes

- Marlene O´Brien: Bajo y voz
- Kenny O´Brien: Guitarra y voz
- Brenda O´Brien: Batería
- Gary O´Brien: Guitarra y voz

Lado A

01. Cadena De Tontos (Chain Of Fools)
02. Ayer Sonreí (I Smiled Yesterday)
03. Dulce, Dulce (Do It Again)
04. Mi Bote De Remo (The Boat That I Row)
05. Oración A Billy Joe (Ode to Billie Joe)
06. Windy

Lado B

07. Pata Pata Caracas Glu Glu
08. Ritmo Del Alma (Soul Time)
09. El Amor Es Azul
10. La Balsa
11. Tú No Eres Bueno
12. Respeto (Respect)

LOS BONNEVILLES

«En un principio, realizábamos los ensayos en la casa de los Hernández en la Alta Florida, la cual se llenaba de muchachos a quienes les atraían las motos de la época y por supuesto el rock; pero tiempo después, los Hernández (Chuly y su hermano Horacio) tuvieron que mudarse para la urbanización Las Mercedes, y hasta allá también se trasladó el grupo, para establecer la base de sus ensayos».
- *José Eduardo Padrón s/f*

«Recordamos perfectamente nuestras prácticas en ese lugar. Cada ensayo era como una fiesta muy concurrida. En este lugar, convergían los pavos motociclistas y otros amigos con bonitos carros deportivos que llamaban muchísimo la atención a las chicas. Generalmente muchos personajes juveniles de ese entonces, de la farándula, de la actuación y otras artes nos hacían el honor con sus visitas».
- *José Eduardo Padrón s/f*

Imagen cortesía del Dr. Cesar Sanchez Bello

LA EXPERIENCIA PSICOTOMIMÉTICA

Ese año se realiza uno de los eventos más significativos de la historia de la música en Venezuela. y se trata de la *Experiencia Psicotomimética* la cual se trató de una serie de festivales producidos por Jesus Ignacio Perez Perazzo y el locutor Cappy Donzella, con la participación de diversos artistas. La primera Experiencia fue realizada el día 30 de marzo el Teatro Caracas con el nombre de *Viva Una Experiencia Psicotomimética*, con la participación de **La Orquesta VenezuelaPop, Carlos Morean, Los Memphis, Henry Stephen, Los Snobs, Soledad Bravo, Bossa Nova 4, Trino Mora** y

Nancy Ramos. Animado por Cappy Donzella y producido por Jesús Ignacio Pérez Perazzo. Las luces fueron diseñadas y operadas por Luís Wiener y el valor de la entrada fue de Bs. 5.

En el año 68, me llama José Antor, quien tenía la RCA Víctor, y me pide que sustituya a Billo Frómeta, que era el encargado del sello Fonograma, debido a que las ventas de la empresa habían disminuido considerablemente. En un acto muy bonito el maestro Billo, de manera muy comprensiva y amable me cedió la oficina. Una vez instalado en mi nueva oficina le dije a José Antor: «Bueno aquí estoy, pero tengo que inventar algo verdaderamente grande para justificar la salida del maestro Billo. (...) Esa noche me puse a pensar en qué iba a hacer. El proyecto que elaboré contemplaba la firma de varios artistas, pero no para grabar discos individuales sino incluir 1 ó 2 temas de cada uno en un LP. La idea era crear un clan de artistas que grabaran juntos, se presentaran juntos, hasta que en una segunda etapa se les desarrollara una producción completa donde se estudiaría la imagen, el estilo, etc. para cada uno de ellos. La orquesta base para todos ellos sería la Orquesta Venezuela Pop».
- Jesús Ignacio Pérez Perazzo 2011

Poco después todo el talento joven había firmado con el sello Souvenir: **Los Bonneville, Los Memphis** y **The Love Depression** entre otras bandas, así como a **Carlos Morean, Nancy Ramos** y **Trino Mora** quienes utilizarían a la **Orquesta Venezuela Pop** como soporte en el estudio.

«... Para apoyar el proyecto que había elaborado me propuse realizar un espectáculo que se apoderara del público (en esos tiempos yo estaba trabajando en una clínica psiquiátrica con unos conocidos psicólogos y psiquiatras en un proyecto experimental de musicoterapia, estudiando la influencia de la música en el ser humano). Lo primero que necesitaba para ese fin era lograr una desconexión del público entre sí, que no se pudieran comunicar, para ello empezamos a diseñar un sonido envolvente a altos niveles de volumen que rodeara a los asistentes».
- Jesús Ignacio Pérez Perazzo 2011

«... En esos días, y especialmente para este proyecto, se crea una compañía que se llamaba Los Cerebros Elásticos, quienes prepararon un proyecto de imagen y efectos visuales acorde a las expectativas que teníamos. Allí empezamos a utilizar colores que se movieran con la música, efectos para lograr reacciones en el público».
- Jesús Ignacio Pérez Perazzo 2011

LOS CEREBROS ELÁSTICOS

El movimiento musical juvenil venezolano produjo paralelamente otras iniciativas artísticas de relativa importancia... Una de ellas se trata del grupo *Los Cerebros Elásticos*.

«El artífice y "cerebro" de los Cerebros Elásticos fue el artista gráfico Rodolfo (Rudy) Wienner.

Rudy Wiener.
Foto cortesía de
Hector Fuenmayor

Hector Fuenmayor. Foto cortesía de Hector Fuenmayor

... Cierto, fue idea de Rudy, pero no recuerdo si alguien la gestó con él. Luego estaban Cappy Donzella, Antonio Rodríguez y quien escribe (Hector Fuenmayor). Seguro había más gente, pero no los recuerdo por el momento».
- Héctor Fuenmayor 29/05/2011

Hector Fuenmayor se convertiría en el diseñador gráfico de *Los Cerebros Elásticos* y responsable de gran parte de las carátulas diseñadas por dicho colectivo.

«... También estuvo en el grupo George Muller (q.e.p.d.), el atendía los efectos especiales de luces en los eventos con Rudy ¿Te recuerdas de los platos de vidrio, agua coloreada, y el show tan impresionante que proyectaba sobre el telar de fondo? y en sincronía con la música (todo manual) A mind blowing light-show...en ese detalle si estábamos a la par con los conciertos en el norte».
- Mike Zurita 01/06/2011

«... Los Cerebros Elásticos tenían su "Cuartel General" en Colinas de Bello Monte, prolongación de la Avenida Miguel Ángel. Fue un grupo creativo importante ligado a la psicodelia, participando en la organización de eventos musicales. Organizaban, diseñaban afiches, carátulas de discos, etc., y todo el soporte audiovisual, se encargaban de las luces y efectos (las famosas amebas) que tuvieron impacto en los conciertos que se realizaron como las Experiencias Psicotomiméticas I y II, y las Mermeladas, entre otras. Quedan para la historia los afiches, las carátulas y los discos coloreados de las Experiencias Psicotomiméticas».

«Los Cerebros Elásticos realizaron carátulas principalmente para el sello Souvenir de los que cabe destacar los discos de las Experiencias Psicotomiméticas, El alucinante Mundo del Soul entre otros».
- César A. Sánchez Bello 13/04/2011

VOLVIENDO A LA EXPERIENCIA

«... Así fuimos cuadrando las características de un espectáculo que llevaría por nombre La Experiencia Psicotomimética, el cual se iba a presentar originalmente en la Concha Acústica de Bello Monte. Pero faltando escasos días para el evento la ciudad negó el permiso y tuvo que mudarlo al Teatro Caracas.

...Nosotros pensamos que con el cambio de lugar no tendríamos público ese día, pero la realidad fue otra». La noche del 30 de abril de 1968 no cabía nadie más en las instalaciones del Teatro Caracas, había gente sentada hasta en los bordes de los balcones. El presentador del concierto fue el popular locutor Calixto Escalante Donzella (Cappy), quien ante el espectaculo con con las palabras: «Verde 68, amarillo 14, azulblanco 19... Probando... en este momento nos hemos apoderado de sus mentes... van ustedes a vivir una experiencia psicotomimética...» se dio inicio al evento que fue todo un éxito, el impacto en el público caraqueño fue total.
- Ignacio Pérez Perazzo 2011

CAPPY DONZELLA

Sin lugar a dudas Cappy Donzella fue el primer gran impulsor del movimiento *rock* en Venezuela, desde sus programas de radio hasta la organización y animación de eventos y festivales, fue la figura más relevante y representativa del movimiento *rock* venezolano de finales de los años 60 y principio de los años 70.

«... Cuando estábamos en toda esa onda del movimiento del rock, eso respondía a nuestra necesidad de enfrentar el sistema, eso iba contra lo establecido, con el nacimiento del movimiento hippie quisimos solidarizarnos con ellos que se enfrentaban a la guerra y la destrucción. Cuando los hippies se oponían a la guerra de Vietnam con su consigna de "amor y paz" era por un sentimiento real de acabar con la muerte de jóvenes vietnamitas y americanos, que se mataban en algo sin sentido».
- Cappy Donzella s/f

Capy Donzella. Foto cortesía del Dr. Cesar Sanchez Bello

Imagen cortesía de Danny Torres

VIVA UNA EXPERIENCIA PSICOTOMIMÉTICA

Aunque el evento no fue grabado en vivo, el sello Souvenir publica el álbum *Viva una Experiencia Psicotomimética* con número de serie S-15041. En el que se intenta reproducir el espectáculo con el añadido de efectos de aplausos y animación de Cappy Donzella entre canción y canción. El álbum es uno de los discos más emblemáticos de la segunda mitad de los años 60 y una rareza discográfica que sirve como ventana a las influencias y motivaciones de los primeros rockeros en Venezuela. Los temas en el álbum son:

01. *Everything´s Alright / Since You´ve Gone/ I Got the Feeling*: **Carlos Morean**
02. *Una Noche en Satín Blanco*: **Los Memphis**
03. *Tú Eres Todo el Infinito*: **Los Memphis**
04. *Fire*: **Los Bonneville**
05. *Neon* Rainbow: **Los Bonneville**
06. *Stog O Lee*: **Trino Mora**
07. *Yesterday*: **Trino Mora**
08. *Stone Free*: **Love Depression**
09. *Can You See Me*: **Love Depression**
10. *San Francisco*: **Orquesta Venezuela Pop**

El álbum sincorporó una novedad la cual con el tiempo llegó a convertirse en legendatia:

"Entonces le preguntamos a José Antor " ¿podemos mezclar esta resina con un poquito de anilina roja, amarilla y azul?", y aquello empezó a dar vueltas y se hizo el primer plato psicodélico. Una belleza, traslúcido, lleno de colores, lo que hicimos fue tan solo cambiar un polvo negro y darle un poco de color a la cosa...".

- Calixto «Cappy» Donzella, Felix Allueva - Crónicas del rock fabricado acá. Pag. 75 Editorial B. ISBN: 978-980-6993-28-0

Y es así como comienzan a fabricarse aquellos increíbles discos multicolores que hacían alucinar a todos los que miraban los discos al girar. Cada uno de los primeros 500 discos que se editaron es un ejemplar único, no hay dos discos iguales. Y es en este soporte en el que se editan los

Imagen cortesía de Danny Torres

primeros ejemplares de este curioso disco. Un adecuado medio de transmisión para el mensaje implícito en las 10 composiciones originales del grupo incluidas en el LP.

"... De ese disco, solo hubo una edición de 500 Copias, de allí lo difícil que es conseguirlo, vi muchísimas copias del disco pegadas con clavos en fiestas, algo horroroso, pero así eran esas fiestas".
- José Ignacio Lares 08/03/2011

ABRIL

Los días 06, 13, 20 y 27 de abril de 1968, se realizan los eventos *Pop & Op Musical* organizados por Napoleon Bravo en el Teatro Alberto de Paz y Mateos con **Los Claners** y **Las Notas de Una Sinfonía Encerrada en un Chicle** (06), **Los Darts** (13), **Germán Freites, Wendy** (20), **Henrique Lazo** y **Los Tabacos** (27), el precio de la entrada fue de Bs. 5.

ADELANTE JUVENTUD

El 28 de abril y a menos de un año de la llegada a Venezuela el grupo *Viva la gente (Up with the people)*, pública el primer álbum de la «franquicia» venezolana: El grupo **Adelante Juventud**, el álbum sale a la calle bajo el sello Souvenir con número de serie SLP-13-39. Logrando imponer los temas. *Viva la Gente* y *La Piel de Dios*

Adelante Juventud no logró continuidad, siendo esta su única producción. Poco a poco se fue diluyéndo el entusiasmo inicial y el grupo terminó desapareciendo dejando tan solo su influencia en agrupaciones de los años 70, como semillero donde se formaron varios de sus integrantes.

Imagen cortesía de Danny Torres

Lado A

1. Viva la Gente (P. y R. Colwell)
2. la piel de Dios (T. Wilkes, D. Stevenson, C. Torres)
3. Nuestra Libertad (P. y R. Colwell – C. Torres)
4. Venezuela (D.D.)
5. Una estrella lejana (K. Doran, C. Torres)
6. Joven de Corazon (G. Close, L. Orue)

Lado B

1. Caracas (D.D.)
2. Un Consejo (V. Martinez, C. Torres)
3. No todo el mundo cree en dios (J. Tinoco)
4. Marcha por la libertad (Ray, Pudry, S. Davis, L. Orue)
5. Generación ´68 (L. Orue)
6. Sing out (P. y R. Colwell, L. Orue)

MAYO - LIMON LIMONERO

La suerte también acompañó ese año a quien había sido la voz líder de **Los Impala, Henry Stephen**.

Imagen cortesía de Danny Torres

«... Un buen día, estaba grabando un programa de televisión y llegó un señor llamado Johnny Quiróz con dicha canción. ¡No tardé ni una hora en grabarla, salió tal cual a la primera y el coro lo hicieron unas amigas mías que se prestaron a ello, aunque ni siquiera eran cantantes!».
- Henry Stephen s/f

«Nos encontramos en Madrid y Henry traía bajo el brazo su disquito con la cancioncita Limón, Limonero, a todos nos pareció muy mala y le auguramos el peor de los fracasos en las conversaciones que junto a Clemente Vargas Jr. sostendría la mañana siguiente con los productores de R.C.A Víctor de España. Henry y la comitiva venezolana regresaron al país y todos nos olvidamos del asunto». - Rudy Marquez s/f

«Como anécdota les mostré la grabación del Limón, limonero a mis compañeros de Los Impala y me reprocharon que cómo cantaba yo eso, que no tenía nada que ver con lo que hacían ellos y que no llegaría a ningún lado».
- Henry Stephen s/f

«A principios de mayo de 1968 sucedió lo inesperado. Parecía que todas las emisoras de España se habían puesto de acuerdo para radiar casi a la vez una nueva canción de un venezolano llamado Henry "Estepen", ya que no hay manera de que los españoles comunes y corrientes entiendan que la "ph", en ingles suena "F". Y así se quedó "Estepen". Pues la canción era la misma a la que le

habíamos augurado el más sonoro de los fracasos: Limón, Limonero. Nosotros nos negábamos a creerlo, pero se convirtió en la canción del verano, fue número 1 en muchos países de Europa y vendió cientos de miles de copias, solo ese primer año».
- Rudy Marquez s/f

«...Curiosamente fue uno de los temas más importantes de mi carrera y una de las canciones imprescindibles del verano».- Henry Stephen s/f

«... Por supuesto, Henry Stephen fue la gran atracción del verano del 68 y hasta donde recuerdo, firmó y se presentó en más de 200 galas. Había días en que hacía 2 y 3 galas en diferentes pueblos y ciudades. Un verdadero fenómeno».
- Rudy Marquez s/f

Imagen cortesía de José Baptista

«(...) Uno de esos días en que se presentaba en un programa de televisión, se quitó la bufanda que llevaba al cuello por el calor y se la anudó en la pierna derecha. Al día siguiente, toda la juventud de España adoptó como moda una bufanda anudada en la pierna. Henry había establecido una moda».
- Rudy Márquez s/f

«Recuerdo que debuté en Madrid en el desaparecido restaurante Pavillon en el Parque del Retiro. Mi primer asombro fue cuando entre el público que fue a verme aquella noche, estaba Raphael. Después recorrí toda España durante unos cuatro años. No creo que exista un pueblo donde yo no haya cantado; además, participé en un programa de televisión que se llamaba La casa de Los Martínez donde fui invitado en varias ocasiones. Aquello era como entrar en todas las familias españolas y tuve el privilegio de estar allí y conservo las cinco llaves que daban al final del programa».
- Henry Stephens s/f

Henry compartió, además, con grandes artistas internacionales como **Aretha Franklin, Miriam Makeba** o **Julio Iglesias,** por citar algunos.

«Sí, recuerdo que con Aretha Franklin actué dos días en Venezuela y fue maravilloso, en unas fallas de Valencia, España, canté con Julio Iglesias, Tom Jones, Los Cinco Latinos... todos los que ocupaban los primeros puestos en aquel tiempo. En Castelldefels tuve la oportunidad de conocer a Joan Manuel Serrat, otro de los momentos que guardo con especial cariño. También coincidí con Miguel Ríos y Mike Kennedy».- Henry Stephen s/f

Tanta era la fama de **Henry Stephens** que el mismo Presidente de España Francisco Franco pidió que cantara para él en El Prado.

«... Fue una sesión privada en la que actué yo solo y no se difundió porque hicimos un pacto para que no trascendiera. Quiero aprovechar esta anécdota para decirle a la gente que esto es sólo un ejemplo para que vean que la música está por encima de la política».
- Henry Stephen s/f

MAYO - LOS DARTS 2.0

Los Darts habían visto partir a su director, a su baterista, a su bajista y a su organista. Un verdadero desastre para cualquier grupo. Al igual que **Los 007**, los dos restantes miembros (Augusto Delima y Víctor Gámez) asumen el compromiso de continuar ingresando a Manolo Álvarez quien recién había abandonado la batería de **Los 007** y a Simón Urbina para hacerse cargo del bajo. Con esta nueva alineación lanzan el álbum *Una linda Historia*, a través del sello Sonus con número de serie LPS-1161, en el cual se nota un giro hacia la psicodelia que estaba impactando a Venezuela por entonces. Encontramos además entre su repertorio temas de **Jimmy Hendrix** como *Up from the skies, wait until tomorrow, Ain´t no telling* y del grupo **Cream** *Strange Brew*, aunque sin olvidar a **The Beatles**, de quienes versionaron *Lady Madonna*.

Imagen cortesía de Danny Torres

Lado A
01. Una Linda Historia (Going Away) (G. Tomsco-B. Tomsco/V: M. Alvarez)
02. Arriba En Los Cielos (Up from the skies) (J. Hendrix)
03. Ayer (Poor man) (J. Perkins/Version: V. Gámez)
04. No Puedo Decírtelo (Ain't no telling) (J. Hendrix)
05. Extraña Poción (Strange brew) (Clapton/Collins/Pappalardi)
06. Me Siento Solo Hoy (I've been lonely too long) (Cavalieri-Brigati/V.Gámez)

Lado B
01. Dile No (Tell her no) (D.R./Version: V. Gámez)
02. No Se Que Decirte (Franzier/Version: S. Gámez)
03. Espera Hasta Mañana (Wait until tomorrow) (J. Hendrix)
04. Lady Madonna (Lennon-McCartney/Version: M. Alvarez)
05. Aprende A Amar (Outside my window) (Pappalardi-Collins/Ver: V. Gámez)
06. Pienso Siempre En Ti (I will always think about you) (Rice-Mummelo/Ver: S. Gámez)

LA ORQUESTA VENEZUELA POP

El experimento de **La Orquesta Venezuela Pop** continúa en una nueva etapa, esta vez a nivel discográfico con la publicación de su único LP bajo el sello Souvenir con número de serie SLP 13-60 grabado por el técnico Ricardo Landaeta.
Diseño: Eduardo Rodríguez y Enrique Añez

Imagen cortesía de Danny Torres

Lado A	Lado B
01. Que noche eres	06. Romeo y Julieta
02. Risa por llanto	07. Regresa a mi
03. Shavadavada	08. Bajo el sol
04. Baby	09. Te equivocaste
05. La Bámbola	10. La fortuna y el poder

El sonido de la orquesta es una sofisticación del *pop* de la época, sin embargo, su música es tan interesante hoy como lo fue en su momento, representó una vanguardia para la música venezolana, ya que para entonces no existían orquestas interpretando ese tipo de música en el país.

LOS SNOBS - SEGUNDA EDICIÓN

Los Snobs. Foto cortesía de Carlos Esposito

Los Snobs habían causado una excelente impresión en el director del sello Souvenir: Jesús Ignacio Pérez Perazzo, quien decidió tomarlos en consideración para una serie de conciertos en el cual repetiría la experiencia del *Primer Festival Pop*, pero con artistas potenciales del sello Souvenir. Sin embargo, **Los Snobs** habían dejado de funcionar como banda mientras que Eddy Gugliotta estaba probando suerte con distintas agrupaciones incluyendo **Los Bonneville**, en uno de esos cruces se conocieron Eddy y Don Gornés. En la foto también aparece Carlos Sposito, quien junto a Pupy Salazar aún formaba parte del grupo **Los Primitivos**. Esta nueva encarnación de **Los Snobs** estuvo integrada por Eddy Gugliotta en la guitarra, Don Gornés, Guitarra y cantante, Eduardo Feo en los teclados, José «Pupy» Salazar en el Bajo, Jimmy Ross-Jones en la Batería y Michael Kantz en el saxo.

«... Regreso de mis estudios en USA en 1968. Conversé con Eddy y comienza otra etapa de Los Snobs... Mi pase por Los Snobs fue furtivo pues estudiaba en el exterior (...) En Los Snobs, también formamos parte, Michel Katz en el saxo, Don Gornés en guitarra y aun nos falta el bajo y la batería. Increíble como el tiempo puede jugar con la mente». - Don Gornés s/f
«... El baterista era mi hermano Jimmy Ross-Jones».
- Ray Ross-Jones 24/07/2011

«Y de ahí salió Puppy en la foto en casa de Francisco Llamozas con Eduardo Feo (alias Popeye)».
- Eddy Gugliotta 04/07/2011

«... Ensayábamos en el segundo piso de mi tienda que quedaba al lado del Cine Rio en el pasaje Pacifico, a 20 metros de la tienda de música BUSI, donde comprábamos los Fender y la Epiphone».
- Eddy Gugliotta 04/07/2011

«Tocamos como un año en eventos en el Teatro Paris, Club Valle Arriba, Experiencia Psicotomimética, Discoteque El Diábolo en Prados del Este y recurrentes en La Potiniere luego The Flower en La Castellana, creo, la primera disco de tener DJs en sus matinées sábados y domingos y varias fiestas privadas».
- Don Gornés s/f

LOS JUNIOR SQUAD – II

Los Junior Squad lanzan su segundo álbum publicado por el sello Discomoda con número de serie DCM-628. A pesar de la carátula psicodélica, el álbum es una muestra del sonido *pop* de finales de los 60. Ya para entonces **Los Junior Squad** se habían posicionado como uno de los grupos favoritos de la juventud venezolana, y sus presentaciones en televisión, así como sus conciertos en todo el país, eran una constante.

Imagen cortesía de Danny Torres

- ↓ Teresa Díaz: Bajo y voz
- ↓ Valere Díaz: Voz
- ↓ Néstor Ramírez: Teclado
- ↓ Gilberto Rebolledo: Guitarrista
- ↓ Fernando Choen: Baterista

Lado A
01. Siempre Para Ti
02. Conóceme
03. ¿Qué Puedo Conseguir En Un Sueño?
04. Algo Quiero Decirte
05. Nuestros Dedos Inertes
06. ¿Qué Haré?

Lado B
07. No Sabes Lo Que Es Llorar
08. No Sé Qué Pasará
09. Ya No Sientes Lo Mismo
10. Regresa Muchacha
11. ¿Qué?
12. Necesito Ser Amada

THE LOVE DEPRESSION

*«Todo comenzó en el garaje de mi casa en las Mercedes. Nos reuníamos ahí a tocar **Los Bonevilles** y **The Love Depression**. (Álvaro Falcón, Richard Aumaitre y Torito) Capy era el manager de nosotros, fue el promotor de la Experiencia Psicotomimética...».*
- Horacio Hernández 16/04/2012

Imagen cortesía de Danny Torres

*«Un día que estábamos ensayando en casa de unos amigos y llegó el bajista de **Los Darts** coincidimos y empezamos a hablar y a tocar " ¿Tu te sabes tal canción?", "Sí" "¿Y esta otra?","También", y todo sonó cheverisimo y entonces llegó Capy Donzella nos escuchó y nos dijo: "Tengo una Experiencia este sábado, tienen que tocar ahí" Fuimos, tocamos y fue un éxito...».*
- Álvaro Falcón 26/02/2011

- ⌖ Jesus Toro: Batería y Voz
- ⌖ Alvaro Falcon: Guitarra
- ⌖ Richard Aumaitre: Bajo
- ⌖ Órgano: Alfredo Rugeles (B3) y Willy Pérez (B6)
- ⌖ Armónica: Steve Scott (track A4)

«Originalmente Jesús Toro "Torito" solo se encargaría de cantar y George Henríquez se encargaría de la batería y voces, pero resulta que un día, George no había llegado y Torito se puso a tocar la batería; cuando George llegó se molestó mucho porque él era muy celoso del instrumento, así que se formó una discusión la cual terminó con George abandonando el grupo. Es una lástima porque el grupo hubiera tenido dos buenos cantantes en vez de uno solo».
- Ray Ross-Jones 10/07/2011

Poco después fueron firmados por Jesus Ignacio Pérez Perazzo, el sello Suvernir con el cual grabaría tres discos, pero de los cuales solo produjeron uno de título homónimo, lanzado en mayo de 1968 con numero de serie SLP-13 51. El disco se considera una pieza de colección debido a que solo se imprimieron 4000 ejemplares. **The Love Depression** era esencialmente un grupo de versiones de temas del *soul* de la época. El disco es una muestra de la influencia que tuvo la música psicodélica en Venezuela a finales de los años 1960.

En 2003 el sello alemán Shadoks Music, reedito el álbum en disco compacto describiéndolo como «una obra maestra con versiones interpretadas con tanta furia que gustarán más que los temas originales». Mientras el crítico Ned Raggett de *All Music Guide*, lo calificó de «original, bien interpretado y ambicioso a pesar de sus deficiencias». Además de alabar al único tema original *Gonna ride* escribió que «Aunque la selección de temas es razonablemente estándar para la época, la elección de los temas de Hendrix como *Highway Child*, *51st Anniversary* y *Stone Free* en vez de las obvias *Purple Haze* y *Foxy Lady* emuestran más originalidad en ese entonces que la que muestra *Lenny Kravitz hoy en día"*. También mencionó que para haber versionado la infame *Toad* del grupo **Cream** el grupo estaba «Realmente inspirado o simplemente demente», especialmente por el intento de Jesús Toro de imitar la batería de Ginger Baker».

Lado A
01. Gonna ride (Falcón-Toro)
02. Highway child (Hendrix)
03. When a man loves a woman (Lewis/Wright)
04. Kansas City (Leiber/ Stoller)
05. If you need me (Bateman/Pickett/Sanders)
6. Toad (Baker)

Lado B
07. Stone free (Hendrix)
08. Crossroads (Johnson)
09. Whiter shade of pale (Brooker/Reid/Fisher)
10. 51st anniversary (Hendrix)
11. I'm sorry (Ra/Tinturin/White)
12. Sweet soul music (Cooke/Conley/Redding)

Grabado en Estudios Continente, Caracas, Venezuela por: Alejandro Plaza, Ricardo Landaeta

FRESH HOLIDAY´S

Fresh Holidays. Cortesía de Franklin Van Splnuteren

Para 1968 el trío **Los Holidays** pasó por una serie de cambios abandonando Rurik Grassi el puesto de baterista para dar paso a Randy Cotin, mientras que Jean Louis Ajzemberg es reemplazado a su vez por Chuchu Diaz en el bajo. pero además la agrupación abandona el estilo *beat* y *pop* de su anterior repertorio para dar paso a un sonido dominado por la improvisación, el *blues* y la psicodelia. Esta nueva alineación se conocería con el nombre de **Fresh Holidays**.

*«Cuando Froggie regresa a Francia en 1967, Rurik se retira de **Los Holiday´s**, y yo formo una nueva agrupación con el nombre de **Fresh Holiday´s** para cumplir con los contratos contraídos. **Fresh Holidays** también fue un trío, compuesto por Randy Cottin en la batería, Chuchu Diaz al bajo y yo (Franklin Holland) en la guitarra. Al poco tiempo Chuchu se retira para continuar sus estudios de medicina y entra Ruben Dubuc en el bajo. Ruben era ex integrante de **Los Jensen**».*
-Franklin Holland 14/03/2011

THE DREAM LOVERS EXPEDITION

Para el año de 1968 nace el grupo the **Dream Lovers Expedition** con los siguientes integrantes:

Marcelo Caponi - Roma 1967.
Foto cortesía de Marcelo Caponi

- Vito Ippolito: Bajo.
- Kike Gascó: Batería.
- Israel Waizer: Guitarra líder
- Augusto Bernard: 2da guitarra y teclados.

La historia de la agrupación tiene un giro cuando ingresan como cantante al joven Marcelo Caponi quien había regresado a Caracas, su ciudad natal, luego de vivir 7 años en Roma, Italia, donde su papá había mudado toda la familia en 1959. En Roma, había fundado su primer grupo, llamado **The Farm** y al llegar a Venezuela formó la banda **The Dips** con compañeros del colegio.

PEOPLE PIE

Fue precisamente cuando coincidieron **The Dips** y **The Dream Lovers Expedition** en un toque en el Centro Italiano-venezolano en Prados del Este, que Marcelo conoció Augusto y Vito y allí nació una gran amistad entre ellos que todavía perdura. Cuando Javier, el cantante de **The Dream Lovers Expedition**, dejó el grupo, su puesto fue ofrecido a Marcelo, quien aceptó de inmediato. Con el nuevo cantante, también se decidió cambiar el nombre del grupo y se adoptó el de **People Pie** por sugerencia de la novia de Vito que un día, tras una guerra de pasteles en la cara entre los integrantes del grupo, en la fiesta de cumpleaños de uno de ellos, dijo que la torta, originalmente de chocolate, se había convertido en un «pastel de gente». Pocos meses después de la fundación de **People Pie**, Israel Waizer dejó el grupo y fue reemplazado en la guitarra líder por Carlos Barrera.

La banda empezó tocando versiones de grupos ingleses y americanos y algunas piezas propias, con especial predilección para el género blues, al comienzo solo conocían el *blues* blanco de **Los Yardbirds**, **Rolling Stones**, **John Mayall** y **Canned Heat** entre otros, pero, sucesivamente, empezaron a escuchar los verdaderos maestros y creadores del género, tales como **Muddy Waters**, **Otis Spann**, **Robert Johnson**, **Buddy Guy**, **B.B. King**, etc. El grupo estuvo conformado por:

- Marcelo Capone: Cantante
- Israel Waizer: Guitarra Líder
- Ricardo Barnardini: Segunda guitarra y órgano
- Vitto Hipolito: Bajo
- Enrique Gasco: batería

«... Hipólito era hijo del dueño de la Yamaha, eso quiere decir que el equipo de sonido que usábamos era insuperable, además de distorsionadores y wah wah (...) A través de Hipólito comenzamos a tocar en el Centro Italiano Venezolano en Prados del este donde llegamos a alterar con conjuntos como The Love Depression, cada sábado tocábamos allí, con canciones como Hey Joe, All along The Watchtower, Born Under a Bad Sign, Can You See Me. Fire, Foxy Lady (que era una de las mejores), Manic Depresion, Stone Free, Purple Haze, etc. De Cream teniamos Sunshine of Your love, Crossroads, White Room, Badge, Strange Brew y otras de la época. Somebody to Love de Jefferson Airplane, otras canciones, como Loui Loui de Kingsmen, Los Kinks con canciones como You Really got Me, All Day and All Night y otras. En 1968 entramos en contacto con Jesús Ignacio Perez Perazzo, Cappy Donzella que era muy amigo de Kike y tocamos en San Martin, donde también tocaron Los Bonnevilles (...) El People Pie fue el conjunto que mas se destacó por el tipo de música y los integrantes, ya que teniamos una sola meta: La musica acida».

People Pie fue uno de los grupos de la transición que lograría hacerse por merito propio un puesto destacado en la historia de nuestra música joven.

UN GRUPO LLAMADO WALL

Durante ese periodo, Franklin Van Splunteren reforma el trio con Domingo Guzman (batería), Ruben Dubuc (bajo) Franklin Holland (voz y guitarra), este nuevo grupo recibe el nombre de **Wall**.

«No recuerdo la ocasión, pero fue algo importante. Ese día tocaron los "grandes" ...Nosotros (el grupo SF Creation) promediábamos los 16 años de edad y ellos ¡ya estaban promediando los 20! Estaban Los Holidays con el entonces (y hoy) mejor lead guitar de Venezuela Franklin "Holland" Van Splunteren (aunque es holandés, vivía aquí) y tocaron también Los Jensen cuyo lead guitar era Rubén Dubuc... Nosotros tocabamos fuera de esa liga únicamente porque éramos los chamitos amigos de la casa (...) Después de que cada grupo tocó su primer set, recuerdo que se me acercó Franklin y me dijo algo de los efectos de (quien le conozca se lo imagina): "muchacho, me parece que tocas bastante bien, ¿quisieras jammear conmigo al salir de aquí? Le voy a decir a Rubén a ver si quiere tocar el bajo" ... ¡Por supuesto que dije que "claro"! (y Rubén también) y en ese momento salté de "triple A" a las Grandes Ligas.

(...) Dicho y hecho, al terminar empacamos nuestros equipos y arrancamos a una casa en la playa (nunca supe de quién era) y armamos en una habitación grande... era de madrugada... la casa estaba sola... nos dimos un rato para "despegar" y... ¡arrancamos y no paramos hasta que salió el sol! Para mí fue una experiencia inolvidable... por primera vez en mi vida toque de verdad, del alma... no canciones ya inventadas, sino pura, simple y maravillosa improvisación... "comunión" entre tres... comunicación más allá de lo que meras palabras pueden lograr... nada planeado, pensado, prefabricado, sólo pura verdad que brotaba como consecuencia lógica de una melodía universal a la que humildemente accedíamos por momentos mágicos para formar parte de un todo... más nunca en mi vida he tocado sino así... y siempre con mi queridísimo amigo Franklin... Al salir el sol WALL había nacido...».
- Domingo Guzmán 21/05/2011

En este punto era evidente que estaba pasando algo importante en nuestra música, por un lado «la nueva ola» (que ya nadie nombraba así y que no debe ser confundida con el *New Wave* de finales de los 70) seguía imponiéndose con grupos y cantantes «inofensivos» que producían una música fácil de escuchar. Mientras que, por otro lado, comenzaron a formarse agrupaciones cuyos intereses iban más allá de las «cancioncitas de amor de tres minutos».

Cortesía de Franklin Van Spluteren

TRINO MORA

A mediados de ese año, **Trino Mora** quien ya venía con el prestigio de ser uno de los principales exponentes de la música «moderna» juvenil, lanza su segundo álbum publicado por el sello Souvenir con número de serie SLP- 13 44. Logra reafirmar su posición como favorito del público joven. La carátula se considera como una de las mejores de la historia gráfica del *rock* venezolano, y el álbum como tal se encuentra reseñado en el libro de Hans Pokora como uno de los álbumes más difíciles de conseguir.

Imagen cortesía de Danny Torres

Lado A
01. Honey
02. Una Dama
03. Stag-o-Lee
04. El Ultimo Chance
05. El Amor Es Azul
06. No Es Posible Señor

Lado B
07. El Sol Es De Todos
08. Vamos A Tratar
09. Boogaloo En Broadway
10. Mi Sueño Imposible
11. Yesterday
12. New Orleans

BAILA MUCHACHA

Los Junior Squad nuevamente cambian de baterista y lanzan su tercer álbum titulado *Baila Muchacha* bajo el sello discomoda y con número de serie DCM-662. La carátula del disco es una alegoría de los temas contenidos en el mismo, aunque no es la carátula más atractiva de nuestra historia *rock*, al menos sí es entretenido ubicar y conectar las imágenes con las canciones del disco. **Los Junior Squad** eran para entonces uno de los grupos preferidos por la juventud venezolana.

Imagen cortesía de Danny Torres

Lado A

01. Baila Muchacha (D.D.)
02. El Amor Del Mundo (Dello-Rebolledo)
03. Tu Causas Mi Dolor (Holland-Dozier)
04.. Sargento Pimienta (Lennon-MacCartney)
05. La Bruja (Winwood-Capaldi)
06. Slim Jenkins Place (Croppers)

Lado B

07. Obladi-Oblada (Lennon-MacCartney)
08. Lluvia En Colores (Winwood-Madriz)
09. La Gente (Cavalieri-Brigatti-Rbolledo)
10. No Hay Montañas Altas (Asford-Simpson)
11. La Abuela Bailó (Lennon-MacCartney)
12. Baby Ven Ya (D.D.)

"La mayoría de los cojuntos venezolanos tienen un nombre en ingléso americano, y estoy de cuerdo con Juan Vené* en que muchas veces es ridículo el tener el nombre, por ejemplo, de una marca de automóviles o una expresión inglesa. Los "Junior Squad", por lo menos, tienen una razón de llamarse así, ya que son el grupo hermano de mi conjunto "The Riot Squad". Irónicamente, el nombre es la única cosa que los integrantes del conjunto han dejado en inglés. El resto: canciones, estilo, actuaciones, etc., lo han hecho con mucho trabajo. Paciencia e imaginación en castellano.

Cuando se habla de "Pop" no se puede olvidar todo eso, también personalidad e imagen, creaciones e ideas. Innovaciones y vestidos. Tomándose todos estos puntos, sin duda que "Los Junior Squad" es el mejor y único conjunto moderno y juvenil del año 1968, y empiezan el 1969 galardonados con el "Discomoda de Oro", "Premio Escenario juvenil" y clasificados en el "Guaicaipuro de oro".

Felicito a los muchachos por su nuevo Long-Play, en el cual yo he tenido el placer de colaborar durante mi visita a Venezuela, y lo recomiendo sinceramente a ustedes.

Bob Evans.
Sección Pop-iniones, revista Ritmo-Fans

* Juan Vené fue un famoso comentarista deportivo de Venezuela

IVO

El 5 de mayo de 1947, nació en Caracas, Pablo Augusto Díaz Barroso, mejor conocido como **Ivo**. Uno de las figuras más representativas de la música de los años 60 en Venezuela. Estudió hasta tercer año de química en la Escuela Técnica Industrial, luego hizo un curso de Electrónica. Iniciando su carrera artística con el grupo **Los Supersónicos** con quienes grabó siete álbumes, debuta como solista en la TV a través del *Show de Renny* en 1967, y para el año de 1968 graba su primer LP como solista titulado: *Ivo* para el sello Palacio de la música con numero de serie LP-6235.

Imagen cortesía de Danny Torres

01. No (Hush) **Jose South / Deep Purple**
02. Tu bien lo sabes (To Love Somebody) **Bee Gees**
03. Me lo dices tu (Knock On Wood) **Eddie Floyd**
04. Veran que fuerte (Brown Eyed Girl) **Them**
05. Mujer, Mujer (Woman, Woman) **Gary Puckett and The Union Gap**
06. Judy con disfraz (Judy in Disguise) **John Fred & His Playboy Band**
07. Cabalgando tu amor (Bend Me, Shape Me) **The Outsiders / The American Breed**
08. Danza la música (Dance to The Music) **Sly & The Family Stone**
09. Tonto Soy (Kind a Drag) **The Buckinghams**
10. Imagíname (**Eduardo Martínez del Box**)

El álbum incluye dos de sus mayores éxitos: *No* (versión del tema Hush, compuesta por **Joe South**) y el tema *Imagínate* que se ha convertido en un clásico de nuestra historia musical. El álbum básicamente es una producción de *covers* de éxitos internacionales, siendo el tema *Imagíname* la única composición original del álbum. *Imagíname* fue compuesta por **Eduardo Martínez Del Box**, hijo del famoso Tito Martínez Del Box, creador del famosísimo programa de TV la *Radio Rochela* que se mantuvo al aire desde 1959 hasta el 2007.

15 DE MAYO – LA RADIO JUVENIL

Nace la emisora Radio Capital a.m. 710, en la frecuencia que había estado usando la emisora La voz de la Patria. Aunque el formato original de radio capital no difería grandemente del resto de las emisoras existentes para entonces, es el dia 5 de octubre de 1969 cuando sale al aire el programa *Hippie Happy Cappy*, conducido por Capy Dozella quien se convirtió en el lider del movimiento musical joven de Venezuela. Pronto comenzaron a aparecer programas como: *Pop and Op Musical* y *Gente*

Logo de Radio Capital

en Ambiente presentados y producidos por Napoleon Bravo, Mientras que el *Hit Parade de Venezuela* presentado por Clemente Vargas Junior el cual ya tenía más de 11 años de tradición en la radio ahora presentaba los temas más pedidos de la musica juvenil internacional. Así mismo hacen su aparición exponente de la radiodifusión juvenil venezolana como Iván Loscher, Plácido Garrido, entre otros.

Adolfo Martinez Alcalá

Es así como bajo la dirección de Don Adolfo Martinez Alcalá que Radio Capital se convirtió en tendencia con un estilo al cual se le llegó a conocer como «Radio Juvenil» y sentando catedra para las emisoras que se convertirían en lideres de la radio venezolana.

Imagen cortesía del Dr. Cesar Sanchez Bello

La primera *Experiencia Psicotomimética* había sido un éxito total. Enseguida se planificó la *Segunda Experiencia,* la cual debía ser en un sitio más grande. Para ello se seleccionó el Aula Magna de la Universidad Central de Venezuela; y la fecha del evento fue el día 14/06/1968.

«Así que la hicimos en el Aula Magna de la U.C.V. Pero allí se nos empezó a escapar todo de las manos. En la euforia de la gente por entrar a la sala rompieron 3 puertas y varias sillas. Además, hubo sabotaje por parte de la Federación de Estudiantes, quienes consideraron que estábamos mancillando el sitio donde ellos se graduaban».
- Jose Ignacio Perez Perazzo s/f

Para este evento se presentaron **Los Bonnevilles, Trino Mora, Carlos Morean, Wendy, Nancy Ramos, Los Memphis, Love Depression, Los Snobs, The Nasty Pillows** y **Wolfgang Vivas.** El Aula Magna se llenó totalmente con una asistencia de aproximadamente 7 mil personas. El valor de la entrada fue de tan solo Bs. 6.

«... Posteriormente empezamos a presentar el evento en el Parque del Este, pero cada vez había más y más problemas. Hasta que me di cuenta que eso no era lo que yo quería hacer, también para evitar una tragedia decidí no continuar con la Experiencia (...) por lo general se reseña entre los logros más importantes de ese proceso que culminó en la Experiencia Psicotomimética, la proyección que se les dio a los artistas que participaron en el evento. Sin embargo, pienso que lo más importante que sucedió allí fue que por primera vez en Venezuela se rompió la barrera entre lo académico y lo popular. Se dio un intercambio de información entre los que traíamos la formación de la sinfónica y los que sin conocimientos de teoría musical expresaban un lenguaje musical nuevo. Ese encuentro le amplió la visión del mundo de la música a todos los que participamos.

(...) Otro elemento a destacar fue que demostramos que los jóvenes teníamos mucho que aportar. Una muestra de ello es que al poco tiempo pudimos organizar el Primer Festival de Jóvenes Directores, a nivel de música académica. Los "muchachos" empezamos a ser tomados en cuenta (...) creo que es muy importante recordar estos hechos para entender la situación actual de la música en Venezuela y entender el proceso que se ha seguido para llegar a donde estamos».
- Jose Ignacio Perez Perazzo s/f

EL ÁLBUM

Al igual que con el primer álbum *Viva una Experiencia Psicotomimética*, el segundo álbum fue lanzado posteriormente al concierto presentado a casa llena en el Aula Magna de la UCV. Aunque las experiencias se siguieron realizando incluso fuera de la capital, este fue el último LP que se editó al respecto. Además de los participantes del primer disco, se suman a la alineación **The Nasty Pillows, Los Snobs, Nancy Ramos, Wendy Vivas** y **Wolfang Vivas**, este tiene la notable diferencia de haber eliminado la narrativa de Capy Donzella y los efectos de aplausos añadidos para crear la ilusión de un disco en vivo. El disco comparte con su primera edición la ausencia de material original, con excepción del tema *No hay nadie en mi mente* de **The Nasty Pillows** y que la mayoría de los temas son interpretados en inglés.

Imagen cortesía de Danny Torres

Lado A
01. Sweet soul music (A. Conley) **The Love Depression**
02. Woman, woman (Jerry Fuller) **Carlos Moreán**
03. La fortuna y el poder (D.D.) **Nancy Ramos**
04. No hay nadie en mi mente (C. Piccinini/J. Spiteri/A. Malave) **Nasty Pillows**
05. Homburg (Pace/K. Reid/G. Brooker) **Los Snob**
06. Camino a San José (B. Bacharach) **Orquesta Venezuela Pop**

Lado B
01. Ella es un arcoiris (M. Jagger/K. Richard) **Los Bonevilles**
02. Boogaloo down Broadway (Jesse James/Trad.) **Trino Mora**
03. Hello Hello (Peter Kraemer/Terry MacNeil) **Wendy**
04. Vendedor de baratijas (S. Winwood/J. Capaldi/Trad./Spiteri) **Los Memphis**
05. Can't turn you loose (Otis Reding)**Wolfang Vivas**
06. Try a little tenderness (Campbell/ Connelly/ Woods) **Wolfang Vivas**

Los Snobs

«... A través de nuestro representante y amigo Daniel Benarroyo, se logró conectar con la gente que produjo los LPs de los participantes en esos conciertos: 'El Alucinante Mundo del Soul" y "Vive una Experiencia Psicotomimética". Grabamos uno en los estudios Continente en frente del Liceo Andrés Bello en la Av. Universidad y el otro en los estudios llamados Gonzalito en Los Rosales».
- Don Gornes (Los Snobs) s/f

22 DE JUNIO 1968 - IMAGEN DE CARACAS:

Galpon "Dispositivo Ciudad". Foto cortesía de Irving Baldirio

"En agosto de 1968 se inaugura un increíble espectáculo audiovisual-multimedia llamado "Imagen de Caracas" la iniciativa surgía en el año 1966, organizada por la Comisión Caracas Cuatricentenario y el filántropo y empresario Inocente Palacios, como manera de celebrar los 400 años de la capital venezolana (el cuatricentenario de Caracas fue en 1967.

La financiación del proyecto corrió a cargo de la administración pública, rondando la cifra del millón de dólares. El desarrollo artístico de este ambicioso proyecto le fue encargado a un grupo de artistas plásticos, encabezados por el pintor Jacobo Borges. La planificación de Imagen Cararas le tomó dos años al grupo de Borges y, finalmente, el 22 de junio de 1968, se inauguró en un enclave de la Urbanización El Conde, en el centro-este caraqueño, espacio además estratégico para la planificación de la ciudad ya que tras el desmantelamiento de Imagen Cararas, se levantaría el complejo urbanístico Parque Central. En la imagen a la izquierda se aprecia el galpón a la izq., la Av. Bolívar al centro, y el Hotel Caracas Hilton (Hoy Alba) a la derecha.

"Dispositivo Ciudad" Nótese el Hotel Caracas Hilton abajo a la derecha. Cortesía de Irving Baldirio

Imagen cortesía de Irving Baldirio

La música y el sonido tienen alto significado dentro del total audio-visual que constituye el espectáculo *"IMAGEN DE CARACAS"*. La música, escrita y programada para el espectáculo, se transmite por medio de una red cuadriculada de cuarenta y seis altoparlantes distribuidos en la estructura superior del Dispositivo. Cuatro columnas de voces instaladas en las cuatro torres centrales (de cuatro altoparlantes c/u) transmiten el sonido a cuatro pistas, en forma individual o simultánea según las exigencias del espectáculo.

Cada uno de los ocho proyectores fílmicos, por medio de un doble equipo de sonido, transmiten efectos sonoros: voces, ruidos, música según los casos complementarios de las secuencias históricas proyectadas"
Reseña historia:
- Irving Baldirio tomado del grupo: La historia del refuerzo Sonoro en Venezuela en Facebook 2023

A pesar de ser un efímero proyecto "Imagen Caracas" pasa a la historia como un espacio para la presentación de "Happenings" donde el visitante se sumergía en una experiencia sensorial que involucraba: pintura, música, danza, peliculas y en el cual el expectador podía ser parte del espectáculo.

JULIO - LOS X-5

Es la primera gran agrupación del *rock* valenciano, aunque su fecha de fundación no ha podido ser establecida con total certeza, existe evidencia de que ya eran un grupo reconocido para julio de 1968. El grupo estuvo conformado por:

Imagen cortesía de la Nena Puccia

- Nino Parisi: Voz
- Luis Betancourt: Guitarra líder
- Francesco De Cristofaro: Batería
- Saro Puccia: Bajo
- Carlo Pinto: Órgano, piano

Más adelante, **Los X-5,** se convertirían en la respuesta valenciana a los grupos de caraqueños de los años 70 posicionando así a la ciudad industrial en el mapa del *rock* venezolano.

EL 17 DE JULIO DE 1968 - UN GURÚ EN CARACAS

"Se realiza la Primera Cita-Festival Musical en el Nuevo Circo de Caracas con la bendición del Swami Maharishi Mahesh Yogi (Guía Espiritual de Los Beatles) y la participación de Los Claners, Los Memphis, Los Nogger's, Carlos Morean, Trino Mora, Jose Antonio Rodríguez, Wendy, Raul Aranda, Tony Racal, Henrique Lazo e Ivo. La animación corrió a cargo de Napoleón Bravo, Helenita Correa y Alejandro García. Triunfan Los Memphis y Enrique Lazo, quienes obtienen como premio una invitación al Festival Pop de Sofía en Bulgaria, al final no existió tal premio, el viaje pautado para el día 26 de ese mes nunca se realizó".
- Felipe Doffiny 13/04/2011

LOS HONDA

En Julio participan en el «Gran Show Musical Juvenil» en el Teatro París (hoy La Campiña) con **Henry Stephen, Los Memphis, Henrique Lazo, Los Soul Beat** y **The Nasty Pillows.** A partir de allí **Los Honda** se convierten en el grupo de acompañamiento de **Henry Stephens.**

LADIES WC

Tal vez ninguna agrupación venezolana ha sido tan legendaria como "The Ladie W.C. varios eventos paralelos dieron origen a esta extraña agrupación. Como ya sabemos, para entonces **Los Claners** habían experimentado una serie de problemas que terminaron con la salida del guitarrista Adib Casta quien decidió quedarse en los estados Unidos abandonando así a sus compañeros.

De regreso a Venezuela Adib Casta habla con Wolfgang Vivas ex-Holidays y con sus ex-compañeros del grupo Los Claners: José María Arria (bajo, voz) y Frank Rojas (batería), para formar un grupo totalmente apartada de la fórmula pop que había llevado a los Claners a la fama y explorar la nueva música psicodélica y el sonido del rock pesado.

"... Después que Adib salió del grupo Los Claners, él conversó con nosotros, José María Arria (bajo, voz) y Frank Rojas (batería)) para formar un nuevo grupo y tocar la música psicodélica, el soul y el blues que estaba de moda en aquel entonces, por allí apareció Wolfgang Vivas que venía del grupo Los Holiday´s y así conseguimos cantante"
- José María «Chema» Arria 02/08/2012

"... WC es por Wolf y Casta, Frank Rojas y Chema fueron nuestros baterista y bajista, en un segundo formato tuvimos a Filo Balera (de los Nasty Pillow) en el bajo y a Cuchufleto (De los Menphis) en la batería" Wolfgang Vivas 22/09/2014

"... Asi es mi querido amigo Wolf. Inolvidable esos ensayos en aquel garaje, pura creatividad y una fiebre inagotable por tocar y tocar..." Frank Rojas 22/09/2014

El grupo no logra una cohesión, debido principalmente a las pautas profesionales (toques) de sus integrantes, es así como Chema y Frank Rojas, continúan con los Claners, mientras Filo y Cuchufleto, también continúan cada uno con las agrupaciones a las cuales pertenecía.

Paralelamente a estos eventos, la banda Homer and the Dont´s había experimentado una serie de cambios y estaban en la necesidad de un guitarrista.

«Steve y yo tocábamos en una banda llamada Homer and the Dont´s, pero nos habíamos quedado sin algunos músicos, porque las familias de ellos ya habían sido transferidas excepto la de Steve Scott, así que él y yo decidimos seguir tocando, habíamos conseguido un guitarrista (Jamie Seijas, el hermano de Mario) pero necesitábamos un guitarrista líder. Así que buscamos al mejor que se podía conseguir.

(...) Llevamos a Adib a una práctica y cuando le dijimos que improvisara; él no sabía qué hacer hasta que lo intentó, de inmediato nos dijo que quería tocar con nosotros. De allí en adelante ensayamos todos los días y comenzamos a producir material verdaderamente bueno.

(...) Luego fuimos a los estudios Continente, recuerdo que yo tenía que viajar pronto y Steve tenía que irse en 3 días, así que grabamos el disco en tan solo 2 días y medio. Trabajamos sin parar día y noche, íbamos a dormir cuando ya estábamos demasiado cansados para continuar (...) creo que para ese momento nosotros teníamos a los dos mejores guitarristas más el mejor bajista del país. Steve es

el que canta con coros de Jaime y Adib. Nosotros habíamos practicado durante años en mi casa. Las melodías de Steve fueron purificadas por Adib y teñidas por Jamie, las letras son de Steve con una pequeña ayuda mía».
- Mario Seijas s/f

La banda tenía un equipo sorprendentemente bueno y por eso Adib estaba impactado cuando se dio cuenta de lo bueno que él y su sonido podía ser. Nosotros éramos una banda bien sólida y nuestras mentes estaban bien coordinadas. (...) El sello nos pagó como músicos de sesión (porque estábamos en el sindicato) a razón de unos 20 bolívares la hora (...) Yo grabé con un bajo Gibson rojo de cuerpo semi sólido EB-2 a través de un amplificador Ampeg B-12 Portaflex, Jaime usó una Gretch Anaranjada Hollow Body y Adib una vieja y dulce telecaster o stratocaster con una caja de fuzz conectada a un Fender Reverb Amp. (...) El álbum se grabó durante mis vacaciones de verano de 1969... Yo dejé Venezuela cuando el álbum estaba siendo impreso...".
- Steve Scott s/f

EL ÁLBUM

El grupo desarrolla una obra notablemente influenciada por **Cream** y rompen los esquemas de lo que se venía desarrollando dentro de la música rock en Venezuela. Con la grabación de su homónimo y único álbum, en el año 1969 y editado por el sello Souvenir (SLP-13-50), crean un antes y un después dentro del *rock* venezolano al publicar el primer álbum conceptual incorporando efectos especiales y voces dentro de la post-producción, algo muy novedoso para la época; esto es notable desde el inicio del disco que abre con el sonido de un excusado. El disco también es memorable por el trabajo de Adib Casta en la guitarra, el cual se considera uno de los mejores grabados en el país.

Imagen cortesía de Danny Torres

Lado A
01. People (Adib Casta, Stephen Scott) (2:41)
02. I can't see straight (Stephen Scott) (3:20)
03. To walk on water (Stephen Scott) (3:26)
04. Heaven's coming up (Adib Casta, Stephen Scott) (4:22)
05. And everywhere I see the shadow of that life (Adib Casta, Stephen Scott) (3:25)

Lado B
06. Searching for a meeting place (Adib Casta, Stephen Scott) (2:49)
07. Put that in your pipe and smoke It (Adib Casta, Stephen Scott) (3:11)
08. The time of hope is gone (Adib Casta, Stephen Scott) (2:35)
09. W.C. blues (Jaime Seijas, Adib Casta, Stephen Scott, Mario Seijas) (2:53)
10. I'm Gonna Be (Adib Casta, Stephen Scott) (5:48)

Músicos

- Adib Casta: Guitarra, órgano, efectos especiales y voz
- Jaime Seijas: Guitarra, órgano y voz
- Mario Seijas: Batería y percusión
- Stephen Scott: Bajo, armónica, órgano y voz

Invitados

- Héctor Fuenmayor: Flauta dulce (A3)
- Grabado y mezclado por Ricardo Landaeta en Estudios Continente (Caracas)
- Diseño gráfico: Eduardo Rodríguez, Enrique Añez
- Concepto de carátula: Adib Casta

Posteriormente el álbum fue editado en vinilo negro y una tercera edición eliminó los efectos de sonido que sirven de puente entre una canción y otra. Sin embargo, cualquiera de estas ediciones (pero si es la primera, mucho mejor) es buscada con ansias por los coleccionistas, llegando a cotizarse hasta en USD $1.200, no solamente por los detalles que rodean al disco, sino por constituir un ejemplo del avance musical que mantenía Venezuela en aquellos momentos, muy adelantada con relación a lo que se venía haciendo en Latinoamérica.

Vicente Corostola y su disco de Ladies W.C.

El disco se considera un clásico del *rock* pesado y psicodélico suramericano y, aunque para el momento de su lanzamiento, el álbum no tuvo el impacto esperado, las 4000 copias que se imprimieron se convirtieron en objeto de culto entre fanáticos de esos géneros en todo el mundo. Este hecho fue explotado a mediados de los años 90 por el sello Ten Little Indians, quien incluyó a **Ladies W.C.** en una serie de lujo dirigida al mercado de coleccionistas en la que se reeditaron diez discos de culto psicodélico en vinilo.

Todos los discos de esa edición se vendieron en semanas y llevó a que se incluyera el tema *People* en la compilación *Love, Peace & Poetry: Latin American Psychedelic Music*'del sello QDK en 1997. Ten Little Indians eventualmente cambió de nombre a Shadoks Music, el cual lo lanzó en formato LP multicolor en una edición de apenas 450 copias la cual se agotó rápidamente. El mismo sello decidió editarlo como CD, al actualizar su catálogo en disco compacto en 2004.

El sello Rockdrome lo reseña de la siguiente manera: «...*Este es uno de los más innovadores discos hechos en los años 60 en Venezuela. Una rafaga de asalto llena de fuzz y wah-wah con ruidos grabados al revés, sonidos de niños llorando usados como instrumento solista, toneladas de efectos, voces en inglés, una verdadera obra maestra. Esta pieza de arte psicodélico merece ser conocida como el disco más importante grabado en suramérica en 1969*».

LOS THUNDERS

Curiosamente, mientras comenzaban a aparecer grupos de avanzada como **Ladies W.C.** presentando sus propuestas de *blues*, *psicodelia* y *rithym & Blues*, **Los Thunders** es quizás la última banda de«la nueva ola», que se forma en Caracas tan tardíamente como lo podía ser el año de 1968 y cuyos integrantes fueron

- ♪ Johnny Martin: Voz
- ♪ Oscar Scott: Guitarra líder
- ♪ Freddy Aparicio: Bajo
- ♪ Carlos Villa: Batería

Imagen cortesía de Ricardo Mena

Los Thunders son una curiosidad histórica, ya que interpretaban música *surf* cuando dicho género musical había quedado muy atrás. Su sonido es un remanente de tiempos idos. Se podría catalogar estas grabaciones como similares en sonido y forma a las creadas por los pioneros como **Los Dangers, Los Dinámicos, Los Supersonicos, Los Impala**, etc.

Es curioso que para el año de 1969 aún quedasen artistas y agrupaciones haciendo este tipo de música. **Los Thunder**, sin embargo, alcanzan el éxito con su tema *Nelida*, su legado consiste de dos 45 rpm; entre ellos *Alegre Estoy* (1968) y *Nelida* (1969) y la larga duración Fonograma FLP 800 *Nelida* (1969) Al igual que con **Los Zeppys** a principios de la década, **Los Thunders** son un grupo de transición entre una Venezuela que ya cumplió su ciclo y otra nueva Venezuela más dinámica, experimentando cambios cada vez más vertiginosos.

LOS CLIPPERS

Los Clippers se forman en 1967 por José Carlos «Pepe» Cabrera Morell en el bajo y Francisco «Paco» Escuela Morell en la segunda guitarra. En 1968 se incorporan al grupo Efraín Rodríguez guitarra líder, voz y Efraín González batería. Bajo el sello Souvenir publican su primer álbum con número de serie SKO-13-59:

Imagen cortesía de Danny Torres

Lado A	Lado B
01. Siento morirme	06. Llora por mí
02. Todo está en calma	07. Si quieres ser feliz
03. Tan solo un sueño	08. No quisiera despertar
04. A medianoche	09. Toca sobre madera
05. Miss Robinson,	10. Ella

En este álbum se mezclan composiciones canciones propias con versiones de temas de la época como «A Medianoche» de **Wilson Pickett**, «Señora Robinson» de **Simon & Garfunkel** y «Toca Madera» de **Steve Cropper**. Uno de los temas incluidos en ese álbum «Siento Morirme», posee una estructura musical que aún hoy en día muestra una gran vigencia dentro del sonido *pop-rock*. Su estilo muestra principalmente influencias del *soul* naciente en esos momentos. Aunque hoy en día son muy poco recordados **Los Clippers** junto a otros grupos de finales de los años 60 como **The Six** o **Los Pets**, gozaron de gran popularidad y éxito, llegando a ser invitados a los diferentes espacios como los programas *Pop and Up Musical*, *El Show de Alfredo Ledezma*, *El Tiempo es Oro*, *La Semana* y *El Mago Henry*. También participan en las famosas *Experiencias Psicotomiméticas* logrando presentarse en diferentes ciudades del país, alternando con artistas de renombre internacional como el argentino **Sandro** y el brasileño **Aldemar Dutra**. También venezolanos como **Trino Mora, Los Snobs, Enrique Lazo, Carlos Moreán, Los Memphis, Ladies WC; Los Claners, Los Six**, y otros.

THE SIX

The six fue una de las primeras agrupaciones psicodélicas surgidas en nuestro país. Sus integrantes fueron:

- Bernardo Ladera: Guitarra líder
- William Ríos: Batería
- Antonio Salom: Bajo
- Winston Mandelblún: Voz líder
- Rafael Medina: Teclados

Los Six fueron también una de las primeras bandas cuya primera grabación estaba constituida principalmente por composiciones propias.

Imagen cortesía del Prof. Williams Leon

«... En esa época casi todos los canales como RCTV, Venevisión y el Canal 5 tenían buenísimos musicales, en RCTV Carlos Serfati, Renny Ottolina y otros. Venevisión tenía el programa Ritmo y Juventud, por ahí pasaron muchísimos grupos, otro musical que no me acuerdo su nombre y el canal 5 tenía uno muy bueno que animaba Eladio Lares. Tres de nosotros éramos de Caracas, pero por motivo de mudanza ya que los viejos eran oficiales de la Marina de guerra, los cambiaron a la Base Naval Agustín Armario, en Pto Cabello así que fuimos a parar allá; pero antes cada quien tenía su grupo en Caracas. Nos conocimos: Antonio Salom, William Ríos y un joven de allá: José Armando Díaz baterista, a quien le decíamos "Jesucristo" porque era monaguillo, empezamos a matar la fiebre con el grupo y decidimos regresar a la Capital, no teníamos cantante y comenzamos a acompañar a quien pagara (...) Luego conocimos a Winston Mandelblum y resultó el 50% del conjunto, pero quien descubre al grupo es Chuto Navarro y es él quien nos lleva a firmar en exclusiva para el sello Souvenir».
- Bernardo Ladera 16/11/2012

El sello Souvenir publica el álbum **The Six**, con número de serie LP-13-58. El cual contiene 10 temas.

Lado A
01. Fuego y humo de Winston Mandelblum (Winsman)
02. Dr Barnard: Bernardo Ladera
03. No juego; Bernardo Ladera.
04. Voy chica; Winsman/Bernardo Ladera
05. Mony Mony: T. James - versión Bernardo Ladera

Lado B
06. Nuestra Niñez: Bernardo Ladera
07. No se como se puede: William Rios
08. Chiwuawua: Bonazera, Panzeri y Bernardo Ladera
09. Regreso: William Rios.
10. Si tu no estas: Lennon-McCartney/Bernardo Ladera

«Como te darás cuenta el repertorio era en un casi 90 por ciento era de nosotros (...) El Sr Antor dueño del sello nos dijo que si no cambiábamos el estilo por algo más comercial no nos grababa más, y así lo hizo». - Bernardo Ladera 16/11/2012

THE PETS

La música psicodélica era la moda para entonces y cada día ganaba más adeptos entre la juventud venezolana. **The Pets** basaron su sonido e imagen en la psicodelia, pero sin dejar de usar ciertos elementos del *beat*, con lo que alcanzan reconocimiento a nivel nacional, el grupo lanza su único álbum con número de serie 8026 bajo el sello Discolando. Al igual que con el grupo **Los Zafiros** del año 62, hasta hoy solo nos llegan los nombres de sus integrantes: Trino, Giacomino, Víctor, José & Nicola, sin embargo, hoy sabemos que entre sus integrantes además de Giacomino Tunzi, también estuvo Victor Jiménez quien más adelante alcanzaría relevancia en los años 70, quedando Trino, José y Nicola en un semi-anonimato.

Imagen cortesía de Danny Torres

Lado A
01. No Lo Hagas Tan Difícil (D.R.)
02. Si Te Hablarán De Mi (Calabrese/Chaplin/Vers: Tunzi-Mendez)
03. Este Es El Fin (Mike Jagger/Vers: Giacomino)
04. El Entierro De Un Hombre Rico Que Murió De Hambre (G. Briceño/A. López)
05. Algo Que Es Amor (Kaufman/Harris/Vers: Tunzi-Mendez)
06. Hello I Love You (The Doors/Vers: Tunzi-Mendez)

Lado B

01. Si Tu Quisieras (Hardin/Vers: Tunzi-Mendez)

02. Una Como Ella (Leva/Nistri/Vers: Tunzi-Mendez)

03. Revolución (Lennon/McCartney/Vers: Tunzi-Mendez)

04. Toma La Guitarra (Bardotti/Cook/Vers: Tunzi-Mendez)

05. La Pobreza (D.R.)

06. En El Verano (Giacomino/Tunzi)

A pesar del éxito, el grupo no tuvo continuidad discográfica y se separó en 1969.

SKY WHITE MEDITATION

«... En el 68 yo conocí a Kasino en el Liceo Gustavo Herrera, él vivía en la California Norte y yo en la California Sur. Mi hermano era baterista y un día conocí a Adib Casta [Claners / Ladies W.C.], él me

prestó una semana su guitarra con amplificador y mi hermano Erick Zuleta nos prestó su batería, teníamos un amigo [Rafael] que llamábamos Paul porque tenía un bajo Hofner y además se parecía. Así que nos encerramos una semana a tocar. Ahí nacio el Sky White Meditation (lo bautizamos así por cada uno de nosotros), en "Season of the Witch" en el Alto Hatillo (para entonces solo tocábamos musica instrumental y así tocamos en RCTV en el programa de Eladio Lares)».

- Jairo Zuleta 04/03/2012

Sky White Meditation: Jairo Zuleta, Vicente "Kasino" Gonzalez y Rafael Henrique Estrella. Foto cortesía de Claudia Baglioni

El trío estuvo en sus inicios conformado por

- ↓ Jairo Zuleta: Guitarra
- ↓ Rafael Henríquez Estrella: Bajo
- ↓ Vicente "Kasino" González: Batería

«En el concierto de el Cine Río, tocó con nosotros mi amigo Adib. Lo conocía de las mermeladas de Cappy Donzella, ya que desde los 16 años iba a tocar armónica en los Jam session al final de los grupos formados». - Jairo Zuleta 04/03/2012

EL ALUCINANTE SONIDO DEL SOUL

Ya para entonces, el sello Souvenir se había convertido en sinónimo de música joven. Aprovechando el boom del momento, publica un álbum titulado *El alucinante mundo del soul* con número de serie SLP 13-47, el cual como ya era costumbre se lanzó también a través del sello Círculo Musical de Venezuela con número de serie CM-511, ambos con carátulas diferentes. Aunque casi todos los temas habían sido publicados previamente, el álbum presenta dos novedades como lo es el tema *Sentado en el muelle de la bahía* de Otis Redding interpretado por **Los Snobs** y **Soul Beat** original de la banda del mismo nombre.

Imagen cortesía de Danny Torres

Lado A
01. Regreso (Los Six) 2:21 - **Los Six**
02. No Me Puedo Controlar (Soul Beat) 2:41 - **Soul Beat**
03. Toca Sobre Madera (Steve Crooter/Eddie Floyd) 2:35 - **Los Clipper**
04. El Muelle De La Bahia (Steve Cropper) 2:54 - **Los Snobs**
05. Preludio De Las Flores (P. Manavello/Ch. Spiteri) 2:28 - **Los Memphis**
06. Voy, Chica (Los Six) 3:09 - **Los Six**

Lado B
07. Funky Street (Arthur Conley) 2:18 - **Henrique Lazo**
08. Dr. Barnard (Los Six) 2:38 - **Los Six**
09. Jumping Jack Flash (M. Jagger/K. Richards) 2:37 - **Soul Beat**
10. A Medianoche (Wilson Pickett) 2:47 - **Los Clippers**
11. Soul Beat (Correa/Rodríguez) 2:31 - **Soul Beat**
12. El Caballo, La Mula y El Perro (Los Memphis) 4:59 - **Los Memphis**

NUEVOS CAMINOS DE LA MÚSICA - EL QUINTETO DE JAZZ DE GERRY WEIL

De la mano del músico Austriaco: **Gerry Weil**, comienza la historia del *Jazz* en nuestro país con el álbum *El quinteto de Jazz de Gerry Weil* lanzado por Discos America, una filial de discos PROMUS, con número de serie S-LPA 2011. Es importante destacar que para entonces el *jazz* era visto como parte de la «música moderna» asociándose a los primeros movimientos *rock*, incluso el maestro **Gerry Weil** conformaría en la siguiente década varias de las más atrevidas y avanzadas agrupaciones de *jazz-rock* fusión de nuestro país.

Imagen cortesía del Prof. Williams Leon

Para este trabajo discográfico, el quinteto de **Gerry Weil** estuvo conformado por:

- ♪ Félix Colino: Contrabajo, flauta
- ♪ Frank Rosales: Batería*
- ♪ Gerry Weil: Piano
- ♪ Manolo Freyre: Saxofón
- ♪ Manuel Padrón: Vibráfono

* Es notable la participación de Francisco Rosales, quien ya había aparecido como baterista en el primer disco del grupo **Los Claners**.

LA ONDA NUEVA (NO CONFUNDIR CON LA NUEVA OLA O EL NEW WAVE)

Aldemaro Romero había estado lanzando álbumes desde 1955; habiendo experimentado la fusión del *rock´n´roll* y la música caribeña en su álbum de 1957 *Sketches in Rhythm*, convirtiéndose en uno de los pioneros del género en Latinoamérica. Sin embargo, su gran éxito y legado lo constituye «La Onda Nueva», el cual es un género musical creado por el propio Aldemaro Romero teniendo como base al joropo venezolano, combinado con elementos de *jazz* y la bossa nova brasileña.

Imagen cortesía del Prof. Williams Leon

«... Aldemaro me llamó un día pidiéndome una voz femenina y una masculina para un proyecto que estaba desarrollando, ya el tenía a María Elena Peña, así que yo le propuse a mi amigo, el cantante y músico José Ramón Angarita y Zenaida Riera, así montamos el tema "Aragüita" con letra del poeta Germán Fleitas Beroes. Aldemaro le mostró el tema al contrabajista rumano Jacques Braunstein, quien opinó que aquello le parecía "una onda nueva"».
- *Alí Agüero s/f*

«... Aldemaro tenía un encargo de una empresa de publicidad, ellos querían un tema de música venezolana para una campaña, pero querían que sonara moderno, con piano, bajo y batería, sin recurrir a los instrumentos musicales tradicionales. Aldemaro propuso el tema "Aragüita", pero tocado con la batería en forma "jazzeada" y no a la manera tradicional».
- *Frank Hernandez s/f*

Aldemaro arregló otros temas de su autoría, incluyendo dos temas de los **The Beatles**, el resultado fue publicado por el sello CBS-Columbia con el título de *Aldemaro Romero presenta la Onda Nueva* con número de serie CL2596.

Lado A

01. Fool of the hill (El tonto de la colina) (Lennon- McCartney)

02. De prisa (Aldemaro Romero)

03. Doña Mentira (Aldemaro Romero)

04. Sueño rosado (Aldemaro Romero)

05. La caracola (Aldemaro Romero)

06. Aragüita (L: Germán Freitas Veroes; Música y Arreglos: Aldemaro Romero)

Lado B

01. La niña que inventó la sonrisa (Aldemaro Romero)

02. Retrato de un hombre (Aldemaro Romero)

03. Amor de segunda mano (Aldemaro Romero)

04. Caminante (Aldemaro Romero)

05. Sueño de una niña grande (Aldemaro Romero)

06. Hey Jude (Lennon- McCartney)

31 DE AGOSTO 1968

LA EXPERIENCIA PSICOCATARSICA

Imagen cortesía de Mariantonietta Herrera

En el marco del evento denominado *Imagen de Caracas* en conmemoración a los 400 años de la ciudad de Caracas, se realiza la *Experiencia Psicotocatarsica* en en la cual se presentaron las agrupaciones: **Los Claners, Ladies W.C., Los Darts, Los Honda, Los Blue Birds, Los Carnaby, Las Aves Tronadoras, Los Acertijos, Los Junior Squad, Los Lords, Los Supersónicos, Los Nogger's, Los Primitivos, Los Cuervos, Los Armónicos** y **Los Shaps.** Los animadores fueron Cherri Nuñez, Helenita Correa, Winston Vallenilla, Luís Gonzalez, Richard Herd, Eléctrico Luque, Diana García, Beatriz Rangel, Clara Salicetti, Napoleón Bravo y Andrés Boulton. La producción general fue de Alberto Sánchez y en el evento se utilizaron luces móviles y efectos estroboscópicos, diapositivas además de un gran equipo de sonido. El evento tuvo lugar a las 5 p.m. y el valor de la entrada fue de Bs. 6.

«*Me acuerdo clarito... Tocábamos en una especie de andamios colocados por todos lados, lo que permitía que al terminar una banda entrara otra en otro andamio y así sucesivamente... varios años antes de que se construyera allí el "Parque Central"*».
- *Jose Alberto Nahon 31/08/2011*

Paralelamente a su actividad con el grupo **Adelante Juventud** Clodomiro Torres y Leonor Jove integran una agrupación a la cual bautizaron como **Lords & Ladies**.

Los Noggers. Foto cortesía de Irviing Baldirio

«*... Ya desde 1965 existió un grupo llamado "Los Shakers", el cual estuvo constituido por Clodomiro Torres "Clodo" (voz y guitarra), Leonor Jove "Leo", además Karin Schmidt, Richard Perez (guitarra), Mario Aldrey (Batería), Claudio Henríquez (bajo), esos grupos no tuvieron ninguna trascendencia ni grabaciones. Luego cambiamos el nombre de la agrupación a Lords & Ladies*».
- *Leonor Jove 26/07/2011*

UNA VENEZOLANA EN ESPAÑA

Maria Guitierrez "Shelly"

María Concepción Gutiérrez Lobo, Shelly, venezolana de nacimiento, pero de padres españoles, estando en Madrid, a sus 19 años se une a una agrupación de la universidad llamada **Los Driblings** llamando la atención de Maryní Callejo, quien ya tenía cierta experiencia en el manejo de agrupaciones musicales.

Los Driblings se convierten en **Shelly y Nueva Generación**, en septiembre de 1968 y de la mano de Alfonso Sainz como productor lanzan su primer sencillo, con las canciones *Mr. train, ¡hurry up!* (¡Dese prisa, señor tren!) y *I'm a poor girl* (¡Soy una pobre chica!) publicado por el sello Phillips con número de serie 360.191-PF y con una carátula absolutamente psicodélica, siendo el sencillo de la banda que más éxito tuvo en su momento. **Shelly y la Nueva Generación** nunca llegó a ser escuchado en nuestro país, y por ende no tuvo ningún impacto en la juventud venezolana, sin embargo, es importante destacar el hecho de que su vocalista es de origen venezolano.

Imagen cortesía de Danny Torres

LOS JOCKERS

«Entonces las fiestas Psicodélicas proliferaban y las chicas eran la razón para existir, así que en una de esas fiestas en el campo de la compañía petrolera Schlumberger (le decían La Chúmber) en El Tigre Estado Anzoátegui, Víctor Zaurín, me presentó a un grupo de personas que me hablaron de un muchacho de "El Tigrito" llamado Hermes que quería formar un conjunto. Días después nos reunimos y así nació THE JOCKERS.

Los primeros integrantes fueron: Hermes Rosatto Piano y órgano, Alfredo Sifontes Batería, Mico Moya Segunda Guitarra, Agni Mogollón Primera Guitarra,

Esta es la única foto que existe de la primera reunión de los Jokers originales 1968 - (el que está de pie al centro soy yo) Foto cortesía de Agni Mogollón

el Bajista era un muchacho a quien llamábamos "El Capocho " y Plínio Camacho, que era una especie de utility, que tocaba la Pandereta y bailaba, luego entró a formar parte Omar Sifontes como cantante y Plinio se fue del grupo, El Capocho también se fue y Mico Moya tomó el bajo como instrumento.

(...) Los Jockers fue mi primer grupo musical formal y uno de los primeros del Estado Anzoátegui, pero lo más trascendente fue, que ese era el primer hecho juvenil de la zona distinto al deporte donde se involucraban jóvenes de El Tigre, Tigrito y San Tomé juntos, aquel grupo para entonces sonaba suficientemente bien... tocábamos desde Young Girl de Unión Gap hasta American Woman de Guess Who, por supuesto Beatles, Rolling Stones y no recuerdo de cuantos grupos más de aquella época incluyendo las versiones en español de grupos como los Impalas, los Dangers y otros».
- Agni Mogollón s/f

MIENTRAS TANTO EN ESPAÑA

Debido al éxito de su primer sencillo 45 rpm, el sello Phillips de España se apresura a lanzar el segundo sencillo de **Shelly y la Nueva Generación**, seguramente el más atrevido de los tres sencillos lanzados por la agrupación, publicado en diciembre del 68 con número de serie 360.228-PF y producido por Pepe Nieto; comienza con *La mujer diablo*, un tema con un intro oscuro y en cierta manera tenebrosa que luego da paso al *soul* con la poderosa voz de Shelly, la cual junto a los metales, hace recordar las interpretaciones de **Janis Joplin**. El lado B contiene la balada *I'm just a fool*, la cual es una de las piezas más famosas de la agrupación, principalmente por haber sido incluida en la película *Un, Dos, Tres, Al Escondite Inglés* (1969) de Iván Zulueta en el cual actúa junto a otros grupos españoles del momento.

Imagen cortesía de Danny Torres

EL VUELO FINAL

A pesar de ser consentidas donde quiera que iban; para **Las Aves Tronadoras** también había llegado el momento de la despedida.

«... En realidad para ese entonces el grupo era una novedad por ser mujeres y el buen uso de la minifalda, pero no tuvimos un buen manager, y si lo conseguíamos era por otro interés que ni quiero recordar y mucho menos mencionar».
- Mariantonietta Herrera 27/02/2011

«... En resumen, esta fue una de las experiencias más increíbles que pudiéramos haber vivido, claro está, no lo sabíamos en ese momento. Para mí en lo particular, me encausó con el tiempo a estudiar la música de lleno y en serio, abriéndome un camino lleno de todo en la música que siempre fue mi pasión. Digo "lleno de todo" porque hubo experiencias buenísimas, algunas no tan buenas, otras inolvidables, interesantes, extrañas, increíbles, históricas, insólitas, apasionantes y pare usted de contar... "de todo" ¿Y saben qué? ¡Gracias a Dios que fue así!».
- Wendy Hawkinson 12/03/2011

«... Entre penas y glorias, entrevistas y firma de autógrafos etc.etc. el grupo solo duro tres años y medio, mientras que Los Darts y Los 007, estaban en plena fama, ¿que podíamos hacer todas jóvenes y menores de edad, y con unos padres reacios a lo que verdaderamente queríamos, asi fue que cada quien agarro su camino».
- Mariantonietta Herrera 27/02/2011

Las Aves Tronadoras
Imagen cortesía de Mariantonietta Herrera

En Maracaibo, **Las New Girls** sufrieron la pérdida de su baterista: La Nena Sanchez debido a un accidente automovilístico en enero de ese mismo año de 1968. Ambas agrupaciones **Las aves tronadoras** y las **New Girls** desaparecen, dejando el incipiente *rock* femenino venezolano sin liderezas que motivaran a otras jòvenes a seguir su ejemplo.

IMPORTANCIA

Las mujeres han tenido presencia en el *rock* desde 1957 con artistas como **Nora Ney** y **Heleninha Silveira** en Brasil o el trio de las **Hermanas Alcaide** en España, así como representantes como **Julisa** en Mexico e incluso la gran **Celia Cruz** en Cuba quien también grabó musica de *rock and roll*.

Aunque **Las Aves Tronadoras** y **Las New Girls** aparecen durante la «época Dorada» del *pop* venezolano, son consideradas como pioneras del *rock* venezolano al ser las primeras agrupaciones netamente femeninas del país, iniciando un linaje de agrupaciones femeninas que podemos seguir hasta nuestros días.

Desafortunadamente, con su desaparición de **Las Aves Tronadoras** y las **New Girls,** también desaparece la chispa que había comenzado a encender el deseo por parte de nuestras jóvenes de crear agrupaciones femeninas en el país. Debemos recordar que eran tiempos en que los padres ejercían una fuerte autoridad sobre los hijos y más fuerte aún si estas eran niñas. Se necesitaría el paso de una nueva generación, 15 años más adelante cuando otras jóvenes, con más libertad para decidir, pudieran crear agrupaciones netamente femeninas en el país. Sin embargo, es notoria y más aún sorprendente la valentía que tuvieron estas primeras jóvenes del *rock* femenino venezolano.

«... Ciertamente, esto es historia, no sólo porque ellas hayan sido el primer grupo femenino de rock, sino por el gran coraje que significaba en esa época que unas chicas, que para entonces se les llamaba "Chicas de Bien", ¡hayan dado ese gran paso de poder realizar lo que más les atraía y soñaban! ¡Gracias a ese grupo de bellas pioneras por todo lo que aportaron a esa época!»
- Jorge Chapellin 10/03/2011

NOVIEMBRE - PREMIO ESCENARIO JUVENIL

Ese año se inicia uno de los reconocimientos más importantes para el movimiento musical juvenil venezolano.

DICIEMBRE

«... En las elecciones presidenciales de aquella época, los muchachos pintaban sobre las propagandas del partido COPEI. Convirtiendo la "I" en "T" y anexándole una "E" de manera que se leyera "VOTA POR COPETE... CALDERA PRESIDENTE". Hasta hace muy poco tiempo en las tuberías de petróleo que corren paralelas a la vieja carretera de "El Tigre" en el estado Anzoategui, se podían leer algunas de esas pintas».
- Agni Mogollon febrero 2013

El domingo primero de diciembre se realizan las elecciones más reñidas de la historia de Venezuela en la cual se presentaron seis candidatos presidenciales, aunque sólo cuatro de ellos tenían posibilidades reales de llegar a la presidencia. Acción Democrática atravesaba serios problemas debido a la separación de una parte de su dirigencia quienes fundaron el Movimiento Electoral del Pueblo (MEP) en 1967, liderados por el maestro Luis Beltrán Pietro Figueroa. Para estas eleciones se le permite participar al Partido Comunista de Venezuela, bajo el nombre de Unidos Para Avanzar (UPA) que, aunque no presentó candidato presidencial, sí postuló candidatos para las elecciones parlamentarias, por su parte el Perezjimenismo presentó el partido Cruzada Cívica Nacionalista (CCN), pero no se le permitió presentar como candidato presidencial a Marcos Pérez Jiménez; sin embargo, este movimiento obtiene representación en el Congreso de la República. La diferencia entre el ganador y el segundo lugar fue de tan sòlo 32.906 votos, siendo la primera vez que el partido de gobierno (Acción Democrática) perdía una elección. A patir de allí comienza el bipartidismo que duraría en Venezuela hasta el año 1998.

LOS BONNEVILLES: EL ÚLTIMO TOQUE

«Nuestra última presentación en público fue en la Plaza Venezuela de Caracas, cuando resultó ganador a la presidencia el Dr. RAFAEL CALDERA, y le fue encomendada la tarea de organizador artístico al maestro y Director de Orquesta Jesús Ignacio Pérez Perazzo, para una gran celebración popular; y viene a nuestra memoria como una fecha definitiva en la cual concluyó nuestra asociación y el sueño de unos muchachos que necesitaban hacer un trabajo bueno, que tuviera aceptación. Allí, nos buscamos un baúl enorme y depositamos todas esas esperanzas, deseos, aspiraciones, metas y recuerdos, para poder abrirlo quien sabe cuándo; a lo mejor que, para cuando existiera realmente esa necesidad de desempolvar nuestros más preciados recuerdos».
- Raúl Rodríguez s/f

Realmente la última presentación de **Los Bonnevilles** fue en la fiesta de Marilyn Moscrip que tuvo lugar el 22 de diciembre de 1968. Luego de este evento **Los Bonnevilles** se separan en 1968 dejando como legado legado discográfico solo tres temas aparecidos en los dos álbumes de las *Experiencias Psicotomiméticas* y un mundo de recuerdos en las mentes de todos los que presenciaron sus sensacionales actuaciones.

1969
El final de una Era

Página intencionalmente en blanco

EL ROCK PESADO

Inglaterra seguiría marcando el camino de la música, apenas 15 días de iniciado el año, sale a la calle el primer álbum de una agrupación que sentaría el estándar para lo que más adelante se conocería como *rock* pesado, su nombre: **Led Zeppelin.** Incluso en su propio país, el álbum influyó decisivamente en la carrera de grupos establecidos como **Deep Purple,** así como de grupos noveles como **Black Sabbath.** Venezuela tenía un año de retraso en cuanto a las corrientes musicales internacionales y, al igual que ya había ocurrido con los discos de **Cream, Jimi Hendrix** o **The Beatles,** no sería sino hasta el siguiente año que el impacto de este disco se sentiría en el país.

Primer álbum de Led Zeppelin

3 DE FEBRERO DE 1969

A pesar de haberse programado para el día 31 de enero, se realiza la *Primera Experiencia Psicotomimética* en la Maestranza de Maracay (Edo. Aragua), con **Nancy Ramos, Trino Mora, Carlos Moreán, Henrique Lazo, Los Six, Los Clippers** y **Los Claners.** Como era de esperarse, la animación estuvo a cargo de Cappy Donzella.

LOS SIX AMPLIADOS

Por un corto tiempo ingresa a **Los Six,** el tecladista Rafael Medina.

«... Cuando yo entre, ellos ya habían grabado el disco, así que yo formé parte de la etapa final de Los Six, de hecho, con ellos yo tuve muy poca experiencia a nivel de toques en vivo, básicamente la Experiencia de Maracay y la de Barquisimeto y yo creo que esas dos nada mas, ya ellos venían con un background largo de antes de yo entrar».
- Rafael Medina 02/02/2013

«... Allí comenzamos con las "Experiencias Psicotomimeticas". Tocamos en la de Maracay la cual casi nadie nombra pero que fue un éxito total, esa vez actuaron Los Clippers, quienes fueron el grupo que se la comió esa noche, se metieron al público en el bolsillo, también actuaron Trino Mora, Carlos Morean, Nancy Ramos y Los Six además de otros grupos. Para la experiencia Psicotomimética de Barquisimeto, la cual fue apoteósica, no sabíamos que estábamos pegados ahí y fuimos preparados para tocar solo tres temas y terminamos tocando 45 minutos, entre otros temas,

Los Six en la Experiencia Psicotomimética. Foto cortesía de Bernardo Ladera

271

el pepazo de la época "Dr Barnard", el repertorio era 100% de nosotros. El animador en ambas experiencias fue Cappy Donzella».
- Bernardo Ladera 16/11/2012

«... Luego de la experiencia de Barquisimeto vino el rompimiento de Los Six y fue porque el baterista William Ríos, que fue uno de los fundadores de la agrupación, se quiso ir de Venezuela y de hecho se fue para Australia y bueno, él era una parte importante del grupo».
- Rafael Medina 02/02/2013

«... Acompañamos a Trino Mora en diferentes sitios, a Carlos Morean, capítulo especial, fue acompañar a nuestra gran amiga Nancy Ramos en TV y en sitios de Caracas y Maracay, tocamos en todas las televisoras de Caracas y fuimos el grupo de planta de pop and op musical canal 8 con Napoleon Bravo (...) Seguimos haciendo pistas y coros a cantantes como Henrique Lazo, Miroslava y muchos más. Tocamos en varios sitios como la Hermandad Gallega, clubes de nombre, tocamos un fin de semana en Curazao y con una invitación desde Brasil en Sao Paulo nos pararon en el aeropuerto los viejos de nosotros, porque eramos menores de edad... Nos volvimos a "escapar" y empezamos a tocar en sitios de renombre en Caracas y en la TV y por fin nuestros padres nos dejaron seguir tocando, claro, teníamos que sacar las carreras profesionales, porque para entonces se decía que los músicos eran puros bebedores de caña (...) Duramos juntos tocando hasta 1969.

Además de eso, The Six aparecen en los siguientes álbumes: "Pop and Op musical", "Experiencia psicotomimetica". Hicimos coros en el disco de Henrique Lazo (Un lugar en el cielo) también hicimos coros disco de Los Clipper tremendos compañeros en las buenas y en las malas (...) Después de The Six, hicimos el Grupo Tauro que pegó" Eso es Felicidad", luego que ese grupo también se disuelve y Rafael Medina y yo nos fuimos a España a hacer producciones musicales, desde allí no hemos parado de tocar. Seguimos en la onda del Rock y del Blues».
- Bernardo Ladera 16/11/2012

FEBRERO - LOS JOCKERS

«En fin, tocábamos las canciones de moda. Yo cantaba y tocaba la guitarra líder, muchas presentaciones tuvimos con aquel grupo En el Terminal club de San Tomé, en los cines de los 2 Campos, en la Casa Nueva Esparta y Casa Italia de El Tigre... hasta fuimos a tocar al Country Club de Puerto La Cruz y al Terminal Club de Guaraguao y en el inolvidable Reencuentro de San Tomé».
- Agni Mogollon- Berrero 2012

Los Jockers 1969 (Yo soy el primero a la Izq).
Foto cortesía de Agni Mogollon

THE NASTY PILLOWS

Unavez terminado el trabajo en el estudio de grabacion el resultado fue el tema *No hay nadie en mi mente* el cual fue publicado en el álbum *Segunda Experiencia Psicotomimética*, también ese mismo año realizaron la música de la obra teatral *La Fiaca* del argentino Ricardo Talesnik, la cual fue dirigida en Caracas por Fausto Verdial. Aún sobrevive el audio de la música de esta obra.

«Esta cancion la grabé directamente de la puesta en escena de la obra "la Fiaca" en el teatro "Alberto Paz y mateos" en las palmas frente al colegio de periodistas, año 1969, en esa oportunidad estaban sonando Ivan Marcano en la batería, Alex Rodriguez "El Marciano" bajo, Jorge Spiteri guitarra rítmica y voz, flauta Charli spiteri y en la percusión estaba Jesus Chinchilla».
- Jose Ignacio Lares 08/05/2011

El grupo se separa a finales de 1969 cuando los hermanos Spiteri se marchan a Londres y forman otro grupo de renombre dentro de nuestra historia musical: **Spiteri.**

«... Con lo que reunimos tocando por allí, mi hermano Enrique y yo compramos los tickets hacia Londres, pero ese es el comienzo de otra aventura...».
- Jorge Spiteri 10/05/2011

LOS MEMPHIS – VENDEDOR DE BARATIJAS

El último álbum de **Los Memphis,** titulado *Vendedor de baratijas,* sale al mercado esta vez bajo el sello Souvenir con número de serie SLP 1342. A pesar de que **Los Memphis** se habían convertido en uno de los mejores grupos del país y con este álbum alcanzan mayor éxito comercial, gracias a la versión al español del tema *Noches en blanco satén* de la banda **Moody Blues,** convirtiéndose en el primer grupo en el país en tocar con una orquesta de acompañamiento, también se comienzan a evidenciar fracturas en el grupo que terminaron con su disolución ese mismo año.

Imagen cortesía de Danny Torres

- ↓ Charlie Spiteri: Cantante, piano, flauta
- ↓ Pablo Manavello: Guitarra Lider y Coros
- ↓ Ginés García: Guitarra y Coros
- ↓ Mauro Scavroni: Bajo
- ↓ Roberto Menéndez & Frank Rojas: Batería

Lado A
01. Noches De Satén Blanco (Hayward/Ch. Spiteri)
02. Vendedor De Baratijas (Winwood/Capaldi/Spiteri)
03. 8:05 (Miller/Lewis/Spiteri)
04. Desperté De Un Sueño (Charlie & Jorge Spiteri)
05. Te Abandono (J. Spiteri/R. Valera)
06.Lluvia De Colores (Color Rain) (S. Winwood/J. Capaldi/Spiteri)

Lado B
07. Tú Eres Todo Mi Infinito (Charlie & Jorge Spiteri)
08. Me Haces Feliz Todo El Tiempo (Charlie Spiteri/Pablo Manavello)
09. Nadie Te Conoce Cuando No Eres Nada (J. Cox)
10. Preludios De Las Flores (Pablo Manavello/Charlie Spiteri)
11. Steve Blues (Steve Winwood)
12. El Caballo, La Mula y El Perro (Memphis)

Jorge Spiteri compuso temas para el segundo disco del grupo **Los Memphis**, pero con el tiempo esto ha sido motivo de controversia, ya que el hecho de ver el nombre de Jorge Spiteri asociado a la banda, muchos llegaron a creer que había sido miembro de dicha agrupación.

«... Jorge nunca fue un Memphis, si es cierto que tenía mucha afinidad con nosotros y que también le grabamos temas compuestos por él, pero no formó parte del grupo. Espero haber aclarado las dudas, saludos».
- Gines García 6/05/2012

«...Eso es así como dice Gines. Yo nunca toque con los memphis, el que cantaba con ellos era mi Hermano Charles , yo solo compuse algunas canciones que ellos grabaron lo que para mi en 1967 con 16 años fué un gran honor y canté coros con ellos en la grabación de "Ob ladi ob- lada", cuya letra en español escribí para ellos, así como la letra en español de "El Cielo está en tu mente", a esa sesión lleve a mi amigo Ilan de 15 años que tocaba muy bien las teclas quien grabó por primera vez el piano y con los Memphis y ambos nos sentíamos que participamos con Gines Pablito, Frank , Mauro y mi hermano Charles en un grupo de estrellas del Rock (...) Yo tenía 16 años y tocaba con Los Nasty Pillow formación de Ivan Marcano (el Gordo de la Fender), para entonces muy popular entre los músicos, Ernestico Guzman en la guitarra ¡que swing!, Filo Valera de quien tanto he aprendido, el y yo componiamos para los Pillows y compusimos juntos I´m Leaving (Te abandono) y Who Cares if I´m happy, tuvimos la suerte de que las grabaran Los Memphis.

Con Charles compusimos juntos "Tu Eres Todo el Infinito" una especie de World Music (para ese tiempo no tenían tantas etiquetas como ahora) y "Desperté de un Sueño" y que tripa ustedes Los Memphis) las grabaron y me hicieron sentir una emoción que nunca nada ha repetido. Gracias Charles, Ginés, Pablo, Mauro, Frank y Luisito. Los fabulosos Memphis de Chacao».
- Jorge Spiteri 06/05/2011

El sello Souvenir apostó fuerte por esta banda y el lanzamiento de su segundo álbum se realizó en vinyl de colores, siendo este uno de los pocos discos que en Venezuela se hicieron bajo esta modalidad, razón por la cual estos discos son altamente buscados por los coleccionistas. Sin embargo, ese mismo año, con la partida del guitarrista Ginés Garcia la banda termina separándose.

GUSTAVO CORMA

«A mediados de 1969, el trío instrumental "Sky White Meditation" avanzó hasta una formación de cuarteto con un vocalista. "Meses después conocimos a Gustavo que se mudo a la California Norte y lo metimos como cantante y 2da. Guitarra. Con él viajamos a Bogotá a tocar en un festival».
- Jairo Zuleta 04/03/2012

Más adelante, Gustavo Corma se convertiría en una pieza fundamental de la historia del *rock* en Venezuela, debido a su constancia dentro del ambiente musical venezolano, además de ser en la década de los 70 impulsor de nuevos géneros musicales al formar una de las bandas más emblemáticas de nuestra historia: **La Seguridad Nacional**.

LA GUERRA CRUEL

"... en una de esas visitas de Carlos (Moreno) a mi casa, que eran ya normales y frecuentes casi todas las tardes, ya habían pasado como ocho meses de estar en la banda (los Hippies), tomé la guitarra y le interpreté a Carlitos una canción llamada "The Cruel War" que había sido famosa en Inglaterra, más que en USA. La guerra de Vietnam en su apogeo había sensibilizado al mundo y esa canción significó un canto de libertad y paz entre la juventud con la cual había recientemente convivido en Europa. Le había pedido a Carlitos que la incluyéramos en el repertorio y le enseñé la segunda voz "alta", muy particular pues no era una armonía en tono convencional, y que había aprendido de rockeros ingleses y que en verdad era muy extraña y melódica. Eran tonos armónicos en notas ascendentes, sumamente armoniosa y de muy bella tonalidad en verdad. Recuerdo que The Cruel War se estrena en el repertorio de Los Hippies en la celebración de los quince años de Flor Acevedo, en el Náutico. Nunca la habíamos ensayado. La cantamos porque esa noche se nos había acabado el repertorio. El Salón full. Carlitos y Néstor me dijeron "... Dale Rafa, así mismo en inglés.". Así lo hicimos. Al terminar la canción, la gente se quedó parada aplaudiendo a rabiar y todos en la tarima nos mirábamos asombrados.

La verdad es que - en mi opinión - el mérito no había sido del cantante. La canción era una belleza en melodías y Carlitos y Néstor habían perfeccionado unas armonías que, al escucharlas por primera vez ese día, sentí que eran ángeles cantando. Era claro que habían practicado a solas lo que yo le había enseñado a Carlos. Es importante resaltar que Carlitos y Néstor compaginaban muy bien en armonías. Se conocían mucho y ello redundaba en una completa identificación como buenos músicos que eran. Absolutamente extraordinarios. Pasó muy poco tiempo, o así parecía. Todo pasaba siempre tan rápido. En una de esas tardes, Carlos llegó a mi casa con su guitarra acústica. Rafito, escucha esto.... y comenzó a cantar con el conocido fraseo... "Donde había flores, nada queda ya ..." y cantó una estrofa que, como no estaba todavía completa, Carlos comenzó a crear lírica y versos adicionales haciendo mucho énfasis en que cuadrara con la métrica de la versión original en *inglés que yo le iba interpretando con pausas, a medida que la versión en español era creada. Y así, La Guerra Cruel, tal y como la hemos conocido, nació y pasa finalmente a integrar el repertorio obligado de Los Hippies. Se había así constituido en "la canción emblema" de la banda. En los toques, la gente aplaudía a rabiar. En las presentaciones, por dirección de Carlos, para causar mayor impacto, yo comenzaba a cantar en inglés y después de dos o tres estrofas, que Carlos y Néstor armonizaban con perfección en la pronunciación y métrica, Carlos entraba como primera voz en español y la gente - sencillamente - quedaba hipnotizada. Es justo reconocer que en todas las presentaciones, la fuerza de tarima y showmanship que dominaba Néstor era algo que complementaba mucho el escenario en las presentaciones de Los Hippies en vivo. Fue grandioso." Rafael Echeverría Junio 2015*

Imagen cortesía Discogs.com

Un golpe de suerte los convierte en uno de los pocos grupos zulianos de música juvenil en los años 60. En el año 1969 el Sello Palacio publica un sencillo 45 Rpm con una versión al español del tema "La Guerra Cruel", el cual se convirtió en un gran éxito a nivel regional. El tema en cuestión había sido lanzado originalmente como un single por la agrupación Peter, Paul and Mary (curiosamente muchos acreditan dicha canción a Joan Baez, aunque Baez jamás la grabó), la canción data originalmente del año 1963 cuando fue publicada como el lado B del single Stewball.

"... La guerra cruel, no fue grabada en Caracas sino en Maracaibo en los estudios de Fonográfica del Zulia, nosotros mandábamos a arreglar nuestros amplificadores con el Sr Jesús Villalobos, quien aparte de ser propietario del estudio era también un excelente técnico de audio, un día mientras nos arreglaba un equipo, canté con la guitarra "la guerra cruel" y a el le gusto y nos propuso que la grabaramos, que él nos regalaba la grabación(...) las campanitas que suenan al principio las pedí prestadas al padre juan de la iglesia San Josè. Era un disquito 45. La primera vez que escuché la guerra cruel fue en casa de mi amigo Rafael Echeverría quien recién había llegado de Inglaterra Rafa me la puso en el tocadiscos y yo vine y le inventé una letra. Para nosotros fue como un sueño, no podíamos creerlo, luego él se la mostró a un sr promotor del sello Palacio a quien llamaban "el chino", y él se la llevó a Caracas." Carlos Moreno 07/12/2016

La melancólica pieza interpretada por "los Hippies" ha aparecido en el álbum "Éxitos de la Juventud" publicado por el Sello Palacio Este corresponde con un programa radial conducido por el disc-jockey Freddy Eduardo Díaz, primer promotor de la "música moderna" en la provincia venezolana. La canción fue respaldada por el tema "Te diré que siento" versión al español del tema "Hooked on a Feeling" del cantante B.J. Thomas.

ABRIL THE WORST EMOTIONS

La banda se inicia con el nombre de **The Worst** a inicios de 1.969 con la participación de Rafael Peñalver El Mejicano (guitarra líder), quien venía procedente del grupo **Los Dangers**, José A.

Nahón (bajo), Vito La Manna en la batería y Jose Luis Perez C. guitarra rítimica y cantante principal. Jose Luis Perez y Vitto la Mamma habían sido parte del grupo **Los Delta** y luego de la disolución de esta última entran a formar parte de **The Worst** a finales de 1968, Durante los primeros 5 meses solo ensayaron sin hacer presentaciones públicas, luego logran consolidar varias presentaciones, incluso en el programa de Luis Oberto por CVTV. En abril de 1969, entra César A. Sánchez Bello, quien venía con una amplia experiencia como guitarrista de diferentes bandas entre ellas una de las más emblemáticas de finales de los 60. **Los Bonneville**, Cesar Sánchez Bello entra en sustitución de Rafael Peñalver, El grupo amplía su nombre a **The Worst Emotions**. Integrado por:

The Worst. Foto cortesía de Jose Alberto Parra

- César A. Sánchez Bello: Guitarra y coros
- José Luis Pérez C.: Guitarra y voz
- José A. Nahón: Bajo y coros
- Vito La Manna: Batería y coros

En su corta historia **The Worst Emotions** tuvieron una intensa actividad tocando en innumerables fiestas particulares llegando incluso a ganar un festival.

"Ganar el festival de Sears luego de una dura pelea sana con Los Rangers fue muy agradable, De allí nos salió el contrato para grabar en VTV Canal 8 (...) una noche que tocamos en dos lugares al mismo tiempo: En La Hermandad Gallega y la discoteca El Tercer Ojo. Montamos equipos en ambos lugares, tocábamos un set en uno y salíamos corriendo al otro lugar a tocar otro set; Fue stresante, pero muy divertido".
- Cesar Sánchez Bello 20/04/2011.

LSD (LUNES, SÁBADO Y DOMINGO)

El grupo se había fundado a mediados de 1968 cuando Jose Romero conoció a Luis Emilio Mauri y a Raul Rivas. Como jóvenes gustaban mucho de la música del momento: **The Beatles**, **Sam and Dave**, **The Birds**, siendo la música el lazo de afinidad, pero las ganas de ser músicos les llegan cuando descubrieron a **Cream** y a **Jimmy Hendrix**, así que deciden conformar una agrupación con: Joseíto Romero (guitarra), Luis Emilio Mauri (bajo) y Hugo Raúl Rivas (batería).

"Yo tenía una guitarra marca Teisco japonesa y con ella me aprendí todas las canciones del momento".
- José Romero 19/01/2013

"De Nerio Quintero (bajista de "Los Impala"), aprendí por su modo de tocar a ser muy preciso y tener mucho swing pues era fantástico".
- Luis Emilio Mauri 05/06/2011

A los pocos meses ya sonaban muy bien y comienzan a participar en distintos eventos, principalmente en las «mermeladas» organizadas por Capy Donzella.

"... En el año 69, se nos acercó Chuto Navarro, quien era el director del sello Vida, el cual pertenecía a un sello más grande llamado Promus, él nos propuso grabar un 45 rpm y es así que grabamos: Cuando era un muchacho y One day of the week".
- José Romero 20/03/2013

«... *En realidad, no hay mucho que decir de L.S.D. pues fue nuestra primera banda y éramos muy jovencitos, pero sí dio pie a nuestros comienzos en especial el de José y el mío como músicos, pues a partir de allí nos empezamos a codear y a conocer con todos los músicos locales importantes del momento. José tuvo un avance importante como guitarrista y yo (Luis Emilio) como bajista, tocando y grabando para mucha gente».*
- Luis Emilio Mauri 05/06/2011

Imagen cortesía de Ricardo Mena

HEAVY LOAD

Durante 1969, al trío **L.S.D**, compuesto por Joseito Romero, Jose Emilio Maury y Hugo Raul Rivas, se une al tecladista Charly Amaral y Jose Luis Perez Cabeza cantante del grupo **The Worst Emotion** y forman el grupo **Heavy Load** con quienes lograron varios contratos con los cuales pudieron mantenerse tocando de manera más o menos estable durante ese año, fueron contratados por la Compañía Transmediterránea de Navegación para tocar en los cruceros, Monserrat, Begoña y Santa María, entre otros. Durante su existencia varios de los miembros de **The Worst Emotion** pasaron a formar parte de la agrupación, pero siempre se mantuvo como base el trío Romero-Maury-Rivas de los **L.S.D.**

«*Esta foto fue realizada en San Juan, Puerto Rico, durante Semana Santa. Íbamos tocando en el barco "Santa María". Los Worst Emotions y los L.SD. De*

The Worst Emotion con los L.S.D. Foto cortesà del Dr. Cesar Sánchez Bello

278

izquierda a derecha: Jose Alberto Nahon, Elías Camili (Lo llevamos coleado para que nos hiciera los efectos de luces), Cesar Sanchez Bello, Luis Emilio Maury y Joseíto. Romero».
- *José Alberto Nahon 20/04/2011*

MAYO - EL FINAL DE UNA CARRERA METEÓRICA

El tercer y último sencillo de **Shelly y La Nueva** generación fue publicado en mayo de 1969 por el sello Philips con número de serie 360.251-PF, este sencillo contiene en el lado A su canción más recordada *Vestido azul*, una versión del tema *Vesti Azul*, compuesto por **Nonato Buzar** y popularizado por **Wilson Simonal**, se trata de un elegante tema de bossa nova el cual, sorprendentemente, la agrupación logra convertir en un *pop* psicodélico arrebatador. En el lado B *¡No puedo olvidarte, chico!*, la canción con la que cierran su trayectoria, siendo este su único sencillo en el cual ambas canciones son en español. Ambos temas fueron interpretados en el programa *Telerritmo* de la Televisión Española. Luego del lanzamiento de este sencillo, la agrupación realiza una gira por España, luego otra por México y los Estados Unidos. Durante esta última las diferencias entre los miembros del grupo se hacen más fuertes hasta que el grupo se disuelve.

"Hubo roces entre los chicos [de la banda] y entonces allí se deshizo el grupo, luego vino Renny Ottolina y me ofreció un contrato para irme para allá (Venezuela) trabajando en su programa de televisión".
- *María Concepción Gutiérrez Lobo 16/07/2020*

Shelly regresa a Venezuela donde estuvo durante un tiempo presentandose en *El Show de Renny*. **La Nueva Generación** por su parte desaparece dejando como legado una carrera de poco más de un año desde su creación hasta su disolución, con una evidencia de 3 discos sencillos y una leyenda de la música en el país ibérico, forjada con la voz, el rostro y el talento de una joven nacida en Venezuela.

Imagen cortesía de Danny Torres

JUNIO - LA FE PERDIDA

"En Junio del 69 Formé un grupo junto a Frank y Leo Quintero, ese grupo se llamó "La fe perdida" y ese nombre vino del grupo La Fe Ciega (Blind Faith) de Steve Winwood con Eric Clapton el cual era (y continúa siendo para mí) uno de nuestros grupos favoritos (...) Los Quintero vivían en Catia y para mí era muy difícil ir a visitarlos por lo peligroso de la zona. Yo vivía en las Acacias y era un protegido de la patota, la mano negra (...) Mario Tepedino fue el de la idea de que yo formara un grupo con los hermanos Quintero, él producía un programa en el canal del estado TVN 5 junto con Luis Oberto, este último nos tenía mucho cariño, él era el del poder porque su papá era ministro durante el primer mandato del presidente Caldera (1968-1973)".
- *Rubén «Micho» Correa 05/02/2011*

"...La Fe Perdida" fue el grupo en el que Leo y yo realmente comenzamos a abrirnos campo en el negocio de la música. El nombre del grupo vino gracias a Ruben "Micho" Correa que acababa de llegar de Londres impresionado por "Blind Faith" (La Fe ciega), un grupo formado por Eric Clapton, Stevie Winwood y Ginger Baker, y nos sugirió a nosotros unirnos con él en una banda llamada "Micho y sus sandalias rosadas". No fue muy difícil convencerlo de cambiar el nombre a La Fe perdida".
- Frank Quintero 2011 - http://www.frankquintero.com/2011/11/29/horas-de-vuelo/

Durante un breve periodo de tiempo, la agrupación contó con Arturo Tepedino, (hermano de Mario) como tecladista de la agrupación, siendo la alineación de la agrupación la siguiente:

- Rubén Ángel Correa: Guitarra líder
- Arturo Tepedino: Órgano
- Frank Quintero: Batería y voz solista
- Leonardo Quintero: Bajo

"A raíz de nuestra influencia con Traffic y la Fe Ciega (Blind Faith), yo conseguí a un tecladista por que antes éramos un trío (Frank-Bateria, Micho-Guitarra y Leo-Bajo) y ese tecladista es hoy por hoy uno de los mejores arreglistas en Venezuela, se llama Rafael Medina".
- Rubén «Micho» Correa 05/02/2011

"...Al principio todo era versiones, tocábamos cosas de los Beatles, de Jimi Hendrix, de Cream, de Grand Funk, de todos los grupos de esa época y después cuando yo empecé a componer, empezamos a tocar sólo piezas originales".
- Frank Quintero - http://dejaronhuellas.blogspot.com/2011/06/biografia-de-frank-quintero.html

Para finales de ese año, la agrupación ya tenía algunas composiciones propias, entre ellas *Luces, Tengo todas las estrellas en mi bolsillo* y *Hombre*.

4 JULIO DE 1969

A tan solo 12 días de la llegada del hombre a la Luna, se realiza el evento *Vea la Luna* una uper sesión pop en la Concha Acústica de Bello Monte con la participación de **Los Rangers, Worst Emotion Ladies W.C.** y la **B.B.B. Blues Band,** organizado por la modelo norteamericana Marilyn Scout y Alfredo Bermont la entrada para tal evento tuvo un costo de Bs. 5.

Imagen cortesía del Dr. Cesar Sánchez Bello

"...Increíblemente nunca había recordado este evento con ese nombre de "Vea la Luna". Sí recuerdo que asistieron decenas de marines norteamericanos cuyo portaaviones estaba en el Puerto de la

Guaira, y que se armó una pelea pues algunos de ellos espontáneamente subieron a bailar en el escenario de la Concha (cosa no muy común para nuestro público de aquella época). Al parecer algunos presentes se ofendieron y así comenzó todo en este concierto además de nosotros (La B.B.B Blues Band) también tocaron los Ladies W.C., si mal no recuerdo. Comenzó de día y terminó de noche...".
- Jose Maria Casas Favá

B.B.B. BLUES BAND

Fue una banda formada en 1969, que se dedicó, en gran parte, al género del Blues y estuvieron muy influenciados por bandas como **Paul Butterfield Blues Band**, el **Super Sesion** de Mike Bloomfield, Al Kooper y Stephen Stills y el grupo **Electric Flag** entre otros.

«... Que yo recuerde no era muy común en nuestro país un grupo que se dedicara exclusivamente al blues y con algunos rasgos de jazz. Ensayaban en las Acacias, en un garaje de la familia del baterista Ivan Marcano
- José María Casas Favá 05/06/2012

«... el nombre original fue Blues, Blues and more Blues Blues Band, pero al final decidimos acortarlo a B.B.B. Blues Band. En algún momento pensamos dejarlo como B.B. Blues band, pero luego nos dimos cuenta del peligro de ser llamados Brigitte Bardot Blues Band [estrella sex-symbol del cine frances muy famosa en su época y que era conocida como la B.B.]».
- José María Casas Favá 05/06/2012

Los miembros fundadores de B.**B.B. Blues Band** fueron:

- Luis Mario del Pino: Voz y armónica.
- Manuel Golcze (ex-**Horse Brakers**) Guitarra líder
- Iván Marcano (ex **Nasty Pillows**): Bateria
- José María Casas Favá (ex **Horse Brakers**): Bajo

20 DE JULIO DE 1969 - EL ÁGUILA HA ATERRIZADO

«... Aquella mañana amaneció con una gran expectativa entre todos los que vivíamos en el campo de San Tomé, era día domingo, pero no se parecía a ningún otro domingo de los que había vivido hasta entonces... el resto del planeta también vivía lo mismo... pero en mi San Tomé era algo especial... era un campo petrolero de la Mene Grande Oil Company, un pueblo fundado por Americanos y propiedad de una compañía americana, y eso hacía que sintiéramos como propio todo lo que giraba alrededor de aquel

Familia viendo el alunizaje. Getty Images

momento... El patio central del Terminal club parecía una venta de televisores, habían dispuesto 12 en diferentes lugares para que todos sentados en el piso y otros de pie no perdiéramos ni un detalle de lo que ocurriría. Allí estaban casi todos mis amigos, los que habíamos crecido juntos desde tiempos de la escuela, sus padres, maestros, vecinos etc... Veía a los Gerentes y a los empleados medios y bajos... americanos y venezolanos... todos juntos... algo muy grande estaba a punto de pasar y yo era testigo vivo, presencial y en tiempo real de aquello: El Hombre pisaría por vez primera la luna.

Desde el mediodía cada vez más la emoción de todos crecía, era indescriptible... Recuerdo a Edgardo Añon que insistía en predecir que se estrellarían contra la superficie y todos lo mirábamos como pavóso... así fueron pasando las horas... casi a las 5 de la tarde la transmisión de televisión decía que el Eagle se había separado de la nave madre y comenzaba el descenso... fue como si le hubieran bajado el volumen a un equipo de sonido... hubo por minutos un gran silencio... en los minutos siguientes apenas susurramos... a las 5 y 17 minutos de la tarde... escuchamos en los televisores la voz de un astronauta decir en Inglés.. "Houston... aquí base tranquilidad, el Eagle ha aterrizado..." La traducción del locutor en español no la escuchamos porque inmediatamente saltamos todos como si nos empujara un resorte, aplausos, gritos... nos abrazábamos... algunos adultos lloraban... recuerdo claramente al Señor Ted Mellinger sentarse a llorar en las escaleras como un niño.

Nota: El módulo de aterrizaje utilizado por la NASA llevó el nombre de EAGLE, de allí la expresión «El águila ha aterrizado».

Confieso que solo fue días después cuando caí en cuenta realmente de lo que me había ocurrido en el alma... en mi caso personal, aquella asimilación yo la había absorbido hasta los huesos. Luego de aquellos momentos de euforia colectiva, la televisión informaba que los astronautas permanecerían unas 5 horas dentro del Eagle antes de intentar la caminata lunar... Algunos se fueron a sus casas para cenar y luego volver, otros nos quedamos en el Terminal Club, yo quería vivir intensamente todo aquello.

Como a las 10 y media de la noche, el club era nuevamente un hervidero, había más personas que en la tarde... a las 11 y 56 minutos de la noche, en la transmisión escuchamos la voz de Neil Armstrong decir, procedo a abrir la escotilla... 600 millones de seres humanos estaban igual que nosotros, amarrados, inmóviles, en silencio frente a los televisores de todo el planeta... Y entonces llegó el gran momento, la pantalla de Radio Caracas Televisión nos lo traía...

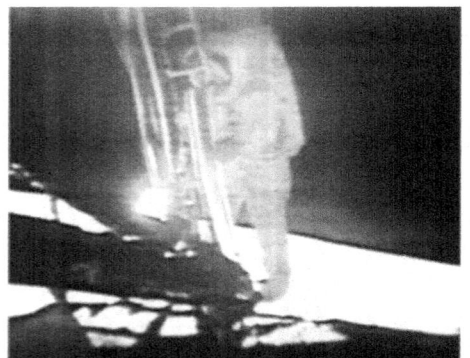
Neil Armstrong bajando del módulo lunar

Cuando esta imagen apareció en los televisores, el corazón de todos se detuvo... el Hombre estaba a punto de caminar en la luna... ver aquella imagen borrosa descender por la escalerilla hasta que finalmente puso pié en la luna fue realmente el clímax, explicar lo que yo sentí en aquel instante aun me es imposible, para muchos era el triunfo de una nación en la carrera espacial, para otros un triunfo tecnológico... para mí, todo aquello significaba algo más etéreo, más conceptual... las palabras de Armstrong me lo confirmaron casi inmediatamente: Éste es un pequeño paso para el Hombre... pero un salto gigante para la Humanidad... Dentro de mí, ese paso fue mucho más grande de lo que yo pensaba... solo con el pasar de los años yo entendería cuan profunda fue la huella y cuan largo fue aquel salto dentro de mi alma y en cuanto había influenciado mi vida.

Cuando regresé a mi casa aquella madrugada... la luna llena reinaba en el cielo despejado de la Mesa de Guanipa... acostado en la grama del frente de mi casa, por un rato la miré fijamente, allá un hombre caminaba por los senderos de sus sueños. Antes de entrar a casa me juré que nada detendría el que intentara alcanzar los míos».
- Agni Mogollón – febrero 2012

EL ROCK EN LA ISLA DE MARGARITA: EL CLAN ROSKAY

A pesar de estar cerrando la década, **El Clan Roskay** es una de las agrupaciones pioneras de las provincias del país. Se forman a mediados de 1969 en la ciudad de Porlamar, Isla de Margarita y estuvieron fuertemente influenciados por la música psicodélica y de protesta.

«...El primer grupo consolidado de música pop, o como se le llamaba en los medios en aquella época "Música moderna ya que para entonces el término "Nueva Ola" estaba en desuso internacional" fue el Clan Roskay, en cuyo nombre se nota ese aire moderno y extraño, pues justamente está escrito de ese modo para darle un carácter innovador a la palabra. En aquella época en Margarita no había un grupo con instrumentos eléctricos que interpretará música propia».
- Abraham García s/f

«...La primera formación del Clan Roskay era Teodoro García en la Voz, Ennio García en el Bajo, Abraham García en los teclados e Ibrahim Bracho en la batería. Todos llevábamos el pelo largo y cada vez que llegábamos a una fiesta, la gente no sabía si bailar o vernos (...) en ocasiones la gente nos preguntaba por esas cajas donde se enchufaban los instrumentos, les decíamos que se llamaban amplificadores».
- Ennio García 2012- La Gloria del Rock Insular. Autor: Amilcar Navarro. Fondo Editorial del Municipio Dr. Efrain Subero.

El Clan Roskay es uno de los grupos de la llamada «transición» pues fue a principios de la década del 70 cuando realizó la mayor parte de su actividad conocida.

AGOSTO

El año va cerrando con algunos de los más recordados eventos en los que se presentan artistas de esa transición venezolana de los años 60-70. El primero de agosto se realiza una Super Session Pop en la Concha acústica de Bello Monte con la participación de **The Worst Emotions, Cherries & Apples** y el grupo **E. Types**. El evento contó también con la musicalización de la **Discotheque Pink Lovers** (Una de las primeras minitecas) y Luces de colores, el precio de la entrada fué Bs. 5.

CHERRIES & APPLES

Fue un grupo de transición para sus integrantes, Eddy Gugliotta y Eduardo Feo que venían de la segunda formación de **Los Snobs**. La agrupación duraría poco tiempo, poco después Eddy Gugliotta iría a formar parte de los nuevos **007**.

14 DE AGOSTO

Alfredo Escalante Donzella, debuta como DJ con su programa *Happening 70* por Radio Impacto 1260 AM. Alfredo Escalante junto a su hermano Capy Donzella, Napoleon Bravo, Amaury José Diaz, Placido Garrido, Ivan Losher y otros más, se convertirían en los héroes de la radio juvenil en Venezuela.

AGOSTO - EL FESTIVAL DE WOODSTOCK

Fue un festival realizado los días 15, 16 y 17 de agosto de 1969, el cual es considerado uno de los mejores eventos musicales y artísticos de la historia. Los organizadores esperaban alrededor de 50 mil personas, pero el evento congregó a más de 400 mil y se estima que otras 250 mil no pudieron llegar al evento. La entrada costaba 18 dólares de la época para los 3 días.

Imagen cortesía de hermanosdelrock.com

La famosa pareja de Woodstock. Bobby y Nicole Ercoline.
Getty Images

«En la televisión dijeron que, si tenías planes de ir a Woodstock, mejor no lo hicieras, porque la carretera estaba cerrada, ahí decidimos ir. Teníamos 20 años y, si a esa edad alguien te dice que no hagas algo, por supuesto que lo haces».
-Nicole Ercoline s/f

El cartel del evento incluía a los siguientes artistas: **Richie Havens, Sweetwater, Bert Sommer, Tim Hardin. Ravi Shankar, Melanie Safka, Arlo Guthrie, Joan Baez, Quill, Country Joe McDonald, John Sebastian, Keef HartleyBand, Santana, Incredible String Band, Canned Heat, Mountain, Grateful Dead, Creedence Clearwater Revival, Janis Joplin, Sly & the Family Stone, The Who, Jefferson Airplane, Joe Cocker,Country Joe and the Fish, Ten Years After, The Band, Johnny Winter, Blood, Sweat & Tears, Crosby, Stills, Nash & Young, Paul Butterfield Blues Band, Sha-Na-Na, Jimi Hendrix.**

Muchos de ellos ya eran conocidos en el circuito *underground*, sin embargo, todos los que aparecieron en el documental que se filmó del evento saltaron al estrellato.

John Sebastian frente a la multitud de Woodstock. Getty Images

Woodstock se convirtió en el icono de una generación que rechazaba las guerras y pregonaba la paz y el amor como forma de vida, mostrando su rechazo al sistema, por lo tanto, gran parte de la gente que concurrió a dicho festival era *hippie. Los hippies* estaban en contra de la guerra de Vietnam, por lo que **Jimi Hendrix** tocó el himno estadounidense solamente con una guitarra eléctrica agregando efectos de bombas como signo de protesta frente al comportamiento bélico del gobierno de su país.

SEPTIEMBRE

El 13 de septiembre llega al puesto número 1 de la cartelera Billboard estadounidense el tema *Sugar Sugar* interpretado por el grupo ficticio **The Archies**, El tema había sido ofrecido al grupo **The Monkees,** pero estos lo rechazaron debido a su excesiva comercialidad ocasionando la ruptura del productor Don Kishner con el grupo por lo que este decidió "Inventar" un grupo ce dibujos animados que no pusiera condiciones a sus ideas. Nace así el grupo "The Archies" un grupo basado en un popular comic que mantuvo permanencia desde 1941 hasta 2015, surge así también un genero musical al cual se le denominò "Bubblegum Music"

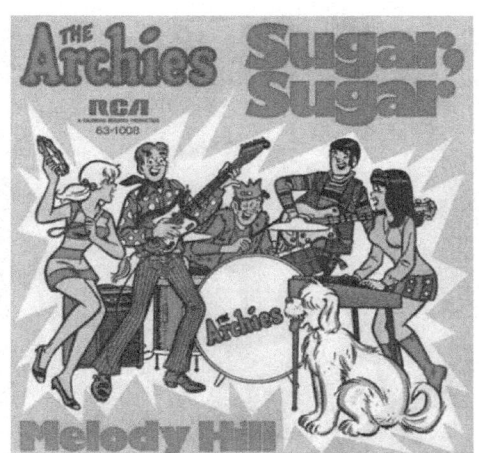
45 Rpm de The Archies - Sugar Sugar

«Sugar, Sugar» encabezó tanto el Hot 100 de Billboard (durante cuatro semanas) como el UK Singles Chart (durante ocho semanas), ocupando el puesto número uno del año tanto en Estados Unidos como en Gran Bretaña. "Sugar, Sugar" es el sencillo pop bubblegum más exitoso de todos los tiempo y es ampliamente considerado como la apoteosis del género musical bubblegum de finales de los 60s y principios de los 70s.

Foto cortesia de Carlos Zerpa

Se realiza el evento *Happening 1* en el cine El Viñedo de Valencia a las 3 pm. Organizado por los Hijos de Zappa.

«... ¿De donde sacaste esa foto? ¡Estoy sorprendido! Ese concierto fué organizado por "Los Hijos de Zappa" el 20 de septiembre de 1.969 en el Cine "El Viñedo" de Valencia a las 3 de la tarde. El grupo fué The Worst Emotions, al lado mío se ve a José Luis Perez de perfil cantando, nos pagaron Bs. 500 por esa presentación. Casualmente estoy redactando la historia del grupo. A Jackeline Latouche tengo muchos años que no la veo. Gracias por los recuerdo».
- Cesar Sanchez Bello. 23/05/2011

«Con el apoyo del Padre Yeo (Párroco de la Iglesia El Viñedo) y organizados por Francisco «Paco» Bejarano, Gastón Herrera, Alfredo Herrera, Eduardo Herrera, José Agustín Medina y Fernando Latouche en el Cine El Viñedo, con los grupos **The Worst Emotions, Los Rangers** *y* **L.S.D.** *por Caracas y por Valencia la banda* **Strawberry Candy Experience** *de Oleg Buonanno. Este concierto terminó con un estupendo Jam Session».*

The Worst Emotion en el Happening 1. Imagen cortesia de Carlos Zerpa

Fuente: Buen Rock Esta Noche" de Carlos Zerpa (Ediciones Actual, Universidad de Los Andes, 2013)

LOS CLIPPERS

Siguiendo la misma suerte que muchas otras bandas de los 60. **Los Clippers** desaparecen de la escena, no sin antes lograr publicar su último álbum bajo el sello Vida con número de serie Lpv-3311.

Lado A
01. Marry Anne
02. Mi Historia
03. Lo Siento
04. Lucy
05. Oh Baby
06. Chica Loca

Lado B
01. Lo siento Suzana
02. La Guerra
03. Si tienes un problema
04. Margot
05. Turu, turu turu
06. Long Life

Imagen cortesía de Danny Torres

LA VOZ JUVENIL DE VENEZUELA

Trino Mora lanza su tercer álbum titulado *La voz Juvenil de Venezuela* a través del sello Souvenir. El título del disco hace referencia al triunfo de **Trino Mora** ese mismo año en el *Primer Festival de La Voz Juvenil de Venezuela*, en Maracay, Estado Aragua. Trino repite la misma propuesta de su álbum anterior mediante versiones de temas de éxito internacional. Esta estrategia que como ya sabemos era práctica común le permitió mantenerse dentro del gusto juvenil.

Imagen cortesía de Danny Torres

Lado A
01. Dime Adiós
02. Una Entrada
03. Cuando Mueran Las Estrellas
04. Sólo Hice Un Error
05. La Música Sonó

Lado B
07. Tú no me entiendes
08. Shout
09. El mundo que veo
10. De Nuevo Conmigo
11. Escribiré Tu Nombre Sobre La Arena

Trino Mora representa la excepción dentro de los artistas de la transición 60-70, ya que fue él único en continuar carrera y lograr aún mayor éxito en la década siguiente. Para **Trino Mora** este álbum sería apenas el tercero de una larga lista de álbumes en los cuales cosechó muchísimos más éxitos para convertirse en la década de los 70 en una de sus figuras más representativas para finalmente convertirse en un símbolo de su generación y una leyenda de la música rock en el país.

IVO - NO CAMINA

Ivo lanza su segundo álbum con el sello Palacio y con número de serie LP-6260, titulado *No Camina* en este álbum **Ivo** repite el mismo esquema presentado en su debut discográfico, con versiones de clásicos como *A Whiter Shade of Pale* de la banda **Procol Harum** y *I Got Rhythm* de **Sonny & Cher**. A pesar de que **Ivo** era una referencia importante dentro del panorama musical venezolano, este sería su último álbum en los años 60. A partir de allí, **Ivo** solo lanzó 2 álbumes más en la década siguiente, bastante espaciados uno del otro y con los cuales no logró capturar de manera contundente la atención del público que, ya para entonces estaba en busca de otros ritmos y sonidos.

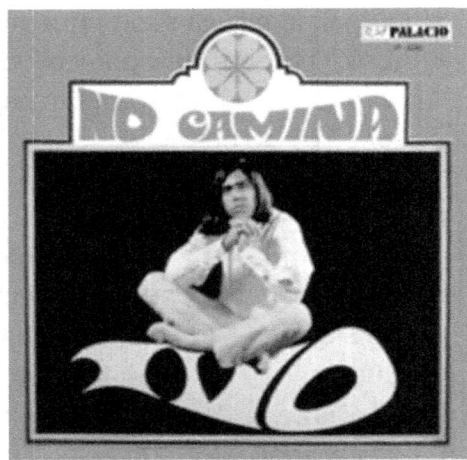

Imagen cortesìa de Danny Torres

Lado A
01. No Camina
02. Nada es Amor
03. Con su Blanca Palidez
04. El Día Que Te Conocí
05. Triste locura

Lado B
06. Funky Street
07. La Casa del Sol Naciente
08. Cómo Comes
09. Iré Contigo A las estrellas
10. Hoy Amaneció

A continuación, un breve resumen de su carrera después de este disco:

- En 1969 participó en el Primer Festival Internacional de la Canción en Caracas.
- En 1971 participó en el III Festival de la Voz de Oro en Barquisimeto.
- En 1978 graba el LP: "Ivo", el cual incluye el éxito "La última nieve de primavera".
- En 1979 se retira de la canción para dedicarse a los negocios.
- En 1986 participó en los eventos "Aquellos Años 60" junto a Trino Mora, Carlos Moreán, Rudy Márquez y Henry Stephen.
- En el 2000 reaparece con su recopilación "Mis Grandes Éxitos".
- Desde entonces se ha mantenido presente en cada show que se realiza sobre los años 60 y 70.

EL GIGANTE DE LA CANCIÓN JUVENIL

A pesar del gran apoyo de su casa disquera, los intereses musicales de Carlos Morean no iban en la dirección de convertirse en una estrella *pop*. Con el sello souvenir lanza su segundo álbum titulado *El gigante de la Canción Juvenil* con número de serie Slp-13-63, el cual incluye las siguientes canciones:

Imagen cortesìa de Danny Torres

Lado A
01. Haz lo que quieras de mí
02. Recordando
03. No te rindas
04. Voces silenciosas
05. Regresa a mí

Lado B
01. Vuélveme a hechizar
02. No pienses en mi
03. No dejes que el sol te vea llorar
04. Por cuánto tiempo te amaré
05. Cómo puedes estar seguro

LAS 4 MONEDAS VOL 2

Ya **Las 4 Monedas** habían presentado su propuesta musical y sobre todo habían demostrado su altísima calidad, los hermanos O´Brien eran, evidentemente, músicos de categoría. Siguiendo la misma línea de su anterior álbum **Las 4 Monedas** presentan varias versiones de éxitos internacionales, haciendo que este álbum fuera más exitoso de su carrera y con el cual lograron popularizar totalmente el sonido del *ska* en Venezuela con el tema *Buena Suerte*, una versión al español del tema de **Desmond Decker** *Shanty Town*. Hoy en día escuchar la música de **Las 4 monedas** es tan refrescante como lo fué en su momento y la voz de Brenda O´Brien es en definitiva una de las mejores que haya conocido el *pop* venezolano.

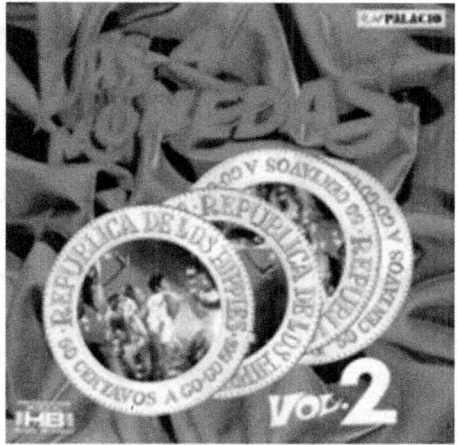

Imagen cortesía de Danny Torres

Lado A
1. Buena Suerte
2. Cómo Estás Tú
3. Perdóname
4. Palabras
5. Lo Mucho Que Te Quiero
6. Mil Veces No

Lado B
1. Caminando Por La Calle
2. Vamos A Volar
3. La Fiesta Del Ju
4. Nena
5. La Cascada
6. Voy Hacia Ti

- ♪ Kenny O'Brian: Guitarra líder
- ♪ Gary O'Brian: Guitarra rítmica coros
- ♪ Marlene O'Brian: Bajo y voz principal
- ♪ Brenda O'Brian: Batería y Coros

Imagen cortesía de Danny Torres

LA INFLUENCIA DEL SUR

En octubre de 1969, el grupo chileno **Los angeles Negros** lanzan su segundo album titulado *Y volveré* convirtiéndose en un éxito y estableciendo la balada romántica a nivel internacional. El éxito de este género hizo que los productores discográficos los tomaran como modelo, influyendo y presionando a las agrupaciones juveniles para cambiar su repertorio. Esta ocasionò que agrupaciones que en sus inicios tocaban *rock* pesado, se encontraron a sí mismos grabando baladas romanticas y sus discos muy poco o nada tenían que ver con la música que realmente les apasionaba. Dicha estrategia concluyó con un rechazo a las agrupaciones de *rock* por parte de las disqueras y una merma en la calidad de las pocas producciones que se hicieron para entonces.

5 DE OCTUBRE DE 1969

Sale al aire el programa *Hippie, Happy, Cappy* por Radio Capital y conducido por Cappy Donzella quien en su programa promociona semanalmente una serie de espectáculos llamados *Las Mermeladas.*

Este programa fue el primer gran impacto juvenil de la radio venezolana. Se hacían transmisiones en diferentes sitios de Caracas desde el Teatro Caracas y luego en el Teatro Artigas (San Martín) desde la calle, estos programas se transmitieron desde octubre de 1969 hasta finales de 1970.

Imagen cortesia del Dr. Cesar Sanchez Bello

POP AND OP - GENTE EN AMBIENTE

El locutor Napoleon Bravo lanza su programa radial *Gente en Ambiente* y debuta como productor con una serie de eventos con el nombre de *Zanahorias* aprovechando el gran éxito que Capy Donzella estaba teniendo con su programa radial y sus espectáculos musicales, el sello Souvenir aprovecha esta oportunidad para lanzar bajo la dirección de Napoleon Bravo un álbum recopilatorio titulado *Pop and Op Musical, Gente en Ambiente* con número de serie S-15049, el cual incluye las siguientes canciones:

Lado A
01. **Trino Mora** - La música sonó
02. **Los Memphis** - Yo te quiero
03. **Carlos Moreán** - Por cuanto tiempo te amaré
04. **Wendy** - Como un muchacho
05. **Henrique Lazo** - Un lugar en el cielo
06. **Los Clippers** - Miss Robinson

Lado B
07. **Los Six** - Chiwawa
08. **Trino Mora** - Escribiré tu nombre sobre la arena
09. **Los Six** - Money Money
10. **Carlos Moreán** - No dejes que el sol te vea llorar
11. **Los Memphis** - No quiero discutirlo
12. **Nancy Ramos** - Deja pasar el tiempo

Imagen cortesia de Danny Torres

LOS JUNIOR SQUAD – ARRIBA

Los Junior Squad lanzan el que sería el último álbum, titulado *Arriba*. Publicado por Discomoda con número de serie DCM-684. Aunque la banda gozaba de gran aceptación y se mantendría girando tanto en el país como en Europa durante ese año, con la llegada de los 70, el grupo se separa dejando tras de sí un legado de 4 álbumes y una propuesta musical a medio camino entre el *pop* y la psicodelia.

Imagen cortesía de Danny Torres

«...*Ese LP lo grabamos en Favedica, Discomoda, en La Yaguara, Caracas. Para los "chamos" que están grabando en esta época debe ser cómico saber ciertos cuenticos de cómo se desarrollaba el trabajo de estudio años atrás. Para entonces aún reinaban los "tubos" (cero transistores) en los amplificadores tanto del grupo como del equipo de grabación, lo cual, según dicen ahora era una "maravilla".*

Pues, la nostalgia ha revalorizado las antiguas sonoridades y se han puesto de moda nuevamente, pero, solía ocurrir que cuando íbamos a montar las voces, si habíamos grabado las pistas de noche, como era costumbre, al día siguiente las encontrábamos a una velocidad mayor y en una tonalidad más alta que la original. Esto ocurría porque de noche bajaba el voltaje de la electricidad en la zona debido al consumo de energía de los pobladores de los alrededores, imagínate. Creo que para este disco aún no había allí grabador "multipista" y para doblar voces o instrumentos (no había delay) lo hacíamos con dos grabadores, pasando de uno al otro varias veces para lograr los montajes».
- Gilberto Rebolledo 02/05/2013

Lado A
01. Tu Amor, Mi Amor
02. Sugar Sugar
03. En San Juan
04. Soy Una Fantasía
05. Dile a Tu Padre
06. Hello World

Lado B
07. Chalala-Lala-Lali
08. Cuéntame
09. Todo El Mundo Quiere Ir a La Luna
10. Gracias Por Tu Amor
11. Vuelve A Mí
12. Inquietud

«... *Demás está decirte que nuestro equipo no era de alta factura...mi teclado, era un órgano Farfisa de cuatro octavas con solo cinco timbres que sonaban a organillero de pueblo. Teníamos una Fender Twin Reverb y un Fender Showman, pero allí conectábamos hasta los micros de las voces. En ese estudio había un órgano Hammond, pero yo no lo dominaba, un piano Steinway de cola desafinado, y así. (...) con respecto a Sugar, Sugar de Los Archies, eso quedó fatal, fue montada apurada por exigencia de la empresa disquera».*
- Gilberto Rebolledo 02/05/2013

SUPER GRUPO

«Gustavo Calle me llamó un día para ir a tocar en algún sitio, ya estaba con Domingo Guzman en la batería y Ruben Dubuc en el bajo (ex primera guitarra de Los Jensen). Entonces nos reunimos Ruben, Gustavo y yo para ensayar y nos gusto el resultado, bastante original, jazz vestido de rock. Como nosotros teníamos bastante experiencia en este tipo de rock improvisado, Gustavo sugiere que nos llamemos 'super-grupo', porque supuestamente cada uno de nosotros tenía mucha experiencia. Y así nace el nombre, todo improvisado, muchas veces incluyendo la letra. El supergrupo va al Festival del Hongo en Mérida (hay un afiche por allí), y cuando llegamos a Mérida se perdió Gustavo, cuando nos toca subir al escenario llamo y llamo a Gustavo por el micrófono y no aparece, pero estaba Domingo en el público, lo llamé y él subió y nos salvó. En el segundo o tercer tema comenzó a llover fuertemente, seguimos tocando un rato con chispas y todo (hay una foto por allí donde se ve que le pusimos unas bolsas plásticas alrededor de los micrófonos contra el agua), tremenda experiencia. En el camino vimos a muchachos peludos y barbudos con mochila pidiendo cola, como un micro-woodstock. Después del festival fuimos a Maracaibo y tocamos en un club nocturno».
- Franklin Holland 17/04/2011

«El estilo tenía bases en el grupo Cream, pero lo original eran los conciertos totalmente improvisados. Es decir, música, letra, todo se creaba en el momento».
- Franklin Holland 17/04/2011

GAS LIGHT

Es una de las llamadas bandas de «transición», formada en Caracas en el año 1969. Su musica se orientaba hacia la psicodelia, convirtiéndose en una de las bandas más representativas del circuito *underground* venezolano. Sus integrantes iniciales fueron Domingo Otero (guitarra, voz), Raúl Ulloa (bajo), Ángel Rada (segunda guitarra, autoharp, órgano Hammond, clavecín y Silvio Santanielo (batería). Cambios posteriores dejarían a Ángel Rada y Silvio Santanello con Antonio Morales (guitarra líder), Fernando Pascual (voz) y Alberto Ruz (bajo). Comenzaron sus presentaciones en reuniones familiares y pequeñas fiestas hasta llegar a presentarse en eventos de gran importancia a principios de los años 70. Participaron en la banda sonora de la película venezolana *Huyendo del sismo* (1969) al lado del grupo **The Head hunter** de la cual se lanza el 45 rpm *Gaseoso*- La película *Huyendo del Sismo* dirigida por Arturo Plascencia obtuvo el premio Aquarius otorgado por el *New York Festival of New Cinema*, en N.Y., Estados Unidos.

DICIEMBRE

El 14 de Diciembre abre sus puertas The Roof en el C.C. Chacaito, el Centro del Rock y del Teatro Experimental.

20 DE DICIEMBRE DE 1969

Se estrena la película *Busco Mi Destino* (*Easy Rider*) con Dennis Hooper y Peter Fonda en el teatro Broadway de Chacaíto. La entrada era gratuita y se realizaría una fiesta *hippieHappening 70* donde tocaría el grupo **Ladies W.C.**, a la medianoche.

«... La vaina fue un despelote descomunal. La gente afuera rompió las puertas de vidrio, la cola del público llegaba hasta el centro comercial, unas dos cuadras más abajo. Se metió hasta la policía. Cappy y yo hicimos la presentación de la película y la gente fumo lo que había y lo que no. Paz, amor y música. En prensa no tuvimos ningún problema por ese incidente, pero se constituyo en un evento legendario para la época».
- *Alfredo Escalante - Cuarenta años haciendo daño, Conversaciones con José Tomas Angola Heredia. 2005 AlterLibriS Ediciones. ISBN 9806590-03-01.*

EL METRO

Afiche de la pelicula "Busco mi destino"

El diciembre aparece el primer número de *El Metro, Primer Órgano de Prensa Subterráneo,* Aunque se trató en realidad de un panfleto reproducido con técnicas de guerrilla urbana, fue uno de los últimos proyectos de *Los Cerebros Elásticos.*

«... Que yo recuerde, ese periódico lo diseñamos Julio Neri, Dave Henry y yo. Dave era de la comunidad de gringos que bajaron del cielo de Lucy, aquella de los diamantes, hijos de empresarios petroleros de paso por el país. En aquella época Caldera comenzaba la construcción del metro y yo hice los dibujos en un encierro de un año en mi cuarto después que el cerebro se me puso demasiado elástico (...) Creo que mucho de lo escrito en el periodico es de Luis Neri».
- *Héctor Fuenmayor 06/06/2011*

28 DE DICIEMBRE DE 1969

Los Impala publican su noveno LP: *Impala Syndrome.*

«... Mientras Los Impala estaban en España y en virtud del éxito que la agrupación estaba teniendo en la península, José Pagés, presidente del sello Velvet en Venezuela, contactó con el editor Gerald de la Chapell en Estados Unidos con la finalidad de realizar la producción de un álbum del grupo "Los Impala", dirigido al mercado internacional, para ello se comisionó a Martin Brummer como productor y el resultado fue el álbum "Syndrome" - Edgar Alexander 15/10/2012

"Syndrome" no fue grabado en los Estados Unidos sino en los estudios Recsound en Madrid, tal vez la leyenda viene porque el álbum si fue mezclado y masterizado en Chicago por el técnico Warren Slate».
- Edgar Alexander 15/10/2012

Lanzado en España por el sello Parallax con número de serie P-4002 y en Venezuela por el sello Palacio con número de serie LP-7565. Se nota inmediatamente el cambio estilístico del *soul* de *Los Impala en Europa* al psicodélico de *Syndrome*, evidenciado en la carátula del disco, también llama la atención el hecho de que hicieran covers de sí mismos en inglés tal como los temas *Land of no time* el cual posee la melodía de *Te llevaré a altar* publicado en el álbum *Los Impala y su Música* de 1966, o el tema *Let them try* el cual es una versión *hard rock* de *Una terrible Enfermedad* lanzado el año anterior en el disco *Los Impala en Europa*.

Imagen cortesía de Danny Torres

Lado A
01. Too Much Time (F. Chanona/M. Brummer/G. Busnar) 3:04
02. Love Grows A Flower (F. Belisario/R. Márquez/M. Brummer/I. Pittelman) 3:46
03. Children Of The Forest (K. Perea/M. Brummer/G. Busnar) 4:30
04. For A Small Fee (L. Acosta/M. Brummer/G. Busnar) 2:36
05. New Love Time (E. Quintero/M. Brummer) 2:55

Lado B
06. Let Them Try (E. Quintero/R. Márquez/M. Brummer) 3:00
07. Land Of No Time (F. Belisario/E. Quintero/M. Brummer) 3:14
08. I Want To Hug The Sky (F. Chanona/M. Brummer/G. Busnar) 3:23
09. Leave Eve (F. Belisario/E. Quintero/R. Márquez/M. Brummer) 2:45
10. Run (Don't Look Behind) (A. Neri/M. Brummer/G. Busnar) 4:23

La formación para este álbum fue:
- Rudy Márquez: Voz
- Francisco Belisario: Guitarra líder y voz
- Edgar Quintero: Guitarra rítmica y voz
- Nerio Quintero: Bajo y voz
- Bernardo Ball: Batería

Músicos Invitados: Greg Busner y Frank ChandraProducido por Martin Brummer, Productor Ejecutivo: Herman Gimbel, grabado en Estudios Recson Madrid, España y Mezclado en Chicago U.S.A. por: Warren Slaten y Martin Brummer.

«... La verdad es que yo no guardo buenos recuerdos de Martin Brummer, prácticamente "salió del paso" grabando los temas y publicandolos sin pulir, así se quedó con casi todo el presupuesto de la producción del disco, también aparece como co-autor de todos los temas y eso no es así, él se colocó de esa manera para cobrar regalías, pero lo cierto es que apenas si colaboró en uno o dos temas».

- Edgar Alexander 27/08/2013

Los Impala. Imagen cortesía de Salvador Dominguez

LA CONCLUSIÓN

Los años 60 fueron la escuela en donde nuestros artistas conocieron una nueva música; aprendieron a ejecutarla, tímidamente al principio y posteriormente con gran maestría. Nuestros músicos lograron hacer suya una música al crear sus propias composiciones. Vimos como la televisión fue la gran impulsora del *rock* en Venezuela y como las disqueras aprovecharon ese empujón para lanzar a las nuevas agrupaciones, pero también vimos como estas los convirtieron en «copiadores» de los éxitos de afuera. Venezuela había demostrado que podía hacer *rock* de la mejor calidad y, como prueba de ello, tenemos la gran cantidad de grupos aparecidos durante los años 60 así como también las grabaciones que aún hoy despiertan asombro y admiración. Pero, a pesar de la gran cantidad de agrupaciones y «conjuntos» que nacieron e incluso llegaron a ser conocidos para la época, curiosamente, esta primera década del *rock* venezolano, es protagonizada por apenas un puñado de agrupaciones que representan el sonido clásico de la década y más del 70% de esta historia:

- Los Impala
- Los Blonder
- Los Supersónicos
- Los Holiday's
- Los Claners
- Los Darts
- Los 007
- Los Memphis
- Las Cuatro Monedas.

Con la llegada de los años 70, el camino había terminado para casi todas esas agrupaciones, pero también representó el punto de partida de muchas más. La siguiente década encontraría a los músicos venezolanos inventando nuevos caminos en el *rock*, empujando los límites como nunca antes se había hecho, nuevos sonidos, nuevas estructuras musicales, nuevas formas, nuevos ritmos, nuevos rostros y nuevos bailes. El mundo avanzaba y nuestra música también avanzó en ese mundo tan cambiante, sin embargo y a pesar del talento y la creatividad de nuestros artistas, el camino estuvo muy lejos de ser fácil. En la siguiente década el *rock* venezolano apenas se encontraría transitando por su adolescencia, por decirlo de algún modo, y nuestros músicos estarían listos para asumir el reto de transitar los nuevos caminos que se abrían en el horizonte. Muchos de ellos pondrían sobre la mesa sus mejores cartas, muchos fueron los grupos que nos ofrecieron la más increíble música que jamás pudiésemos haber imaginado, pero la realidad, como siempre, resultó ser mucho más sorprendente...

Todas esas cosas y más ocurrieron en la década de los 70... pero esa es una historia que continúa en el siguiente tomo...los espero para contársela.

Eddio Piña
historiadelrockenvenezuela@gmail.com

Bandas de los años 60 reseñadas en este libro

Caracas

1. Los Trogan 1961-1963
2. Law Jets 1961-62
3. Los Zeppy 1961-62
4. Los Zafiros 1962
5. Los Dionis 1965-68
6. Los Demonios del Rock 1961
7. Los Bugats 1962 → Los Delta 1963
8. Los Clippers 1961-63
9. Los Clippers 1967-69
10. Los Singers 1961-62
11. Los Supersónicos 1961-68
12. Los Dinámicos 1962-68
13. Los Migs 1963
14. Los Duendes 1963-64
15. Los Dangers 1963-64, 1964-66
16. Los Barracudas 1963-67
17. Los Holidays 1963-68
18. Fresh Holidays 1968-70
19. Los Sharks 1964-66
20. Egmond Stars 1964
21. Los Barrenderos 1964-65
22. Los Horse Breakers 1964
23. Los Vándalos 1964
24. Los Claners 1965 - 1971
25. Los Darts 1965, 1966-74
26. Las Aves Tronadoras 1965-68
27. Homer And The Dont's 1965
28. Los Junior Squad 1965-1970
29. Los Bonnevilles 1966-68
30. Los Primitivos 1966-68, 1985-1994
31. Los 007 1966-68, 1970
32. Adelante Juventud 1966-72
33. Los Shakers 1965-1967
34. Los Black Diamonds 1965
35. Los Yeah, Yeah, Yeah 1965
36. Los Memphis 1965-69
37. We Assembly 1966-67
38. The Beatnicks 1966-68
49. Los Thunders (Los Truenos) 1968-68
40. Los Snobs 1967
41. Los Honda (de Curazao) 1967-1968
42. Los Delta 1967
43. The Nasty Pillow 1967-68
44. Los Rangers 1967-71
45. Orquesta Venezuela Pop 1967-68
46. Los Kiks 1967-1968
47. The Dreams Lovers Expedition 1968
48. People Pie 1968-1972
49. The Tramps 1967
50. Ladies W.C. 1968-69
51. Los Six 1968-69
52. The Love Depression 1968-69, 1972
53. Las Cuatro Monedas 1968-81
54. La Fe Perdida 1969-72
55. Los Pets 1968-69
56. Fresh Holidays 1968-70
57. Lords & Ladies 1967-1969
58. Los L.S.D. 1969
59. Heavy Load 1969
60. Los Clippers 1969-70
61. Gas Light 1969-1974
62. B.B.B. Blues Band 1969
63. El quinteto de Jazz de Gery Weil 1969
64. The Worst Emotions 1969-70
65. Wall 1969-70
66. Supergrupo 1969-71

Maracaibo (Edo. Zulia)

1. Los Impala (Servando Alzatti) 1960-63
2. Los Impala (Edgar Alexander) 1964-70
3. Los Flippers 1959-1962
4. Los Tempest 1960-1962
5. Los Luggers 1961
6. The Termites 1962-1963
7. Los Jensen 1963
8. Los Blonder 1963-1966
9. Los Tartans 1965-1968
10. Los Young Star 1966
11. Los Singles 1966-1969
12. Los Hoovers 1967
13. The New Girls 1967-1969
14. Los Larkins 1967-1970
15. Los Hippies - 1969-1970

Generos Musicales de los años 60 y 70 en Venezuela

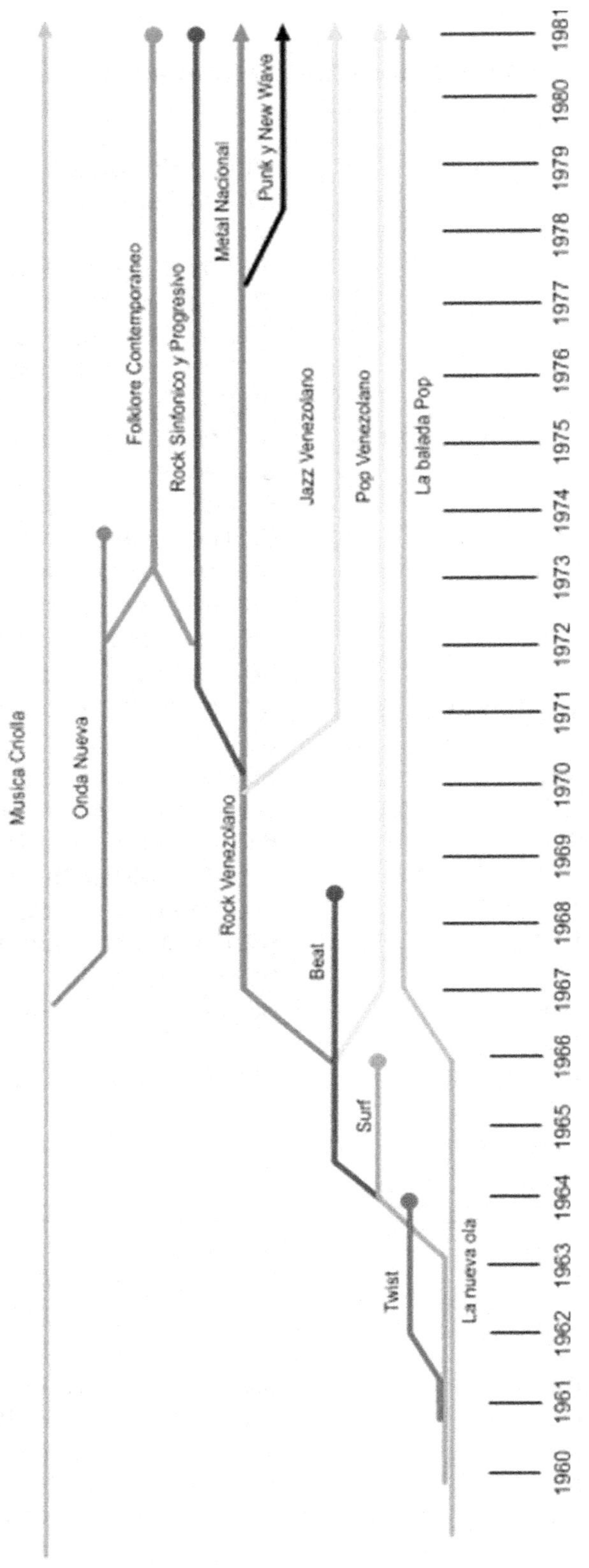

Musica Criolla

Onda Nueva

Folklore Contemporaneo

Rock Sinfonico y Progresivo

Metal Nacional

Punk y New Wave

Jazz Venezolano

Pop Venezolano

La balada Pop

Rock Venezolano

Beat

Surf

Twist

La nueva ola

| 1960 | 1961 | 1962 | 1963 | 1964 | 1965 | 1966 | 1967 | 1968 | 1969 | 1970 | 1971 | 1972 | 1973 | 1974 | 1975 | 1976 | 1977 | 1978 | 1979 | 1980 | 1981 |

El Twist en Venezuela

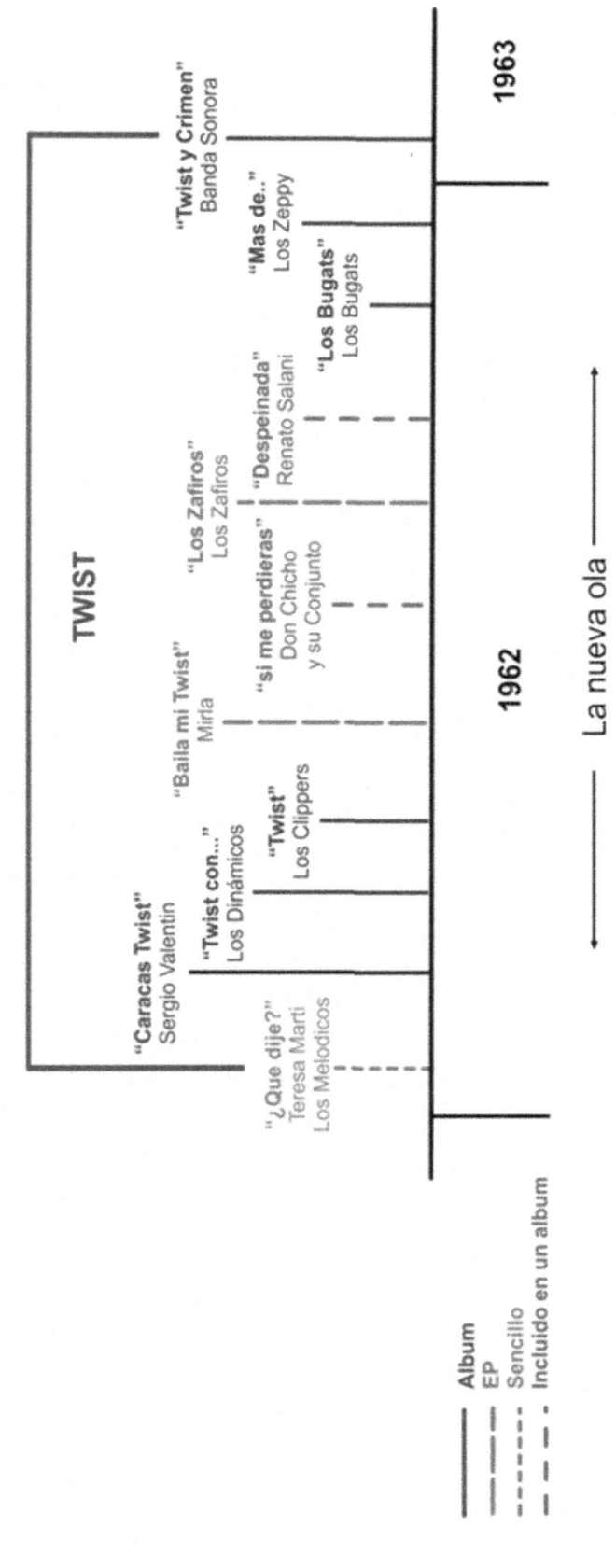

TWIST

"Twist y Crimen"
Banda Sonora

"Mas de..."
Los Zeppy

"Los Bugats"
Los Bugats

"Despeinada"
Renato Salani

"Los Zafiros"
Los Zafiros

"Baila mi Twist"
Mirla

"si me perdieras"
Don Chicho
y su Conjunto

"Twist con..."
Los Dinámicos

"Twist"
Los Clippers

"Caracas Twist"
Sergio Valentin

"¿Que dije?"
Teresa Marti
Los Melodicos

1963

1962

La nueva ola

Album
EP
Sencillo
Incluido en un album

299

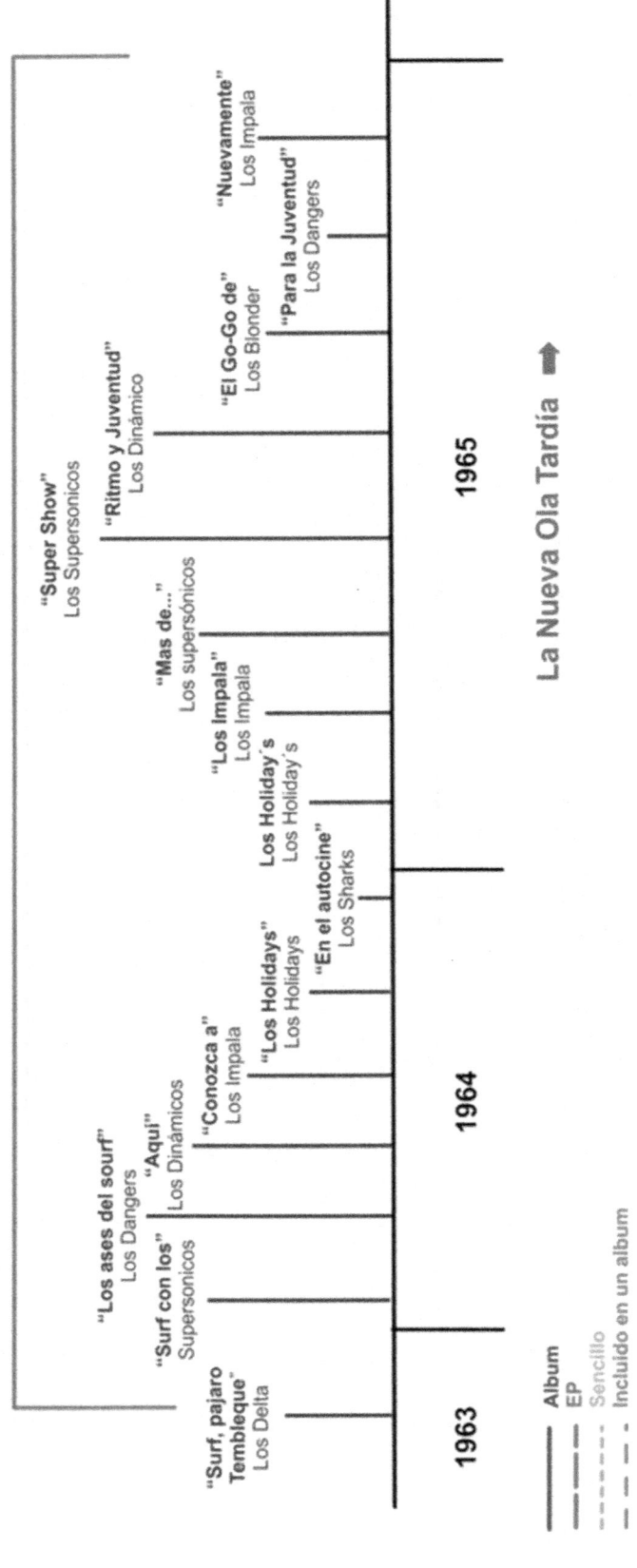

El Surf en Venezuela

"Surf, pajaro Tembleque" Los Delta

"Surf con los" Supersonicos

"Los ases del sourf" Los Dangers

"Aqui" Los Dinámicos

"Conozca a" Los Impala

"Los Holidays" Los Holidays

"En el autocine" Los Sharks

Los Holiday´s Los Holiday´s

"Los Impala" Los Impala

"Mas de…" Los supersónicos

"Super Show" Los Supersonicos

"Ritmo y Juventud" Los Dinámico

"El Go-Go de" Los Blonder

"Para la Juventud" Los Dangers

"Nuevamente" Los Impala

1963

1964

1965

La Nueva Ola Tardía

Album
EP
Sencillo
Incluido en un album

Sobre el Autor

Desde niño Eddio Javier Piña Rojas quedó impactado al conocer a los grupos de la transición entre las décadas de los 60 y 70 como **The Beatles, Grand Funk Railroad, Led Zeppelin, Deep Purple** entre muchos otros.

Eddio es técnico de sonido egresado del Instituto Profesional de la Música Cepromusic. Durante su vida ha sido locutor, productor de programas para radio, editor de videos y director de canales de TV.

En el año 2010 tuvo la iniciativa de recopilar de manera sistemática la historia del *rock* en su país Venezuela y, desde entonces, se ha embarcado en un proceso de estudio e investigación constante, a fin de recopilar toda la información existente, cotejándola con los testimonios de los mismos protagonistas para presentarla de manera coherente, con la finalidad de crear un registro único y sin precedentes que sirva a todos para comprender la evolución de la música juvenil venezolana.

Rock n' Roll...

Eddio Piña y Augusto Bedetti, director del grupo Los Dinámicos. Foto de Mario Bedetti

Otros Libros sobre la Historia del Rock en Venezuela

Disponible noviembre
2023

Disponible enero
2024

Disponible marzo
2024

Disponible noviembre 2023

Disponible diciembre 2023

Disponible diciembre 2023

Espere muy pronto los libros con la historia de las agrupaciones venezolanas:

Aditus

Tempano

Vytas Brenner

Made in the USA
Columbia, SC
11 July 2025

60647174R00167